基督教文化研究丛书

主编 何光沪 高师宁

四编 第 3 册

同为异国传教人：
近代在华新教传教士与天主教传教士关系研究
（1807～1941）

田 燕 妮 著

花木兰文化事业有限公司

国家图书馆出版品预行编目资料

同为异国传教人：近代在华新教传教士与天主教传教士关系研究（1807～1941）／田燕妮 著 —— 初版 —— 新北市：花木兰文化事业有限公司，2018〔民107〕

序4+目4+212面；19×26公分

（基督教文化研究丛书　四编　第3册）

ISBN 978-986-485-473-8（精装）

1. 基督教　2. 天主教　3. 传教史　4. 中国

240.8　　　　　　　　　　　　　　　　　107011412

ISBN- 978-986-485-473-8

9 789864 854738

基督教文化研究丛书
四编　第三册　　　　　　　　　ISBN：978-986-485-473-8

同为异国传教人：
近代在华新教传教士与天主教传教士关系研究
（1807～1941）

作　　者　田燕妮
主　　编　何光沪 高师宁
执行主编　张　欣
企　　划　北京师范大学基督教文艺研究中心
总 编 辑　杜洁祥
副总编辑　杨嘉乐
编　　辑　许郁翎、王筑　美术编辑 陈逸婷
出　　版　花木兰文化事业有限公司
发 行 人　高小娟
联络地址　台湾235 新北市中和区中安街七二号十三楼
　　　　　电话：02-2923-1455／传真：02-2923-1452
网　　址　http://www.huamulan.tw 信箱 hml810518@gmail.com
印　　刷　普罗文化出版广告事业
初　　版　2018年9月
全书字数　198371字

定　　价　四编9册（精装）台币18,000元

同为异国传教人：
近代在华新教传教士与天主教传教士关系研究
（1807～1941）

田燕妮 著

作者简介

田燕妮，女，1977 年 8 月生，河南焦作人，上海大学历史学博士，现任职于吉林大学图书馆。主要从事基督教与近代中国社会、近代中西文化交流史等研究，曾在国内期刊发表相关文章十余篇。

提　　要

　　宗教关系是不同宗教之间或同一宗教内部不同教派之间在交往过程中所建立起来的一种社会心理关系，它往往受到不同宗教派别的神学思想、价值理念、社会环境等多种因素的影响，近代基督教两大主流教派新教与天主教之间的关系亦是如此。纵观新教与天主教在欧洲及北美宗派关系，主流呈现出相互对立、彼此纷争、满是敌意……，可谓是同一宗教不同教派缺乏宗教宽容典型代表。近代两教派在华共存的百余年间里，继续延续西方社会相互关系同时，受近代中国社会环境及基督教传播的内在需要和价值驱动的影响，出现了最具热心和最有智慧的传教群体，致力于改善双方的对立关系，并按照"相互宽容，互不干扰"的原则，宗教宽容、和谐共荣的宗派关系一度成为了他们致力追求的目标，在中国社会环境中逐步呈现出不同于西方社会中两教派关系的特征，在华两教派之间的关系既有对立、矛盾、争论、疏离等，也有宽容、同情、交流、合作等。近代在华两教派之间的关系较在西方社会中的关系更为错综复杂，这种错综复杂的关系对近代基督教在中国的传播产生了较为深远的影响。

"基督教文化研究丛书"总序

何光沪 高师宁

    基督教产生两千年来，对西方文化以至世界文化产生了广泛深远的影响——包括政治、社会、家庭在内的人生所有方面，包括文学、史学、哲学在内的所有人文学科，包括人类学、社会学、经济学在内的所有社会科学，包括音乐、美术、建筑在内的所有艺术门类……最宽广意义上的"文化"的一切领域，概莫能外。

    一般公认，从基督教成为国教或从加洛林文艺复兴开始，直到启蒙运动或工业革命为止，欧洲的文化是彻头彻尾、彻里彻外地基督教化的，所以它被称为"基督教文化"，正如中东、南亚和东亚的文化被分别称为"伊斯兰文化"、"印度教文化"和"儒教文化"一样——当然，这些说法细究之下也有问题，例如这些文化的兴衰期限、外来因素和内部多元性等等，或许需要重估。但是，现代学者更应注意到的是，欧洲之外所有人类的生活方式，即文化，都与基督教的传入和影响，发生了或多或少、或深或浅、或直接或间接，或片面或全面的关系或联系，甚至因它而或急或缓、或大或小、或表面或深刻地发生了转变或转型。

    考虑到这些，现代学术的所谓"基督教文化"研究，就不会限于对"基督教化的"或"基督教性质的"文化的研究，而还要研究全世界各时期各种文化或文化形式与基督教的关系了。这当然是一个多姿多彩的、引人入胜的、万花筒似的研究领域。而且，它也必然需要多种多样的角度和多学科的方法。

    在中国，远自唐初景教传入，便有了文辞古奥的"大秦景教流行中国碑颂并序"，以及值得研究的"敦煌景教文献"；元朝的"也里可温"问题，催生了民国初期陈垣等人的史学杰作；明末清初的耶稣会士与儒生的交往对话，带来了中西文化交流的丰硕成果；十九世纪初开始的新教传教和文化活动，更造成了中国社会、政治、文化、教育诸方面、全方位、至今不息的千古巨变……所有这些，为中国（和外国）学者进行上述意义的"基督教文化研究"提供了极其丰富、取之不竭的主题和材料。而这种研究，又必定会对中国在各方面的发展，提供重大的参考价值。

就中国大陆而言，这种研究自 1949 年基本中断，至 1980 年代开始复苏。也许因为积压愈久，爆发愈烈，封闭越久，兴致越高，所以到 1990 年代，以其学者在学术界所占比重之小，资源之匮乏、条件之艰难而言，这一研究的成长之快、成果之多、影响之大、领域之广，堪称奇迹。

然而，作为所谓条件艰难之一例，但却是关键的一例，即发表和出版不易的结果，大量的研究成果，经作者辛苦劳作完成之后，却被束之高阁，与读者不得相见。这是令作者抱恨终天、令读者扼腕叹息的事情，当然也是汉语学界以及中国和华语世界的巨大损失！再举一个意义不小的例子来说，由于出版限制而成果难见天日，一些博士研究生由于在答辩前无法满足学校要求出版的规定而毕业受阻，一些年轻教师由于同样原因而晋升无路，最后的结果是有关学术界因为这些新生力量的改行转业，后继乏人而蒙受损失！

因此，借着花木兰出版社甘为学术奉献的牺牲精神，我们现在推出这套采用多学科方法研究此一主题的"基督教文化研究丛书"，不但是要尽力把这个世界最大宗教对人类文化的巨大影响以及二者关联的方方面面呈现给读者，把中国学者在这些方面研究成果的参考价值贡献给读者，更是要尽力把世纪之交几十年中淹没无闻的学者著作，尤其是年轻世代的学者著作对汉语学术此一领域的贡献展现出来，让世人从这些被发掘出来的矿石之中，得以欣赏它们放射的多彩光辉！

2015 年 2 月 25 日
于香港道风山

序　言

　　改革开放以来，随着思想的解放和人文社会科学学者视野的扩大，学术界对基督教在华传播给予了重新解读和认识。长期无人问津的中国基督教史研究领域因为题目众多材料丰富吸引了许多学者，出现了许多新的成果，也使得读者对这个在宗教牵引下实际上带来了中西两大文明多方位相遇接触的运动及其影响，有了更加全面更为求真务实的看法。在这些研究中，值得一提的是数量可观的硕士和博士论文。这些研究往往有很强的问题意识，在资料和论述水平方面，都有值得称道之处。有些研究的选题，初看出乎意料，细想情理之中，其叙事和论述往往发人深省。田燕妮以博士论文为基础修订出版《同为异国传教人：近代在华新教传教士与天主教传教士关系研究（1807～1941）》正是这样一篇在新领域的探索之作。

　　这篇论文摆脱了中国基督教史领域中通常的研究中西两分及其复杂关系问题的路径依赖，转向研究来华新教与天主教的关系问题。众所周知，西方传统中基督教内部的两大宗派天主教和新教，虽然同出一源，但从宗教改革开始，在不知宗教宽容为何物的年代，彼此经常在反对异端的旗帜下互相迫害和杀戮。在各国国内如英国 1553 年信奉天主教的玛丽（1553～1558）继位，残酷迫害新教徒，烧死异端达 300 多人，被称为"血腥玛丽"。1572 年 8 月24 日法国圣巴托罗缪之夜天主教徒屠杀新教徒一夜之间巴黎血流成河。在国际上，1618-1648 年以奥地利哈布斯堡王朝为首的天主教同盟和以法国为首的新教同盟进行了历时 30 年三十年战争，欧洲人口损失数以百万计，给各国带来了深重的灾难。因此，两教关系在历史上伤痕累累积怨很深。但是，这两个在欧洲的曾经的对手，在远离故乡的万里之外，在与欧洲政治经济文化相差巨大的中国，在面对着饱受儒释道精神文化浸润的数以亿计的欧洲文化的"他者"中国人时，他们之间的关系又是怎么样呢？这确实是一个引人入胜的有趣问题。

天主教最早进入中国是从唐代景教传入中国开始的，蒙元时代罗马天主教和景教再度进入中国。那时基督新教还没有出现。明末清初天主教第三次来华，但新教尚在欧美自顾不暇。直到19世纪初，包括罗马天主教和新教先后来华传教，两大基督教教派终于在异国他乡传播不一样的基督教义了。天主教传教士以拉丁语系国家为多。新教传教士以英美为多。在西方世界中，尤其英美两国新教影响比较大，天主教在某种程度上受到排斥，美国尤其如此。在拉丁语国家中还是天主教影响占上风。然而，当两教传教士来到中国时，却发现自己面临着无论旧教新教都身处同为异国传教人的地位。在很长的时间内，中国政府和百姓根本分不清传教士们究竟来自哪个西方国家，也分不清天主教与新教的差别。但对中国人来说，新教传教士和天主教传教士一样，他们都是中国社会和文化的外人。因此，在自身文化处境中经常会彼此蔑视天主教和新教的传教士们，他们在中国同为异乡传教人时彼此的关系是怎么样的？对两教派而言，中国作为一个没有基督教背景的"异国"，官绅士民对基督教生疏感和不加区分的抵制对他们的关系产生过什么样的影响？两教派之间的关系前后有过什么变化？他们之间这种竞争性的态势及其变化对基督宗教在中国文化中的传播又意味着什么？

迄今为止，中国学术界对于基督教新教传教士与天主教传教士在近代中国传教过程中的相互关系基本上还未展开较为系统的梳理和研究。田燕妮博士的论文是这方面的重要开拓与尝试。这部著作以英文版《教务杂志》（*The Chinese Recorder*）资料为基础，结合不同的中文史料，较为系统地论述了同在中国传教，甚至在许多地区同时建设教堂、同时开展传教的新教与天主教传教士们在彼此教义存在歧异情况下，如何相处与如何互动的问题及其原因。文章也记述了彼此之间的曾经发生的互相攻讦和一方有难时给予同情的故事。这部著作还叙述了两教传教士各自在近代中国思想、文化、教育、医疗、慈善等领域的活动，对其贡献与差别进行了评析。作者力图反映两教之间关系的多面性和复杂性。

当然，近代新教传教士与天主教传教士的相关史料非常丰富。由于传教士来自不同国家，仅仅依靠中英文资料还是不能了解使用其他语言传教士在这方面的看法。要深度研究在华新教与天主教关系还必须要看教会的档案。另外，天主教与新教同为异国传教人的现象不仅在中国，在其他国家也有存在，需要从世界史的视域中反观和比较中外的情况，这样应该会有更准确的认识和发现。当然，从来是说易行难，受制作者的主客观条件，目前还不太容易做到这一步。本书在资料和论述上留有提高的空间，对作者或者其他有兴趣的研究者，既是挑战也是令人神往的有前景机会。

2009 年田燕妮考入上海大学攻读历史学博士学位，在学期间勤奋好学，不畏困难、努力上进。论文写作数易其稿，甘苦自知。现在，田燕妮博士的首部专著即将付梓，作为她的博士导师，我为她感到高兴。谨以上述读书杂感表示祝贺，并希望田燕妮在这个领域中继续耕耘下去。

最后，作为第一部探讨在华天主教与新教传教士关系的著作，纵然是抛砖引玉，也值得大家一读为快！是为序。

陶飞亚，于 2018 年 4 月 10 日

目次

第一章 绪 论

第一节 研究缘起与学术意义

世界各大宗教都普遍存在着宗教分派的现象，具体的派别是各种宗教在现实生活中存在的具体形式，个人也是通过具体的派别才与宗教发生联系的。基督教也同样如此，11世纪时基督教正式分裂为天主教和东正教，16世纪时新教又从天主教中分裂出来。与此相伴随，基督教在世界各地的传教过程也是通过具体的教派来完成与实现的，基督教不同教派之间的对立、对抗、冲突和宽容等各种关系对基督教的传教活动产生了相当大的影响。

改革开放以来中国基督教史研究取得了一些成绩，尤其是20世纪80、90年代学界在基督教与近代中国社会的互动关系方面研究成果颇为显著，如围绕基督教与近代中国社会、政治、文化、中外关系等方面展开的研究。但从总体上看，作为一种宗教，中国基督教自身的发展研究还相对薄弱，包括中国基督教神学思想的发展、教派关系以及传教士群体之间的关系等研究成果较少。迄今为止，学术界对近代新教与天主教传教士在中国传教过程中的相互关系问题还没有进行专门的系统深入的探讨和研究，比如近代中国基督新教与天主教之间关系问题研究，目前学术界还未形成较为系统的研究成果。从清中后期至民国，同属基督宗教的天主教与新教曾同在中国传教几至一个半世纪之久。众所周知，两个教派虽然同出一宗，但他们在欧洲、北美及西亚的一些国家和地区直至近代还势如水火。那么，他们在中国同为异乡传教人时彼此的关系是怎么样的？对两教而言，中国作为一个没有基督教背景的

"异国"，官绅士民对基督教生疏感和不加区分的抵制对他们的关系产生过什么样的影响？两教之间的关系前后有过什么变化？他们之间这种竞争性的态势及其变化对基督宗教在中国文化中的传播又意味着什么？凡此种种，学界迄今尚未作深入专门的研究。我们历来缺乏对在华传教运动内部问题的关注，进而影响了我们对在华传教运动与中国社会关系特点的认识。

欲厘清两教关系，可以从如下两大视角切入：两教在宗教学意义上的异同，及史学意义上的双方共处在异国的环境变迁之影响。因此，本文拟以1807年新教传教士马礼逊来华开始了新教与天主教同在华传教为开端，到1941年太平洋战争爆发后除德意传教士外，西方对华传教趋于停顿为止，梳理这一时期两教在华传教士彼此的态度及应对策略，试图呈现两教之间关系的多样化格局，并深入探析产生此种格局的内因外因，进而讨论双方关系对基督宗教在华传播的多重影响。

在研究基督教与近代中国社会的关系中，研究近代基督教在华传教过程中新教与天主教传教士之间关系的历史发展脉络，考察新教传教士在各个历史阶段对于天主教传教士所持的态度，以及在罗马教皇的统一领导下，天主教传教士对新教传教士的应对策略，揭示其中的影响因素，进一步分析同在异国传教的两教派传教士，其相互态度与相互影响对基督教在华传播所起的作用，可以弥补以往对中国基督教自身发展的研究不足，从而更清楚地加深我们对基督教在近代中国社会转型过程中的地位和作用的认识。

近代中国处于大变革时期，是从传统向近代转型的重要时期，在华新教与天主教在中国的传教活动对于近代中国的思想、文化、教育等方面的变革产生了重要影响，新教与天主教各自的传教活动也对双方产生了一定程度的影响，比如新教的教育活动成效显著，其教会大学的办学模式、教学内容等为中国的高等教育提供了崭新的内容，天主教也学习借鉴新教的做法在中国注重教育活动，创办教会大学，共同为中国高等教育的发展作出了贡献。因此，在研究中国基督教史时，探讨新教与天主教传教士的关系及相互影响有助于我们加深对中国教会发展史和基督教与近代中国社会关系的全面认识与了解。

第二节　国内外研究概况

由于受各种条件的限制，迄今为止，国内外学术界对近代在华两教派传教士关系的研究并不多见，对近代在华基督教新教与天主教传教士关系的研究还很不充分，至今尚未有对近代在华两教派传教士关系作系统梳理和研究的论文和著作。国内外已有的研究成果主要集中于宗教对话理论、西方两教派关系、中国基督教史、中国基督教与其他宗教的关系及中国新教与天主教的比较等方面。

（一）宗教对话研究概况

概观学界关于宗教对话的研究，可大体划分为宗教对话理论和基督教内部的宗教对话两部分：第一，宗教对话理论。宗教对话作为一个近代命题，一个标志性的事件是 1893 年在芝加哥召开的世界宗教会议。在其百年庆典之时，著名天主教神学家孔汉思（Hans Küng）提出的"全球伦理"成为了一个热门话题。[1] 这也得到了华人世界的积极响应，如刘述先的《全球伦理与宗教对话》、杜维明的《儒家传统与文明对话》等。[2] 当代宗教对话理论的一位杰出代表是英国宗教神学家约翰·希克（John Hick），他提出了宗教关系的三种模式：排他主义、包容主义和多元主义，他自己则坚持宗教多元主义的观点。[3] 多元论的另一位理论代表就是美国天主教神学家保罗·尼特（Paul Knitter），在《宗教对话模式》中，这位当代著名的普世神学家将过去近一个世纪以来基督教和其他宗教之间的关系归纳为四种模式：置换模式、成全模式、互益模式和接受模式。他认为持不同模式的基督教神学家需要对话，基督教和其他宗教之间也需要开展更有效的合作。[4]

中国学者的研究主要体现为对外国论著的译介以及在此基础上的相关思考。例如：从 2000 年到 2005 年，卓新平连续主编了六辑《宗教比较与对话》，收录了一系列相关的文章，[5] 何光沪与许志伟主编了两辑《对话：儒释道与基督教》。另外，何光沪在倡导基督教的多元主义以及介绍孔汉思的世界伦理方

---

1 Hans Küng, *Theology for the Third Millennium: A Ecumencial View*, William Collins Sons & Co., Ltd. and Doubleday, 1988. 这里大家更熟悉的代表作是：[德]孔汉思、库舍尔：《全球伦理：世界宗教议会宣言》，何光沪译，成都：四川人民出版社，1997 年。

2 刘述先：《全球伦理与宗教对话》，石家庄：河北人民出版社，2006 年；杜维明：《儒家传统与文明对话》，石家庄：河北人民出版社，2006 年。

3 [英]约翰·希克著：《理性与信仰——宗教多元论诸问题》，陈志平、王志成译，成都：四川人民出版社，2003 年。

4 [美]保罗·尼特著：《宗教对话模式》，王志成译，北京：中国人民大学出版社，2004 年。

5 该丛书前两辑由社会科学文献出版社出版，后四辑由宗教文化出版社出版。

面也有诸多的贡献。[6]在年轻一代的学者中，王志成无论在翻译还是论著方面都有着巨大的数量优势，并提出了许多新的观点。[7]

具体的关于基督教与佛教的研究有：赖品超的《天国、净土与人间：耶佛对话与社会关怀》探讨了天国和净土在各自宗教传统中的发展，考察了这两个概念的现世性诠释的转向，评析了两教派在此基础上展开的宗教对话；[8]李向平的《当代中国宗教格局的关系建构——以佛教、基督教的交往关系为例》从资源分配、占有机会、社会表达、宗教及其社会间的交往关系入手，探讨中国宗教格局的关系构成，为中国宗教关系提供一个新的研究视角。[9]

关于基督教与儒学的研究有：孙尚扬的《基督教与明末儒学》具体分析了利玛窦、徐光启、李之藻、杨廷筠等人的核心思想，在指出他们各自出发点的差异的基础上，评析了他们彼此尊重、相互学习的原因和机制，从而阐发了明末天主教与儒学的交流与冲突。[10]颜炳罡的《心归何处——儒家与基督教在近代中国》全面梳理了儒家与基督教在近代中国的矛盾、冲突、融合与互动关系，并分析了两者在近代中国发生冲突的缘由及和平相处之道。[11]赖品超、林宏星的《儒耶对话与生态关怀》将研究视角由不同宗教之间的对话转向他们都关注的生态问题，考察了生态关怀的转向与儒耶对话的相互促进关系。[12]胡卫清的《中西人性论的冲突：近代来华传教士与孟子性善论》梳理了

6　该书由社会科学文献出版社分别于1998年和2001年出版。何光沪是《全球伦理》一书的中文译者，并发表了一系列的介绍和讨论文章。他的代表性著作参：《多元化的上帝观——20世纪西方宗教哲学概览》，贵阳：贵州人民出版社，1991年；《天人之际》，北京：中国社会科学出版社，2003年；《月映万川——宗教、社会与人生》，北京：中国社会科学出版社，2003年；《百川归海——走向全球哲学》，北京：中国社会科学出版社，2008年。

7　王志成特别在希克的翻译和介绍方面有着突出的贡献。另外，他也主持翻译了其他相关学者的著作。其代表作包括：《解释与拯救：宗教多元哲学论》，上海：学林出版社，1996年；《宗教、解释与和平：对约翰·希克宗教多元论哲学的建设性研究》，成都：四川人民出版社，1999年；《解释、理解与宗教对话》，北京：宗教文化出版社，2007年。其最近的一个重要工作是主编"第二轴心时代"丛书。

8　赖品超：《天国、净土与人间：耶佛对话与社会关怀》，北京：中华书局，2008年。

9　李向平：《当代中国宗教格局的关系建构——以佛教、基督教的交往关系为例》，《宗教学研究》，2010年增刊。

10　孙尚扬：《基督教与明末儒学》，北京：东方出版社，1994年。

11　颜炳罡：《心归何处——儒家与基督教在近代中国》，山东大学出版社，2005年。

12　赖品超：《儒耶对话与生态关怀》，北京：宗教文化出版社，2006年。

近代来华传教士对孟子性善论的广泛讨论，认为传教士对孟子性善论的批评显示了中西思想在此问题上的实质性的歧异与冲突，也反映了传教士的一种宗教偏见。[13]

第二，基督宗教内部的宗教对话。自近代宗教改革以来，罗马天主教与基督新教之间的关系就成为了一个突出的话题。特别在北爱尔兰等地的冲突中，天主教和基督新教之间的差异更是表现得异常显著，并与政治、经济等方面的利益联系了起来。从 1910 年爱丁堡的世界宣教大会开始，基督教内的对话和交流就成为了一个潮流。从基督新教自由派的合一运动到福音派的联盟，从天主教和东正教参与到普世教会运动到梵二会议的标志性文件，基督宗教内部的互动关系成为了世界宗教对话的一个典型范例。[14]然而，就天主教和新教在一个异文化背景中的关系而言，美国的经验特别值得参考。玛丽（Mary Augustina）的《18 世纪美国人对罗马天主教的看法》（*American Opinion of Roman Catholics in The Eighteenth Century*），注意到了殖民地时期美国人的反天主教情绪，该书梳理了自殖民地时期至 18 世纪美国人对天主教的态度，考察了其受英国人对天主教态度的影响程度，并评析了天主教在美国独立战争中的立场及原因。玛丽的这本著作旨在表明美国人的反天主教情绪自殖民地时期就已存在，作为一名天主教徒，玛丽希望这本著作能有助于改善两教派之间的关系。[15]雷·比林顿（Ray Billington）的《新教的宗教战争：1800～1860》（*The Protestant Crusade: 1800～1860*）主要探讨了美国本土主义的起源，比林顿认为美国的反天主教运动是本土主义的一种主要表现形式，他在书中详细描述了 19 世纪上半叶的反天主教运动，并考察了后来作为美国国家政策的本土主义，但他未能解释美国人接受本土主义的深层原因。[16]安德鲁·斯特恩（Andrew Stern）的《南方的融洽：美国内战前南方天主教与新教的关系》（*Southern Harmony: Catholic-Protestant Relations in the*

---

13 胡卫清：《中西人性论的冲突：近代来华传教士与孟子性善论》，《复旦学报》（社会科学版），2000 年第 3 期。

14 关于宗教改革的历史，参托马斯·马丁·林赛（Thomas M. Lindsay）著：《宗教改革史》，孔祥民等译，北京：商务印书馆，1992 年。关于普世教会运动及基督宗教在当代的新发展，可参卓新平：《当代基督宗教教会发展》，上海：上海三联书店，2007 年。

15 Mary Augustina, *American Opinion of Roman Catholics in The Eighteenth Century*, New York: Columbia University Press, 1936.

16 Ray Billington, *The Protestant Crusade: 1800-1860*, New York: Macmillan, 1938.

Antebellum South）从天主教与新教合作的范围与形式、天主教对美国南方奴隶制度的支持、新教徒对天主教的好感等三个方面总结了内战前美国南方多数新教徒对天主教的接受态度，以及天主教在保持自己独特性的同时也将自己整合进美国南方社会的努力，探析了美国新教徒接受天主教的原因，评述了天主教与新教的合作对美国宗教多元化的影响。[17]玛格利特·德帕尔马（Margaret C. DePalma）的《边疆地区的对话：天主教与新教的关系（1793～1883）》（*Dialogue on the Frontier: Catholic and Protestant Relations, 1793～1883*）探讨了 19 世纪美国肯塔基州和俄亥俄州天主教与新教的关系，玛格利特挑战了传统的认为反天主教主义是美国西进运动的一个主要推动力的观点，她依据搜集的信件、文章、演讲等资料考察出当时两教派之间的关系不是简单的互相敌视，相反，早期的天主教与新教之间有对话有合作，然而，19 世纪下半叶，由于两教派在关于《圣经》和辛辛那提的公共学校的看法上的争论，两教派关系趋于恶化。该书注意到了美国西部宗教历史中较少关注的天主教在美国西进运动中的作用和价值，但是对于 19 世纪下半叶两教派关系恶化的原因分析得还是不够透彻。[18]

（二）中国基督教史研究概况

中国基督教史研究成果颇丰：第一，中国基督教通史研究。首先，一些研究中国基督教历史的著作中会对新教与天主教分别介绍，其中有代表性的有王治心的《中国基督教史纲》、顾长声的《传教士与近代中国》、顾卫民的《基督教与近代中国社会》，这几本著作就对两教派在华的传教活动分别进行了详细介绍。[19]张力、刘鉴唐的《中国教案史》分别论述了新教、天主教、东正教与中国民众之间发生的教案问题，并对进入民国之后西方传教士传教方式的改变进行介绍。[20]一些国外著作也对新教和天主教传教组织在华传教活动状况分别进行了介绍，美国教会史专家赖德烈（Kenneth S. Latourette）在其经

---

17 Andrew Stern, "Southern Harmony: Catholic-Protestant Relations in the Antebellum South," *Religion and American Culture: A Journal of Interpretation,* Vol.17, Issue 2, pp.165-190 (2007).

18 Margaret C. DePalma, *Dialogue on the Frontier: Catholic and Protestant Relations, 1793-1883.* Kent, OH: Kent State University Press, 2004.

19 王治心：《中国基督教史纲》，青年协会书局，1940 年；顾长声：《传教士与近代中国》，上海人民出版社，1981 年；顾卫民：《基督教与近代中国社会》，上海人民出版社，1996 年。

20 张力、刘鉴唐：《中国教案史》，四川省社会科学院出版社，1987 年。

典著作《基督教在华传教史》（*A History of Christian Mission in China*）中利用英文文献对基督教在华传教史做了全面深入的研究，分不同时期对新教、天主教在华传教事业做了论述，并对新教与天主教的差异进行了简要的概括。[21]美国学者保罗·柯文（Paul A. Cohen）在《剑桥中国晚清史》中也对晚清新教与天主教在组织机构、经费来源等方面的差异进行了比较。[22]美国学者鲁珍晞（Jessie G. Lutz）的《基督教在华传教事业——怎样的传道人？》（*Christian Mission in China: Evangelist of What?*）梳理了自19世纪至20世纪上半叶基督新教和天主教传教士在华各自的传教方式及其演变过程与目的。[23]美国研究中国基督教的专家裴士丹（Daniel H. Bays）2012年的新著《中国基督教新史》（*A New History of Christianity in China*）是继赖德烈之后又一部中国基督教通史，与赖德烈关注西方传教士和传教团体不同的是，裴士丹将研究视角转向中国基督徒和中国本土教会的建立，并将研究时段扩展到当代，对于1949年以后的中国基督教的发展也有许多精彩的论述。[24]

其次，专门研究天主教在华传教情况的著作不断出现，关于中国天主教通史的研究，主要有顾裕禄的《中国天主教的过去和现在》、《中国天主教述评》，晏可佳的《中国天主教简史》，顾卫民的《中国天主教编年史》和孙尚扬、钟鸣旦（比利时）的《1840年前的中国基督教》等等；关于中国天主教的专题研究，主要有孙尚扬的《利玛窦与徐光启》、《基督教与明末儒学》，李天纲的《中国礼仪之争：历史、文献和意义》，顾卫民的《中国与罗马教廷关系史略》等，其中《中国与罗马教廷关系史略》论述了蒙古帝国、明清朝廷与罗马教廷的互动关系。中梵关系是天主教研究的热点，也是一个难点，本书作为大陆较早论述此问题的学术专著，对于天主教学术研究和国家的宗教工作都有重要的意义和价值。[25]法国学者谢和耐（Jacques Gernet）的《中国和

21　[美]赖德烈著：《基督教在华传教史》，雷立柏等译，香港：道风书社，2009年。

22　[美]费正清、刘广京编：《剑桥中国晚清史（1800~1911年）》，北京：中国社会科学出版社，2006年。

23　Jessie G. Lutz : *Christian Mission in China: Evangelist of What?* Boston:Heath, 1965.

24　Daniel H. Bays , *A New History of Christianity in China,* Malden, MA: Wiley-Blackwell, 2012.

25　顾裕禄：《中国天主教的过去和现在》，上海社会科学出版社，1989年；顾裕禄：《中国天主教述评》，上海社会科学出版社，2005年；晏可佳：《中国天主教简史》，北京：宗教文化出版社，2001年；顾卫民：《中国天主教编年史》，上海书店出版社，2003年；李天纲：《中国礼仪之争：历史、文献和意义》，上海古籍出版社，1998年。

基督教：中国和欧洲文化之比较》从中国人对基督教的反应的角度，来探讨中国人和西方在人生观和世界观上的基本差异，在研究进路上实现了从传教士如何传教到中国人如何接受基督教的一个转变，为中国天主教史研究开创一个新的局面。魏扬波（Jean-Paul Wiest）的《玛利诺会在中国》（*Maryknoll in China: a history, 1918～1955*）叙述了第一个在美国本土成立的美国天主教海外传教组织在中国大陆活动的历史。[26]布雷斯林（Thomas A. Breslin）的《中国、美国的天主教和传教士》（*China, American Catholicism, and the Missionary*）是一部叙述美国天主教在华传教的简明历史著作，作者对基督新教和天主教19世纪在华传教的情况作了简要对比。[27]费伊（Peter W.Fay）的《鸦片战争期间的法国天主教会》（*The French Catholic Mission in China during the Opium War*）探讨了第一次鸦片战争期间天主教会的传教活动及新教传教士对天主教会的态度，指出了在鸦片战争期间，新教传教士帮助天主教传教士的事实。[28]

最后，新教在华传教情况的专门性研究论著大量涌现。关于中国新教通史的研究，主要有姚民权、罗伟虹的《中国基督教简史》与汤清的《中国基督教百年史》、梁家麟的《福临中华——中国近代教会史十讲》、韩国人李宽淑的《中国基督教史略》、日本人山本澄子的《中国新教史：基督教的本色化》、段琦的《奋进的历程——中国基督教的本色化》等，其中《奋进的历程》一书时间跨度为19至20两个世纪，从本色化的角度勾勒出一幅基督教与中国文化相遇、冲突、对话的整个历程。关于中国新教的专题研究：主要有吴义雄的《在宗教与世俗之间：基督教新教传教士在华南沿海的早期活动研究》，王立新的《美国传教士与晚清中国现代化——近代基督新教传教士在华社会文化和教育活动研究》，胡卫清的《普遍主义的挑战——近代中国基督教教育研究（1877～1927）》等等[29]。这些著作对早期新教传教士在华活动、新教传教士对晚清中国现代化的影响、新教传教士的文化教育思想等进行了深入的探讨，但以上这些著作都是属于对新教与天主教各自在华传教活动的分别介绍，侧重点并不在于对在华新教与天主教关系的深入研究。

---

26 Jean-Paul Wiest : *Maryknoll in China: a history, 1918-1955,* Armonk, New York, M. E. Sharpe, Inc. 1988.

27 Thomas A. Breslin, *China, American Catholicism, and the Missionary* , Pennsylvania State Univ. Press, 1980.

28 Peter W.Fay: The French Catholic Mission in China during the Opium War, *Modern Asian Studies*, Vol. 4, No.2，1970.

29 姚民权、罗伟虹：《中国基督教简史》，北京：宗教文化出版社，2000年。

第二，在华天主教与基督新教关系研究。例如顾长声的《传教士与近代中国》对两教派的传教方式进行过比较；陶飞亚、刘天路的《基督教会与近代山东社会》对近代山东涉及新教与天主教的教案进行了比较，他们将两者的不同之处归纳为三点：一是在数量上新教引起的教案远比天主教的教案少；二是在教案的内容上，涉及新教的教案内容比较单一，多数限于浅层次的冲突，而天主教的教案则广泛涉及到社会生活的各个方面；三是在教案的背景上，新教教案的背景往往比较单一，对山东社会的震动也比较小，而天主教的教案往往和其它问题交织在一起，这就使得民教矛盾更加复杂。[30]于可的《基督新教与天主教的关系及其区别》比较了天主教和新教的在华传教活动，指出了他们的共性和差异。何桂春的《明末至近代天主教和新教在华活动比较研究》比较了天主教和新教在华传教活动的共性与各自特点，其中共性主要有以下两点：一是两个教派的传教活动都与西方列强对华的侵略活动有密切联系；二是天主教传教士和新教传教士与中国封建统治阶级的关系都是既有矛盾又有依附，与此同时，他也描述了两个教派在教义、礼仪、组织形式和制度上的差异。本文时间跨度大，从宏观上展现了天主教和新教在华传教的异同之处。[31]赵玉华、刘凌霄的《清末天主教和新教在华传教活动的异同》则以法国的天主教和美国的新教在华传教活动为例，从四个角度——传教的动机和使命，传教的对象、范围、机构、经费，传教的方式和结果，传教活动与旧制度和新思维，考察了清末天主教和新教在华活动的异同，并分析了历史渊源导致的不同属性是造成两个教派在华活动展现了不同特点的主要原因。

除了从宏观上进行比较之外，2008 年，梁育红发表了两篇按传教区域比较新教与天主教在华传教活动的文章：《近代天主教、新教在豫北地区传播活动的比较》与《天主教、新教对近代豫北社会早期现代化进程影响的比较》，前者从传教理念、传教方式和手段、传教经费来源这三个方面对近代天主教会和新教的加拿大长老会在豫北的传教活动进行了比较；后者通过对天主教

30 顾长声：《传教士与近代中国》，上海人民出版社，2004 年；陶飞亚、刘天路：《基督教会与近代山东社会》，山东大学出版社，1995 年。

31 于可：《基督新教与天主教的关系及其区别》，《历史教学》1982 年第 7 期；何桂春：《明末至近代天主教和新教在华活动比较研究》，《福建师范大学学报》（哲学社会科学版），1991 年第 4 期；赵玉华、刘凌霄：《清末天主教和新教在华传教活动的异同》，《山东大学学报》（哲学社会科学版），2003 年第 1 期。

和新教在豫北举办的教育医疗事业的比较，来分析探讨两个教派对豫北早期现代化历程的参与程度及影响的差异。[32]蒲娟的硕士学位论文《近代四川地区天主教与基督教研究（1840～1919）》对近代天主教和新教在四川地区的发展情况、教育医疗事业、与中国民众的冲突等情况进行了对比，并分析了天主教和新教在四川地区的传播呈现出不同特点的主要原因。明秀丽的《天主教、基督教新教在贵州早期传播异同论》从传入时的社会文化背景、传播的途径及方式、对贵州社会产生的影响等三个方面，对天主教和新教在贵州早期的传播活动的异同之处进行了分析。廖运兰的《近代基督教在湖南述略》主要论述了近代基督教新教在湖南的发展情况，兼及对近代湖南新教与天主教传教情况的比较。[33]

与本论文直接相关的是以往学者对近代在华新教与天主教的矛盾、冲突与斗争的研究，比如赵树好的《清末天主教和耶稣教在华斗争初探》通过对1891～1909年天主教和新教在华斗争情况的梳理，对清末两教派斗争的原因、表现、特点、性质及影响等进行了初步探讨，总结了清末两教派斗争的三点原因、三个特点以及冲突的实质。杨大春在《晚清天主教会与耶稣教会的冲突》一文中归纳了1891～1911年间中国天主教会与耶稣教会之间的42起冲突，分析了七种原因和五大特点，并探讨了清政府处理教派冲突的两种特征。王晓云、雷阿勇的《无声的圣战：日据时期台湾天主教与新教的竞争与矛盾》通过日据时期新教与天主教在台湾的传教活动及相互竞争的状况，深入分析了两教派在台冲突的历史原因与现实原因。以往学者研究中值得一提的是北京大学孙尚扬的《马礼逊时代在华天主教与新教关系管窥》，这篇论文是国内不多的探讨马礼逊时代（1807～1834年）在华天主教与新教的复杂关系的专题论文，他在文中着重探讨了马礼逊对遭受清廷打击的天主教神父或教徒的遭遇的态度，指出马礼逊受益于天主教传教士或教徒的著述及天主教其它传教成果的事实，并阐释了天主教与新教之间的敌意与冲突。这篇论文从多重

---

32 梁育红：《近代天主教、新教在豫北地区传播活动的比较》，《安阳师范学院学报》，2008 年第 4 期；梁育红：《天主教、新教对近代豫北社会早期现代化进程影响的比较》，《历史教学》，2008 年第 16 期，蒲娟：《近代四川地区天主教与基督教研究（1840～1919）》，西南交通大学硕士学位论文，2007 年。

33 明秀丽：《天主教、基督教新教在贵州早期传播异同论》，《贵州社会科学》，2003 年第 4 期，第 109～112 页；廖运兰的《近代基督教在湖南述略》，《邵阳师专学报》，1994 年第 3 期。

视角展示了新教入华之初两教派关系的复杂性，只是研究的时间段局限于1807～1834 年，从而为本文完整、系统地勾勒 1807～1941 年在华传教的两教派传教士关系留下探讨的空间。[34]

综上所述，随着中国基督教史研究的整体、全面发展，近代天主教和基督教的关系问题在理论基础、通史著作与专题研究方面都已经有一定的成果。然而，相对于该问题的重要性，研究的广度和深度都有待进一步的发展。这主要包括以下几个方面：第一，长时段的梳理。要完整地理解天主教与基督新教在华的关系，一个相对长时段的专门梳理是必要的，这既可以看到在一个整体时段中的趋势走向，也可以看到在不同阶段的特殊变奏，而且，这也是历史研究的特点所在。第二，专题的深入研究。到目前为止，关于天主教与基督新教在华关系的研究，主要还是夹杂在通史或其他相关问题的研究中，而缺少在整体关怀视角下对专题问题的深入研究，如教义和传教方式的比较、与中国文化的关系、社会参与和政治态度等。第三，跨文化的处境分析。基督教是一种外来文化因素，随着地域的转移，它们的处境关怀也发生了变化，这也直接影响了内部不同派别之间关系的转变。天主教与基督教在华关系的分析，既需要考虑传教士因时空转移导致的身份转变，也需要思考他们在新的处境关怀中引起的关系变化。

显然，学界对近代在华新教传教士与天主教传教士之间关系的关注有限，对两教派传教士相互关系的整体性缺乏系统的梳理和把握。因此，对近代在华两教派传教士关系作一专门、全面和系统、深入的研究，厘清百余年间在华两教派传教士之间错综复杂关系的全貌，就显得尤为必要。

第三节　研究思路、研究方法与相关概念的界定

本文主要按历史顺序纵向梳理不同时期两教派关系呈现出的主要特征。新教传教士与天主教传教士在华经历了百余年的共存过程，在这样的历史阶段，作为同一宗教不同教派的异国传教人，他们广泛开展传教活动，致力于

---

34 赵树好：《清末天主教和耶稣教在华斗争初探》，《聊城师范学院学报》，1994 年第2 期；杨大春：《晚清天主教会与耶稣教会的冲突》，《史学月刊》，2003 年第 2 期；王晓云、雷阿勇：《无声的圣战：日据时期台湾天主教与新教的竞争与矛盾》，《唐山学院学报》，2008 年第 5 期；孙尚扬：《马礼逊时代在华天主教与新教关系管窥》《道风：基督教文化评论》，2007 年 7 月，第 27 期。

令更多中国人皈依基督教的共同目标，但由于教义理解、历史渊源、文化传统以及在华历史背景等因素的差异与不同，新教传教士在传教过程中对天主教传教士的态度，经历了由对天主教传教士的两分法到基本否定再到基本肯定的一个转变过程。最初，新教传教士对天主教传教士的传教内容和传教方式等持批评态度，但对天主教传教士富有的献身精神给予了肯定和褒扬。19世纪末，随着部分天主教传教士袒护教徒干预诉讼引起民教纠纷以及两教派冲突的增多，新教传教士对天主教的态度趋于基本否定。民国后，在新教传教士自身传教理念和天主教传教士传教行为改变的基础上，新教传教士对天主教传教士的传教活动持基本肯定态度。在经历着较为复杂的争论、冲突、交流与合作等过程中，基于开展传教活动的现实需要，他们各自也不断地进行转变和调适，并相互借鉴，学习以更好地开展传教活动，这说明由于处境不同，近代在华两教派关系并非像欧美那样的对立和敌视，而是有同为异乡传教人的某种程度的身份认同。但是，与新教传教士相比，天主教的态度相对来说较为保守，由于天主教教宗制度和统一的组织制度，在天主教梵蒂冈第二次大公会议未改变对新教政策之前，主流天主教传教士对在华新教延续了天主教传统上视其为异端的观点。

相关概念的界定：

第一、基督教。基督教有广义与狭义之分。广义基督教是世界三大宗教之一，是宣称信奉耶稣为救世主的各教派的总称，主要包括天主教、新教（中国晚清时称耶稣教，民国时期称耶稣教或基督教）和东正教。[35]狭义基督教指的就是基督教新教。本文所称基督教指广义的基督教。

第二、天主教与新教的传教组织。天主教在全世界有统一的领导机构，即梵蒂冈罗马教廷，世界各地区的教会都隶属罗马教廷领导。天主教内部组织严密，没有明显的派别。天主教的传教活动主要是由修会进行的。天主教主要的来华传教修会有本笃会（Benedictine）、方济各会（Franciscan）、道明会（Dominican）、耶稣会（Society of Jesus）等。新教在全世界没有统一的组织机构，内部宗派林立，共有几十种宗派，其中主要的有路德宗（Lutheranism）、加尔文宗（Calvinists）、圣公宗（Anglicanism）、公理宗（Congregationalists）、

---

35 顾长声：《从马礼逊到司徒雷登——来华新教传教士评传》，上海书店出版社，2005年，第1页。

浸礼宗（Baptists）和卫斯理宗（Methodism）六大宗派。差会是新教差派传教士进行海外传教活动的组织，从 17 世纪开始西方各国陆续成立差会从事海外传教，来华传教的差会中比较重要的有伦敦传道会（London Missionary Society）、英国圣公会（Church Mission Society）、美国长老会（Presbyterian Church in the United States of America）等，这些传教组织对新教在中国传播扩展基督教福音起到了重要作用。

第三、研究时段的限定。1807 年第一位新教传教士马礼逊入华传教，此时天主教已在华传教 200 余年。1941 年太平洋战争爆发，上千名英美新教传教士被日军关押，大批传教士回国，除德意传教士外，西方对华传教趋于停顿。因此，本文将研究时段限定在新教传教士首度入华的 1807 年至太平洋战争爆发的 1941 年。

第二章 19 世纪初叶天主教与基督新教在华传教情况概观

公元 1 世纪，基督教起源于巴勒斯坦，基督教的根源可追溯到耶稣基督诞生之前悠久的犹太历史。公元 30 年耶稣被钉死于十字架上之后，他的门徒逐步聚集起来在一起敬拜耶稣，后来他们便从犹太教中派生出来，形成了一个新兴派别——基督教。基督教作为世界三大宗教之一，从创立以来经历了两千年的发展历程，从其发源地亚洲的巴勒斯坦地区已经传播扩展到世界各地，并深深地影响和缔造着人类的文明。基督教在两千年的发展过程中，由于政治、经济、文化等诸多方面的原因，先后发生了两次大的分裂，由此逐步形成了基督教的三大教派：天主教、东正教和新教。由于东正教在俄罗斯及东南欧有较大影响，本文主要论述在全世界影响较大的天主教和新教。

在基督教发展的过程中，其传播发展自身即蕴含着一个不断碰撞、冲突、分裂、融合的过程。天主教与新教作为基督教的两大主要教派，就是在其发展传播过程的内部摩擦和不断矛盾中产生的。395 年，罗马帝国分裂为东、西两个帝国后，基督教会也分化为东派和西派两个教会，两个教会由于在文化传统、神学思想及教会领导权上存在分歧而逐渐产生了摩擦与矛盾，由于矛盾激化，1054 年，基督教正式分裂为天主教和东正教两个教会。[1]

---

1 [德]毕尔麦尔（Bihlmeyer）等编著：《中世纪教会史》，[奥] 雷立柏译，北京：宗教文化出版社，2010 年，第 92～95 页。

16 世纪初西欧宗教改革运动的爆发促成了基督教历史上的第二次大分裂，新教从天主教中分裂了出来。宗教改革的原因是非常复杂的，除了政治、经济等因素，还包含了文化的、民族的和道德的等诸多方面，诚如罗素所分析的：

> 宗教改革是一场复杂的多方面的运动，它的成功也要归功于多种多样的原因。大体上，它是北方民族对于罗马东山再起的统治的一种反抗。宗教曾经是征服了欧洲北部的力量，但是宗教在意大利已经衰颓了：教廷作为一种体制还存在着，并且从德国和英国吸取大量的贡赋，但是这些仍然虔诚的民族却对于波尔嘉家族和梅狄奇家族不能怀有什么敬意，这些家族借口要从炼狱里拯救人类的灵魂，而收敛钱财大肆挥霍在奢侈和不道德上。民族的动机、经济的动机和道德的动机都结合在一起，就格外加强了对罗马的反抗。此外，君王们不久就看出来，如果他们自己领土上的教会完全变成为本民族的，他们便可以控制教会；这样，他们在本土上就要比以往和教皇分享统治权的时候更加强而有力。由于这一切的原因，所以路德的神学改革在北欧的大部分地区，既受统治者欢迎，也受人民欢迎。[2]

16 世纪宗教改革运动之后，马丁·路德（Martin Luther，1483～1546）首创了脱离罗马天主教会的路德宗，后来加尔文宗、安立甘宗、公理宗、浸礼宗陆续脱离天主教会，18 世纪安立甘宗又分化出卫斯理宗，基督新教的六大宗派正式形成，后来这六大宗派不断地分裂、衍化、融合，又陆续产生了其他派别。新教与天主教分裂后，两教派在西方就长期互不宽容，两教派之间的互相迫害与斗争也不断发生，在西方历史中留下了不和谐的声音。

中古时期，基督教主要在欧洲扩展传播。近代基督教传教活动成为基督教历史上一个极为重要的内容，基督教传教士通过几百年不间断的传教把基督教传播到欧洲以外的所有地区，使基督教真正成为全球范围的世界宗教。

---

2 [英]罗素著：《西方哲学史》，北京：商务印书馆，1977 年，绪论，第 12 页。

第一节　19 世纪初叶中国天主教活动概况

元朝时期来华的天主教概况

元朝时天主教方济各会传教士约翰·孟高维诺（Joan du Monte Gorvino，1247～1328）来华传教是天主教第一次进入中国。[3]1294 年，孟高维诺在罗马教皇（the Pope）尼古拉四世（Nicolas IV，1288～1292）的派遣下来到北京，得到元成宗的批准后在北京开展传教活动。此后，罗马教皇又派遣七位传教士来华，1313 年这七位传教士中只有三位抵达中国，他们是哲拉德（Gerard）、裴莱格林（Peregrine of Castello）和安德鲁（Andrew of Perigia），哲拉德前往泉州传教，裴莱格林和安德鲁留在北京协助孟高维诺开展传教工作。[4]

元朝时天主教在华传教活动主要有以下几个特点：第一，此时天主教在华传教活动是中西之间平等的交流，罗马教皇派遣传教士来华传教是应元朝皇帝之邀，传教士在华的传教活动也得到元朝皇帝的批准。第二，这一时期的传教方式比较单一，主要是单纯的传播基督教福音、吸收信徒。天主教在北京和泉州各有两所教堂，孟高维诺在北京还收养了年龄在 7 岁至 11 岁之间的儿童 40 名，教他们希腊、拉丁文知识，孟高维诺发展的教徒约有几千人。[5]第三，元朝时的天主教徒没有汉人，多为西域各部落之人，[6]即当时的聂斯托利派教徒和天主教徒都是色目人，而没有汉人。元朝灭亡后，蒙古人和其它民族的人都向北逃往荒漠，罗马教廷也没有继续派遣天主教传教士来华传教，天主教在中国的传教活动也随之消亡。

葡萄牙“保教权”与罗马教廷传信部的成立

“保教权”是天主教所特有的一个概念，指的是“罗马教皇授予某国在某地区保护天主教的权力”。[7]15 世纪，西班牙和葡萄牙先后开展海外殖民扩

3　唐太宗贞观九年（公元 635 年），基督教的一个派别——聂斯脱利派(Nestorianism)传教士阿罗本（Alopen Abraham）等人来到中国传播基督教，当时它被人们称为“景教”。后来在唐朝会昌五年（公元 845 年）景教由于受灭佛的牵连被禁止传播。

4　顾卫民：《中国天主教编年史》，上海书店出版社，2003 年，第 31 页。

5　[英]道森编：《出使蒙古记》，吕浦译，北京：中国社会科学出版社，1983 年，第 262～268 页。

6　徐宗泽：《中国天主教传教史概论》，上海书店出版社，2010 年，第 100 页。

7　李师洲：《帝国主义列强在华保教权的沿革》，《山东大学学报》（哲学社会科学版），1990 年第 2 期，第 95～102 页。

张，他们经常为争夺殖民地发生争执，1493 年，罗马教皇亚历山大六世为裁决西班牙和葡萄牙的殖民地势力范围的争端，颁布《划界通谕》，教皇在非洲西岸的亚速尔群岛以西一百海里的地方划了一条界限，这条界限以西为西班牙的殖民范围，以东为葡萄牙的殖民范围，并答应了葡萄牙国王请求的在远东享有"保教权"，[8]即凡是从欧洲派往东方的传教士，无论来自哪个国家，按照葡萄牙"保教权"的规定，传教士要立下绝对忠于葡萄牙国王的誓言，然后再乘船前往远东传教，并享受葡萄牙当局的津贴和保护。1515 年，葡萄牙在印度建立了一个总管远东传教事务的基地。[9]罗马教廷只能通过里斯本政府，间接地管理东南亚各国的教务。[10]

罗马教廷并不甘心葡萄牙单独享有在世界各传教区的保教权，为直接管理世界各地的传教事务，更有利于实现罗马教会向外发展的愿望，1622 年，罗马教皇格列高利十五世专门设立了罗马教廷传信部，旨在密切罗马教廷与传教士之间的联系，使传教事务的管理更加简单化。罗马教廷在主教制度之外，又创立了一种代牧制度，即到东方传教的主教不必经过葡萄牙国王的推荐，而是由教皇直接任命。[11]传信部成立 15 年后，该部就任命印度传教士卡斯特罗为日本教区宗座代牧，尽管由于日本发生教案卡斯特罗最终被派往印度群岛的一个小国担任宗座代牧，但这为罗马教廷自由管理世界各传教区的教务迈出了重要一步。[12]1658 年，罗马教皇亚历山大七世又分别为中国、东京湾及暹罗任命了三名首批宗座代牧，这三名宗教代牧都是法国人。就这样葡萄牙的"保教权"逐步被罗马教廷消弱，直至 17 世纪末，葡萄牙"保教权"基本上被废除了。[13]

---

8 赵永生：《"保教权"的来历和侵略作用》，《信鸽》，1964 年第 1 期，第 42～45 页。

9 李师洲：《帝国主义列强在华保教权的沿革》，《山东大学学报》（哲学社会科学版），1990 年第 2 期，第 95～102 页。

10 裴化行：《天主教十六世纪在华传教志》，第 44 页。

11 李师洲：《帝国主义列强在华保教权的沿革》，《山东大学学报》（哲学社会科学版），1990 年第 2 期，第 95～102 页。

12 [法]卫青心著：《法国对华传教政策》（上卷），黄庆华译，北京：中国社会科学出版社，1991 年，第 8～9 页。

13 [法]卫青心著：《法国对华传教政策》（上卷），黄庆华译，北京：中国社会科学出版社，1991 年，第 10～11 页。

明清时期来华的天主教概况

16 世纪耶稣会传教士来华传教已是天主教再度入华，此次传教规模庞大，在传教差会上包括耶稣会、方济各会、道明会等罗马天主教主要修会，在传教国家方面包括意大利、法国、德国等国家。1552 年，西班牙耶稣会传教士沙勿略（Francis of Xavier, 1506～1552）抵达广州附近的上川岛，尽管他曾最早将天主教传播至亚洲的马六甲和日本，但由于明朝政府的海禁政策，他始终未能实现进入中国传教的愿望，不久就病逝于该岛。沙勿略使中国基督教化的理想和他为此付出的努力，影响和激励着后来的天主教传教士。同为意大利耶稣会传教士的罗明坚（Michele Ruggieri, 1543～1607）和利玛窦（Matteo Ricci, 1552～1610）如愿来到了中国，为天主教在中国的广泛传播奠定了基础。他们首先来到澳门，学习汉语和中国的文化习俗，1583 年，他们获得了在广东肇庆的居住权。作为天主教在中国传教的开创者之一，利玛窦不仅博学多才而且社会交往广泛，为适应中国的环境，他穿中国人的服装，讲中国人的语言，并将自绘的《山海舆地全图》公开展出，还向中国人介绍新历法科学，以传播西学来提高天主教在民众心目中的地位。事实证明，这样的接触对于赢得中国人的宽容是非常有效的，但利玛窦确信，要想赢得更多的中国人信仰天主教，在中国严密有秩的政治制度下，只有迈向中国的首都获得皇帝的准许，天主教才有可能迅速发展。1600 年，他利用两座自鸣钟获得皇帝的青睐，得到了进入北京的许可。利玛窦利用他渊博的天文、数学等科学知识获得了皇帝的大为赞赏。就这样，在利玛窦明智的传教思想指导下，耶稣会在北京得以建立并逐渐兴旺起来。到 1610 年利玛窦去世时，天主教徒已达 2000 余人。[14]

利玛窦的继任者汤若望（Jean Adam Schall von Bell, 1591～1666）将天主教的科学传教工作带到了更高的层面上。他不仅赢得了中国学术界的欣赏，还被任命为钦天监的总管。1650 年，汤若望在北京建造一所公共教堂，并为基督教在整个国家内取得了宗教自由（1657 年）。1666 年，汤若望逝世时，中国大约有 270,000 名天主教徒。1692 年，皇帝颁发的宽容法令回报了耶稣会士为中国和朝廷所做的侍奉，因此一个独立的中国教会建立起来了，天主教在华传教事业取得较大进展，截至 1701 年，中国已有约 30 万天主教徒。[15]

---

14 王美秀等：《基督教史》，江苏人民出版社，2006 年，第 357～358 页。

15 [意]德礼贤著：《中国天主教传教史》，北京：商务印书馆，1933 年，第 82 页。

但是，这样的传教局面并未持续太久，随着天主教在华传教事业的发展，天主教内部各教派在中国关于祭祖祀孔的问题上产生了严重分歧，耶稣会认为祭祖祀孔只是一种社会行为，而方济各会、道明会等则认为这是一种宗教行为，于是他们之间就发生了一场争论，不久，这场争论就从教内发展到教外，最终引起了中国皇帝与罗马教皇的正面冲突，这场争论被称为"中国礼仪之争"。[16]这场争论持续时间长达 100 多年，并导致清朝政府颁布禁教命令，严禁天主教在中国的传播，天主教在华传教活动从此走向衰落。

1721 年，康熙全面禁止天主教，天主教在中国的传教活动基本上处于非法和秘密状态，清政府对天主教传教士和教徒惩罚的力度也在逐步加大，天主教在华传教事业事实上在逐步走向衰落。正如《剑桥中国晚清史》所指出的，到 18 世纪末，中国天主教徒的人数由上世纪初的 30 万人跌至 20 万到 25 万之间。[17]然而天主教会在中国并没有被灭绝，中国天主教会仍存在一定的实力和规模。中国天主教徒"或者接迎、引导外籍传教士入华传教，为其提供居住等生活条件，或者陪同西方传教士在华进行传教活动，并在经济方面对他们的传教活动给予一定的支持。"[18]官府对于天主教徒秘密帮助传教士的行为也感到难以应付："虽口岸查禁未尝不严，而西洋夷人形迹诡秘，从教之人处处皆有隐匿护送，莫可完诘。"[19]中国天主教徒帮助西方传教士的方式主要有以下几种：一是接引应西方传教士进入内地；二是陪同西方传教士传教；三是为西方传教士提供住所及传教场所；四是负责与教会的其它传教士联络，也去广东领取钱物、信件等。[20]

在华天主教传教士和传教团体

据赖德烈的统计，19 世纪初期全国天主教徒的人数可能有 250，000 万，[21]天主教各个修会的具体传教地区可参见下表：

---

16 李天纲:《中国礼仪之争——历史、文献和意义》,上海古籍出版社,1998 年,第 1 页。

17 [美]费正清、刘广京编:《剑桥中国晚清史（1800～1911 年）》上卷,第 531 页。

18 宾静:《清代禁教时期华籍天主教徒的传教活动研究（1721～1846）》,暨南大学博士学位论文,2007 年,第 230 页。

19 宾静:《清代禁教时期华籍天主教徒的传教活动研究（1721～1846）》,暨南大学博士学位论文,2007 年,第 230～231 页。

20 宾静:《清代禁教时期华籍天主教徒的传教活动研究（1721～1846）》,暨南大学博士学位论文,2007 年,第 230,72 页。

21 [美]赖德烈著:《基督教在华传教史》,第 155 页。

1581～1840年天主教各修会来华传教情况表[22]

修会中文名	修会英文名	创立时间	来华时间	在华传教地区
圣方济各会	F.M.Franciscans	1209	1294	澳门、香港、广东、山东、山西、陕西、湖南、湖北、福建、江西、甘肃
道明会	Dominicans O.P.	1216	1631	澳门、香港、广东、广西、四川、贵州、云南、东北三省、西藏、北京
耶稣会	Jesuits S.J.	1534	1555	香港、澳门、广东、广西、江苏、安徽、浙江、陕西、四川、山西、河北、京津、内蒙、福建、山东、湖南、湖北、云南、贵州、甘肃、台湾
圣奥斯定会	Hermits of St.Augustinian	1256	1680	广东、广西、福建、江西
遣使会（拉匝禄会）	Lazarists C.M.	1625	1773	自从1773年耶稣会解散，清乾隆朝严厉禁教，此会接收耶稣会所辖的传教范围有：河北、江西、河南、浙江，总部设在上海徐家汇徐光启墓址。
巴黎外方传教会	Foreign Missions of Paris M.E.P.	1660	1683	澳门、香港、广东、广西、四川、贵州、云南、东北三省、西藏、北京、福建

　　回顾天主教在华传教的历史，各个修会采取了不同的传教方法，天主教不同修会的传教策略与方法不同，其传教效果和对中国社会的影响也不相同。以利玛窦为首的耶稣会传教士主要在中国官僚阶层和知识分子之间活动，他们采取"文化适应"的传教策略与方法，取得了较好的传教效果，一是把天主教教义与中国儒家文化相融合，"利玛窦的策略实际上是建立在中国古代的伦理格言与基督教教义之间的相似性和上帝与天主之间的类比关系上的"[23]；二是以西方的科学和技术引起中国人的兴趣，从而利用科学达间接达到传教

22　宾静：《清代禁教时期华籍天主教徒的传教活动研究（1721～1846）》，暨南大学博士学位论文，2007年，第233～252页。

23　[法]谢和耐著：《中国文化与基督教的冲撞》，于硕等译，沈阳：辽宁人民出版社，1989年，44～46页。

目的，1735 年，天主教传教士巴多明（Parennin）曾写道："为了吸引他们的注意，通过自然科学知识赢得他们的尊敬和信任是必要的，他们在这方面简直毫无所知和抱有殷切的希望。再没有比这更好的办法能使他们潜心听讲基督真理的了。"[24]

方济各会和道明会早已在欧洲、非洲和南美洲从事传教活动，他们已经形成了了成熟而有效的传教方法，即手持十字架宣讲耶稣救世福音。因此，当道明会传教士黎玉范（Juan Bautista de Morales）来到福建时，他并不认同耶稣会士艾儒略的传教方法，认为艾儒略的传教方法过于浪费时间，而道明会的传教方法是直接向中国人宣讲基督教福音。此外，由于道明会在欧洲主要在下层民众中传教，因此，对于耶稣会传教士向中国上层士大夫传教的策略，他也是不赞同的。[25]相对而言，方济各会传教士对耶稣会士的"适应政策"的态度经历了一个变化的过程。方济各会传教士最初也不认同耶稣会对中国社会习俗采取宽容的态度，但随着传教事务的进展，方济各会传教士认识到违反中国传统礼教的做法影响了天主教在中国的传播，因此，他们后来逐渐认同了耶稣会的适应性传教策略。[26]

1840 年之后，天主教传教士中国享有更大的行动自由，天主教由此大力展开在中国的传教活动，天主教派遣更多的传教士来华传教，至 1949 年以前，天主教在中国已有三百万教徒。但是，从另一个方面，即扩大基督教在中国文化中的影响力方面，天主教的成效却是有限的。据庄祖鲲分析有三方面原因："首先，教案频仍，双方都无法平心静气地'坐而论道'。其次，天主教外籍传教士中，很少再出现像利马窦那样品格、学识俱佳，又精通中国文化的人物。最后也是最重要的是，天主教的"信仰本色化"政策游疑不定；培养中国籍的教士又少又慢；到二十世纪初，望弥撒的仪式大多仍用拉丁文；连翻译整本的中文圣经都几乎费时长达三百年！"[27]

---

24 [法]谢和耐著：《中国文化与基督教的冲撞》，第 58 页。

25 罗光：《教廷与中国使节史》，《罗光全书》（第 27 册），台北：台湾学生书局，1996 年，第 90 页。

26 韩承良编：《中国天主教传教历史》，台北：思高圣经学会出版社，1994 年，第 130 页。

27 庄祖鲲：《契合与转化：基督教与中国传统文化之关系》，西安：陕西师范大学出版社，2007 年，第 142～143 页。

第二节 福音复兴运动与新教来华传教活动

18 世纪中叶的福音复兴运动掀起了英国与美国海外传教运动的浪潮。在此之前，新教还没有成立众多的差会，大部分传教活动只是个人凭着传教热忱进行的，基督教新教对海外传教事业还没有足够的关心与太多的兴趣。

传教运动的神学基础

基督教传教运动的依据是《圣经》中的真理。《新约圣经·马太福音》记载："你们要去，使万民作我的门徒，奉父、子、圣灵的名给他们施洗。凡我所吩咐你们的，都教训他们遵守，我就常与你们同在，直到世界的末了。"[28]基督教是一种一神论宗教，它只信奉唯一的上帝，它相信上帝创造并主宰世界万物。《旧约圣经·以赛亚书》记载："我是耶和华；在我以外并没有别神。我造光，又造暗；我施平安，又降灾祸；造作这一切的是我——耶和华。"[29]《圣经》赋予了传教士向全世界传播基督教的动力。

早期来华的英国传教士米怜（William Milne，1785～1822）也论述过新教传教的理论基础：

> 基督教将整个世界当作它行动的领域：它不知道还有什么别的地方。它只指令所有的民族放弃那些有害的东西，只希望他们接受他们令人悲哀地缺乏的东西。它决不通过吹捧一个国家的美德，而向另一个国家强加任何东西。它代表在上帝的眼里处于同一水平的"所有人民与国家"……它对福音所及的所有国家，在道德上有同样积极的责任，它在同样的条件下向所有接受它的人——无论老幼、贵贱、智愚、生长在何国——赐予救赎和恩宠；对所有拒绝或侮辱它的人，它实施的雷霆般的惩罚也是一样的，既公正，又没有求恩或逃脱的余地。[30]

福音复兴运动与英国海外传教运动的兴起

工业革命以来，科学技术的进步和生产力的迅速发展为人类带来物质上

---

28 《新约圣经》，中国基督教协会，1995 年，第 55 页。

29 《旧约圣经》，中国基督教协会，1995 年，第 1106 页。

30 [英]米怜著：《新教在华传教前十年回顾》(影印版)，郑州：大象出版社，2008 年，第 3～4 页。

的幸福，然而，工业化进程中也出现了诸多社会问题，如工业化初期工人没有参与政治生活的权利，生活条件没有达到起码的水平，贫富之间两极分化严重等。人们普遍对宗教持世俗主义态度，宗教生活毫无生气。在这样的情况下，虔诚且有责任感的一些基督教徒对此感到不安，他们认为这种宗教情感淡漠的状况必须加以改善。于是 18 世纪中叶，旨在通过复兴宗教来达到社会改良的福音复兴运动在英国和美国诞生。它主要是通过一些宗教领袖的福音布道行为，来激发基督教徒的宗教情感，提倡信徒要过有宗教信仰的生活，强调人们在日常生活中要有规范的社会道德行为。福音复兴运动在英国国内主要产生了两个效果：一是使众多的社会下层民众信仰了基督教；二是推动了包括废奴运动、禁酒运动和改善劳工环境等一系列社会改革。

除此之外，福音复兴运动也为新教海外传教运动提供了先驱推动力。著名基督教史学家威利斯顿·沃尔克（Williston Walker）曾说过："福音奋兴运动的最重要成果之一是近代新教传教事业的兴起。"[31]穆尔（George Foot Moore）也认为："到 19 世纪，它（指基督教新教）通过一些志愿团体扩大了传教活动，这些团体后来有的就成了教会的组织。与此同时，新教各国取代了西班牙和葡萄牙的地位，成了主要的殖民和通商国家。在这第三个大发展时期开始以来的四个世纪中，大部分在 16 世纪初还处于基督教世界之外的地方，都已由于殖民活动和传教事业的开展而进入了基督教社会。这些地域既包括像中国、印度、日本古老的文明之邦，也包括世界各地处于较低文化水平的种族，各地教会吸引的教徒多达数百万人。"[32]在福音复兴运动的激励和鼓舞下，当英国发动的鸦片战争为西方各国打开了中国封闭已久的大门时，新教各个宗派接踵而至，开始了长达一个世纪的基督教传播活动。

西方传教士抱着"基督教征服世界"的心态来到中国，他们认为基督教适合全世界和全人类。他们愿意做上帝的仆人，成为向不认识上帝的人介绍上帝的工具。在他们看来，这是上帝赋予他们的神圣使命。

除了神学思想所提供的传教活动的动力之外，大规模的传教运动还需要物质基础作为后盾。新航路的开辟为海外传教组织的建立提供了必要的技术基

---

31 [美]威利斯顿·沃尔克著：《基督教会史》，孙善玲等译，北京：中国社会科学出版社，1992 年，第 595 页。

32 [美]G. F. 穆尔著：《基督教简史》，郭舜平等译，北京：商务印书馆，1996 年，第 275 页。

础。19世纪以来，西方主要国家先后确立了资本主义制度，并相继完成了工业革命，它带来经济上的飞跃，使航海、通讯等事业得以快速发展，为传教运动提供了交通上的便利，这也使基督教与殖民主义形成了不可分割的关系。在西方资本主义国家进入帝国主义并向全球扩张的过程中，基督教也具有了充当帝国主义扩张工具的成分，这使它不可避免地染上了强烈的殖民主义色彩。

"大觉醒运动"与美国海外传教运动的兴起

美国的宗教复兴运动称为大觉醒运动，美国的大觉醒运动在美国的长老会、卫理公会等中产生并扎下根，这对于美国新教徒的教会生活和他们对自身使命的理解都产生了重要的影响。[33]大觉醒运动发端于新英格兰地区，后逐步扩展至美国北部和西部，大觉醒运动中兴起了两种神学思潮，一种是查尔斯·芬尼宣称的至善论，他指出"罪是一种自发行为，理论上是可以避免的，因而人类达到至善之境亦是可能的"，这种理论为异教徒获得拯救提供了可能性，也为传教运动提供了依据。另一神学思潮是基督复临论，其代表人物是威廉·米勒，米勒宣称："耶稣基督不久将再次复临人间，建立理想的千年王国；信徒将获得永生，罪人将受到审判和惩罚；唯有立即皈依基督才有出路。为了迎接千年王国的来临，信徒必须在人间宏扬基督教精神，引导他人信奉上帝，以逐渐改造这个充满罪恶的世界。"[34]在基督复临论影响下，美国新教各教派纷纷成立海外布道团体，把海外传教活动作为他们当下现实的愿望。1810年，"美国公理会海外传道部"（American Board of Commissioners for Foreign Missions）成立，1812年，海外传教活动在印度开展，美国向东方传教由此发端。1830年2月22日，裨治文受派来华抵达澳门，长达一个多世纪的美国对华传教运动的序幕由此拉开。

1807年英国传教士马礼逊（Robert Morrison，1782~1834）来华，揭开了基督教新教在中国大陆传播的序幕。[35]此后，英美等国陆续派遣传教士来华

---

33 [美]胡斯都·L·冈察雷斯著：《基督教思想史》，陈泽民等译，南京：译林出版社，2010年，第329~342页。

34 王立新：《美国传教士与晚清中国现代化》，天津人民出版社，1997年，第11页。

35 他是第一个到中国大陆传教的新教传教士。17世纪初，荷兰殖民主义者占领台湾后，荷兰传教士就在台湾传教20余年，1622年郑成功收复台湾后，新教在台湾的传教活动就随之结束。参见周燮藩：《中国的基督教》，北京：商务印书馆，1997年，第118页。

传教。1842 年前，传教活动属于非法，因此，传教士不能直接传教，他们主要活动在澳门、香港、广州及附近地区，为传播基督教做一些准备工作。首先是从事出版与文化事业。主要是翻译《圣经》，撰写中文著作以传播基督教教义，并创办中文杂志和西文期刊。其次是从事教育、医疗卫生事业。这些事业都是为了传教事业的需要而设立的，尽管不能达到直接传播基督教的目的，但这些文教卫生事业为鸦片战争后基督教在中国的传播做了准备，也对近代中西文化交流产生了重要影响。保罗·柯文在《剑桥中国晚清史》中也指出："评价新教早期成就的真正标准，不在于它收到了多少信徒，而在于它为后来的工作所奠定的基础。"[36]1842 年后尤其是 1860 年后，随着《南京条约》、《黄埔条约》和《北京条约》等一系列不平等条约的签订，清政府的禁教政策开始松动，外国人最初可以在广州、福州、厦门、宁波、上海五个通商口岸租地建立教堂，后来还可以进入中国内地传教，中国方面还被赋予了保护教堂的义务。此后传教中心就逐渐北移，并建立起以上海为中心的传教区域，西方传教士在中国传教活动进入了一个新的合法化阶段，他们开始以直接布道的方式来传播基督教，传教活动由此展开。

近代传入中国的基督教，教派成分比以前更为复杂，传教士队伍良莠不齐，传教心态也不可避免具有西方优越论的殖民心态。传教士最初进入中国并不具备合法性和正当性，后来借助于中外不平等条约的保护，传教士才可以进行合法的传教活动，但这同时也使传教士和教民享有了一些特权，所有这些都使得近代入华的基督教遭到中国民众的反抗和抵制，使基督教在近代中国的传播不断受阻。[37]

第三节　19 世纪初叶新教传教士来华时中国的宗教背景

中国传统的宗教与西方国家的基督教、伊斯兰教等有着明显的区别，这种区别主要体现在教义、经典及教会组织上，中国宗教没有系统的教义和严格的教会组织，中国传统的文化背景和经济政治结构使中国宗教具有了功利性、入世性、包容性等几个特征。1807 年，英国伦敦会的马礼逊作为基督教新教来华的第一位传教士来到中国，当时，中国只开放广州一个口岸通商，

---

36 [美]费正清、刘广京编：《剑桥中国晚清史（1800～1911 年）》上卷，第 532 页。

37 颜炳罡著：《心归何处——儒家与基督教在近代中国》，山东人民出版社，2005 年，第 35 页。

在华洋商的行动受到严格控制，传教士更在严禁之列，反对基督教的言论也在士大夫中间流传。

中国人的宗教信仰

有关中国人的宗教观，学界的观点主要有以下三种：第一，中国人的宗教信仰意识淡薄，中国缺乏宗教。例如，辜鸿铭认为，中国民众并不太看重宗教，在中国社会中，儒家的哲学和伦理体系取代了宗教。[38]英国思想家罗素也认为，中国人缺乏宗教信仰，中国人只注重世俗的意义，对于彼岸的事情却存而不论，因此，中国人对宗教漠不关心，缺乏西方人对于宗教的那种严格和热情。[39]

第二，中国有宗教，中国人的宗教信仰并不是一种一元性的宗教信仰，而是具有多元化、现实性和功利性的特征。这种观点认为，中国传统文化中，儒、释、道三教是三大支柱。这样的思想格局是三国两晋南北朝以来，三教之间经历了既相互排斥、又相互吸收、相互融合的过程之后形成的。在近代中西文化交流中作出重要贡献的晚清外交官陈季同认为，儒教、道教、佛教是中国几个主要的宗教，道教具有神秘主义倾向，佛教在教义上属于玄学形而上学，但中国并不存在纯粹的宗教统一体。[40]中国人认为，"信仰不同，但道理是一样的，目的都是行善事；四海皆兄弟"。所以欧洲人称中国人是"多神信徒"。[41]

除了儒、释、道三大主要宗教之外，中国还有众多的民间信仰，各种宗教都能在中国生根。美国学者赖德烈也指出了中国人是多神论者，具有宗教宽容精神，中国人的宗教既有土生土长的本土宗教，也有从别的民族带来的外来宗教。[42]法国学者葛兰言曾说："中国人并没有分成信仰各自宗教的不同群体；依照固有的传统，他们会同时求助于和尚或道士，甚至是士大夫。他们不仅从没有教条化的门户之见，而且当他们有求于宗教专职人员的时候，并不把他们当作那样的人来尊崇。"[43]同时，这种观点认为，与西方人宗教信

---

38 辜鸿铭：《中国人的精神》，海南出版社，1996年，第125页。

39 [英]罗素：《东西方文明比较》，北京：改革出版社，1996年，第163页。

40 陈季同著：《中国人自画像》，黄兴涛等译，贵阳：贵州人民出版社，1998年，第19~20页。

41 [法]卫青心著：《法国对华传教政策》（上册），第16页。

42 [美]赖德烈著：《基督教在华传教史》，第20~21页。

43 [法]葛兰言著：《中国人的宗教信仰》，程门译，贵州人民出版社，2010年，第148页。

仰以教义意识为主体不同，中国人的宗教信仰具有现实性和功利性。美国社会学家爱德华·A·罗斯指出："中国人在接受宗教之初同任何其它方面一样，追求实用，认为菩萨是世界上获取利益的源泉。他们希望从菩萨那里，祈求恢复健康、好收成、科举考试成功、经商获利和仕途顺利。"[44]费孝通也说："我们对鬼神也很实际，供奉他们为的是风调雨顺，为的是免灾消祸。我们的祭祀很有点像请客、疏通、贿赂。我们的祈祷是许愿、哀乞。鬼神对我们是权力，不是理想；是财源，不是公道。"[45]

第三，中国宗教除儒、释、道三教外还包括宗法性传统宗教，牟钟鉴先生认为："在中国历史上，于佛、道、儒之外，确实存在过一个绵延数千年的正宗大教，我称之为宗法性传统宗教。它以天神崇拜、祖先崇拜和社稷崇拜为主体，以日月山川等百神崇拜为羽翼，以其他多种鬼神崇拜为补充，形成相对稳固的郊社制度、宗庙制度以及其他祭祀制度。它的基本信仰是'敬天法祖'。它没有独立的教团，其宗教组织即是国家政权系统和宗族组织系统。天子主祭天，族长家长主祭祖，祭政合一，祭族合一，既具有国家性质，又具有全民性，故也可以称之为传统的国家民族宗教。"[46]著名的宗教社会学家马克思·韦伯也指出："中国宗教与清教之不同，就在于完全没有任何自然和神之间、伦理要求和人的不适宜之间、罪恶感和赎罪的必然性之间、现世的业绩和来世的报酬之间以及宗教义务与现实政治之间的冲突。这既是中国文化的'天人合一'精神，也表现为政教合一、学教合一。"[47]

中国宗教的这种宗法性特点对中国人的精神世界产生了重大影响，尤其表现为祖先观念对人们思想的影响。[48]祖先崇拜在中国人的宗教信仰中居于重要的位置，陈季同把中国人崇敬祖先比作西方基督徒作祷告，认为这是每个中国家庭最重要和最普遍的事情，也是每个家庭成员至高无上的圣事。灵牌上刻着祖先的名字，灵牌是按照父子关系的顺序排列的，在祠堂中，祖宗的

44 沙莲香主编：《外国人看中国人100年》，太原：山西教育出版社，1999年，第273页。

45 费孝通：《美国和美国人》，北京：三联书店，1985年，第110页。

46 牟宗鉴：《中国宗教与文化》，台北：台湾唐山出版社，1995年，第139页。

47 [英]马克思·韦伯著：《儒教与道教》，王容芬译，北京：商务印书馆，2004年，第80页。

48 张晓华："中国宗教的守法性与依附性"，《社会科学战线》，2001年第4期，第270～272页。

牌位占有非常大的比重，每到固定的时间，所有的家族成员都来到祠堂，敬拜他们的祖先，在中国各个地方，这类风俗是基本相同的，陈季同把献给祖先的宗庙比作"中国人的教堂"。[49]

晚清中国知识分子反对基督教的思想与言论

明清之际基督教作为异质文化与中国文化的交流与对话中，常常伴有不和谐的声音及较大规模的排教运动，对基督教在中国的传播造成了较大的影响。对这段反教言论进行简单梳理，可以让我们对基督教在华发展状况有全面的了解与认识。

发生于1616年的南京教案是明朝第一次反教运动，其发起人为沈㴶（音jue）[50]。他以"远夷阑入都门，暗伤王化"为由，连续三次上疏朝廷，指出天主教传教士的三条罪状，一是传教士自称国是"大西洋"中的"大"字带有强烈的政治刺激性；二是传教士推算历数破坏了中国传统的历法；三是传教士教人不祭祀祖先，此乃大逆不道。[51]沈㴶（音 jue）的奏参直接导致了后来的南京教案。

明末最重要的反基督教的著作是《圣朝破邪集》，这是明末一部分士大夫与佛教徒联合起来反对天主教在华传播的言论总集。其中所载批判天主教的文章，使我们可以比较详细地了解明末儒佛耶之争的相关情况。其中收录的《圣朝佐辟》一书，作者从一是辟诳世，二是辟诬天，三是辟裂性等十个方面对天主教进行了批判，包括了明末儒者批判天主教的主要观点，是对天主教批判最为系统全面的著作。[52]

到19世纪上半叶，中国士大夫有关开眼看世界的著作中，也已陆续出现一些反教内容。其中有代表性的文献有魏源所著的《海国图志》中的《天主教考》一节，引用了前人关于天主教的误解和传言，魏源在文中这样写道：

---

49 陈季同著：《中国人自画像》，黄兴涛等译，贵阳：贵州人民出版社，1998年，第81页。

49 [法]卫青心：《法国对华传教政策》（上册），第16页。

50 沈㴶（音 jue）（～1623），浙江乌程人，1592年中进士，1621年晋升为太子大保文渊阁大学士，明朝著名的反教人士，南京教案的主要发起人。

51 夏瑰琦编：《破邪集》，香港：建道神学院，1996年，第59~62页。

52 夏瑰琦编：《破邪集》，第189~191页。

> 查西洋之天主教不可知，若中国之天主教，则方其入教也，有吞受药丸、领银三次之事，有扫除祖先神主之事，其同教有男女同宿一堂之事；其病终有本师来取目睛之事，其银每次给百三十两为贸易赀本，亏折则复领，凡领三次则不复给，瞻之终身。[53]

基于这样一个认知基础，魏源对耶稣基督自然不会持尊重的态度：

> 耶稣自身受罪可代众生之罪，则佛言历劫难行苦行舍头目脑髓若恒河沙，功德当更不可量，耶稣又曷斥之乎？谓孔子佛老皆周时人，仅阅二千余岁，有名字朝代，但为人中之一人，不能宰制万有，则耶稣诋非西汉末人，又安能代神天以主造化？[54]

《海国图志》初刻于 1842 年，两年以后的 1844 年，几乎与魏源同时代的著名文士梁廷枏出版了《耶稣教难入中国说》，那是一本关于基督教的专论，书中介绍了该教之教义、教规、教史及其传入中国的历史。梁氏认为基督教与佛学相比，有更合于人情之处，耶稣教"举人人日戴之天，劝人尊而视之，其为事较实，其从教者，问心也较安；而审判复活之说，又与世俗乐生畏死、免祸求福之心适有以相入"。[55]然而，他认为基督教最终绝不能取代儒学的尊贵地位：（一）中国自唐虞三代以来，"周公孔子之道，灿烂如日月丽天，江河行地，历代诸儒，衍其支流，相与讲明而切究者，简册斑斑可考。凡政治之本，拜献之资，胥出于焉"；（二）基督教有许多学理上的谬误，"死人之不可起，白骨之不可肉"，这是天经地义之理，焉有"复活之说"？关于末日审判，梁氏更持怀疑的态度：如果确有最后的审判，为什么没有指明审判的时间？不可能有如此广大的空间，足以容纳所有等待审判的灵魂，"天果将来有齐集审判之日，是生人类自此终，灵魂之驱自此始矣。无论审判不知迟至何代而后举，而自耶稣至今已千余年矣，何以一行审判乎"？[56]

传统文人士大夫们从维护儒家文化和封建王权的利益出发，发表了相关的反教言论，这些言论对整个中国社会的民众产生作用，对基督教入华产生了排阻的影响，导致后来冲突与教案的频频发生。

---

53 [清]魏源撰：《海国图志》，陈华等点校注释，长沙：岳麓书社，1998 年，第 840 页。

54 [清]魏源撰：《海国图志》，第 839 页。

55 [清]梁廷枏撰：《耶稣教难入中国说》，《海国四说》，北京：中华书局，1993 年，第 5 页。

56 [清]梁廷枏撰：《耶稣教难入中国说》，《海国四说》，北京：中华书局，1993 年，第 46，42 页。

晚清政府对天主教和传教士的政策

众所周知，明末清初是中国基督教史上一个重要时期，这一时期无论是从教徒人数还是从传教范围来看，都已达到基督教传入中国以来的高峰。但是，17世纪末18世纪初"中国礼仪之争"发生后，清政府开始对天主教给予打击和禁止，从而实行延续百余年的禁教政策。1707年，康熙帝下达谕旨禁止天主教在中国传播："自今而后，若不遵利玛窦的规矩，断不准在中国住，必逐回去。"[57]据此，天主教耶稣会传教士要求传教自由，随后康熙帝又下谕旨："并非禁天主教，惟禁不曾领票的西洋人，与有票的人无关。"1720年，康熙帝以罗马教皇干涉中国内政为由，御批嘉乐："只说得西洋尔等小人，如何言得中国之大理。况西洋人等，无一人通汉书者，说言议论，令人可笑者多。今见来臣告示，竟与和尚道士小教相同。彼此乱言者，莫过于此。以后不必西洋人在中国行教，禁止可也，免得多事。"[58]不过，康熙朝的禁教政策是有限度的，凡是领票的传教士就可以在中国居住传教，而未领票的传教士则必须被驱逐出中国。

从雍正即位开始，清政府才真正对天主教传教全面加以禁止，这种禁教局面延续了100余年，这百余年间，禁教政策也随着清政府对天主教性质判定的变化而变化，时松时紧，总体趋势日趋严厉，这样的情形直到鸦片战争后才发生变化。

雍正帝本来对天主教就没有好感，耶稣会传教士钱德明（Jean Joseph Marie Amiot，1718~1793）神父在写给德里斯勒（de I'IsIe）神父的信中就表达了这一点："刚刚登上皇帝宝座的雍正对基督教根本没有好感。相反，他对基督教在其父皇统治时期取得的种种进展深感不安。如果能够无损于其父皇的威名的话，他真想把基督教连根铲除。"[59]

57　陈垣编：《康熙与罗马教皇使节关系文书影印本》，北平故宫博物院民国二十一年影印本，见王美秀、任延黎编：《东传福音》，第8册，合肥：黄山书社，2005年，第124页。

58　陈垣编：《康熙与罗马教皇使节关系文书影印本》，北平故宫博物院民国二十一年影印本，见王美秀、任延黎编：《东传福音》，第8册，合肥：黄山书社，2005年，第120~144页。

59　《耶稣会传教士钱德明神父致科学院德里勒斯（de I'IsIe）神父的信（1759年9月4日于北京），[法]杜赫德编：《耶稣会士中国书简集》（五），吕一民、沈坚、郑德弟译，郑州：大象出版社，2005年，第70页。

1723 年，雍正帝就开始实行大规模的严厉的禁教政策，此次禁教政策缘起于福建福安建造天主教堂一事。这年，两名天主教道明会传教士未领票就在福安传教修建教堂，吸引了数百人入教，闽浙总督满保遂向朝廷奏报，请求朝廷下令将传教士全部驱往澳门。这年 12 月，雍正帝发布谕旨："西洋人乃外国之人，各省居住年久，今该督奏请搬移，恐地方之人妄行扰累，著行文各省督抚，伊等搬移时，或给予半年数月之限，令其搬移，其来京、与安插澳门者，委官沿途照看送到，毋使劳苦"。[60]

雍正帝继位后第二年，即 1724 年，雍正帝在接见天主教耶稣会传教士戴进贤（Ignatius Kgler, 1680~1746）、郎世宁（Giuseppe Castiglione, 1688~1766）等时，明确表达了他实行禁教政策的原因：

> 朕不需要传教士，倘若朕派和尚到尔等欧洲各国去，尔等的国王也是不会允许的嘛。

> 汉明帝任用印度僧人，唐太宗任用西藏喇嘛，这两位君主因此受到了中国人的憎恶。先皇让尔等在各省建立教堂，亦有损圣誉。因此，朕作为一个满洲人，曾竭力反对。朕岂能容许这些有损于先皇声誉的教堂存在？朕岂能帮助尔等引入那种谴责中国教义之教义？岂能像他人一样让此种教义得以推广？喇嘛教最接近尔等的教，而儒教则与尔等之教相距甚远。尔等错了。尔等人众不过二十，却要攻击其它一切教义。须知尔等所具有的好的东西，中国人的身上也都具有，然尔等也有和中国各种教派一样的荒唐可笑之处。[61]

乾隆帝登基后，虽对中国天主教徒表现出了一定程度的宽容，如准许雍正时期遭受流放的天主教徒苏努一家回到北京，并恢复他们的宗室待遇。[62]但是在传教问题上，乾隆帝仍沿袭清初历代统治者的禁教政策，与康熙帝不同的是，乾隆帝的禁教政策时紧时松，且对京城的传教士比较宽松，对京城传教士的活动几乎没有什么限制。[63]但是，乾隆时期，全国各地还是发生了许多搜捕传教士、甚至传教士被处死的教案，这些教案使天主教的公开传教活动，尤其是在中国内地的传教活动受到了沉重打击。

---

60 《清世宗实录》，第 14 卷，雍正元年十二月壬戌。

61 [法]宋君荣：《有关雍正与天主教的几封信》，杜文凯编：《清代西人见闻录》，北京：中国人民大学出版社，1985 年，第 144~146 页。

62 [法]樊国梁著：《燕京开教略》（中篇），1905 年，北京救世堂印本，第 388 页。

63 张泽：《清代禁教时期的天主教》，台北：光启出版社，1993 年，第 236 页。

1746 年在福建福安传教的 4 名天主教传教士被官府查获，福建巡抚周学健奏称清廷逐渐驱逐天主教传教士，[64]并"将西洋人违禁潜住外省行教者，议定治罪之严例"。[65]乾隆帝对传教士的处理是采取了较为和缓的政策，即只是"令该抚将现获夷人概行送至澳门，定限勒令搭船回国"[66]。但周学健坚持处死 4 名传教士，最后获清廷批准，这 4 名天主教传教士被处死。[67]1748、1757年，乾隆帝通过实行闭关等政策进一步禁止天主教传教士进入中国，1784 年，又发生一次全国性搜捕传教士的大教案。这年，19 名天主教传教士在澳门主教区的派遣下潜往南京、山东、川陕等地区，其中两名传教士在襄城被当地官府抓获，由此引发全国性搜捕传教士的大教案。1785 年，全国 14 个省份共查获传教士数十名，他们中一部分被送往京城天主堂，一部分被驱逐出境，[68]中国天主教徒人数也因此大幅下降。

嘉庆帝即位后，仍沿袭乾隆朝的禁教政策，白莲教起义之后，他对待天主教的政策更为严厉。嘉庆帝不断发布上谕禁止传教士传教，对京城的天主堂加强防范，同时严令广东督抚及地方官在澳门严查西方人等。[69]1805 年 4月，广东人陈若望帮助在京城的天主教传教士德天赐向澳门传送书信时被官府查获，以此事为中心，嘉庆帝掀起了查禁天主教的高潮，除严惩所有涉案人员之外，清廷还采取一系列全面禁止京城天主教传教士活动的措施，御史蔡维钰因为禁教政策"奉行日久，示免懈弛，其中一二好事之徒，创立异说，妄思传播，而愚民无知，往往易为所惑，不可不申明旧例，以杜歧趋"，[70]而奏请清廷重申禁令。此次禁教行动并未局限于京城，四川、山西、两广等地也都展开了查禁活动。此后，嘉庆帝又展开了几次严厉的查禁天主教的行动，天主教的传教活动更加趋于隐秘，天主教在华传教事业陷入了困境。

64　《福建巡抚周学健奏报严禁天主教折》，中国第一历史档案馆编：《清中前期西洋天主教在华活动档案史料》第一册，北京：中华书局，2003 年，第 89 页。

65　《福建按察使雅尔哈善奏请敕谕滨海各省严禁西洋教折》，中国第一历史档案馆编：《清中前期西洋天主教在华活动档案史料》第一册，第 105 页。

66　《福建巡抚周学健奏陈严惩行教西洋人折》，中国第一历史档案馆编：《清中前期西洋天主教在华活动档案史料》第一册，第 115～116 页。

67　[法]樊国梁：《燕京开教略》（中篇），第 392～393 页。

68　（清）王之春著、赵春晨点校：《清朝柔远记》，北京：中华书局，2000 年，第 134页。

69　（清）王之春著、赵春晨点校：《清朝柔远记》，第 149～152 页。

70　（清）王之春著、赵春晨点校：《清朝柔远记》，第 149 页。

中国进入近代之后，清政府的禁教政策更为严厉。1839 年，湖北官府捕获秘密传教的法国遣使会传教士董若翰（Jean-Baptiste Anouilh，1819～1869），并于 1840 年初将其绞死于湖北洪山。[71]后来，一位姓严的中国传教人和一名中国教徒又被捕，死于狱中。[72]1840 年 3 月 29 日，天主教江西代牧穆导沅（François Alexis Raméaux，1802～1845）说："我们正面临一次全国性教案的威胁。抗击英国的准备证实了我们的担心。同时它也使人我们为传教会及传教士的安危，为最悲惨的结局感到惊慌。鉴于湖北惨案和广州事件（按：指林则徐在虎门销烟和中英交战事）的同时发生，警方很可能加倍提防，并且会对欧洲人进行一次更严厉的追查"。[73]经查实正是如此，3 月 26 日，道光帝已经发布了禁教上谕，指示各地"嗣后传习天主教人犯，俱照嘉庆年间谕旨"办理。这道上谕延续了清政府传统的禁教政策，使其继续作为中国政府对基督教的基本政策。该政策一直维持到 1844 年。

从 1724 到 1844 年签订《黄埔条约》的 120 年间，天主教在被认为非法宗教的处境中暗中传播，西方传教士化名乔装，潜入内地。史料中对此有这样的记载：

> 其初至中国海口也，则深藏船舱，不敢露面。至夜深人静，则改入教友之小船，黎明开船入河，仍深藏舱内，往往数月不敢出。夏日溽暑，蒸热难堪。及过关卡，则扮作病夫，蒙头盖脑，僵卧不起。若被人觑破，则出钱运动，买人不语。不能，则潜身逃脱，及至传教地方，藏于热心教友家。昼则隐伏，夜则巡行。所遇艰险，所受困苦凌辱，多为后人所不及知，无从记载。[74]

1834 年，第一位华人牧师梁发等在广东乡试时散发传道书籍，官方知悉后，即贴出查禁告示如下：

> 南海县正堂黄为特别严禁事，照得刊印诲淫及有害心术之书籍，久干厉禁，但查近有不逞之徒竟胆敢刊印诲淫及有害心术之外国异端书籍，诈称劝世文，以派送与人，实属目无王法。除饬巡卒严密查拿，如有犯此者，一经审讯属实，定必严为究办。所有本板概予

---

71 [法]沙百里：《中国基督徒史》，第 228 页。

72 [法]卫青心：《法国对华传教政策》，第 179 页。

73 [法]史式徽：《江南传教史》，第 16 页。

74 萧若瑟：《天主教传行中国考》，《民国丛书》编辑委员会编：《民国丛书》第一编 11，上海书店，1989 年，第 372～373 页。

搜毁外，合行出示严禁，仰生员人等一体知悉，尔等如藏有违禁之不良书籍，可立刻将板销毁。如有胆敢故违功令，印行及散播此等书籍，定必严拿究办，决不姑宽！其各凛遵，毋贻后悔。[75]

从最初康熙帝对天主教的有限弛禁政策，到雍正即位后对天主教实行全面禁止传教政策，然后到道光帝时期依然沿袭清政府传统的禁教政策，这种禁教政策"在朝廷与各级地方官中培育了一种习惯性的反教情绪。这种反教冲突使朝廷和官员漠视现实中力量格局，不计后果地极度仇教。"[76]

在华天主教经历了百余年的禁教，这反映了此时期基督教在华传播与中国传统文化之间存在着激烈对抗，这对天主教在华传教事业产生了遏制性影响，也导致在华天主教传教士日益减少。为在清廷的禁教政策和民众的敌意中继续生存，在华天主教不得不与中国传统宗教妥协，从而加入了许多秘密会社的色彩。然而，在这样的情况下，在华天主教仍能保持几十万教徒的规模，这也充分显示出在华天主教传教士及中国天主教徒的传教信教的热情。

截至19世纪初叶，清政府仍执行严厉的禁教政策，在百余年禁教时期，天主教各个修会的传教方法已逐渐趋于相同，只能向普通民众开展传教活动，而这样对中国主流社会和主流文化却难以产生影响，这样的传教方法使天主教的传教事业虽历经禁止却绵绵不绝。但从另一个角度来看，远离中国主流社会的天主教传教士也对中国社会的道德水准、政治制度等却难以有所改变，这样的传教局面直至新教传教士到来之后逐渐发生了转变。18世纪的福音复兴运动激发了英美等新教国家海外传教的热情，19世纪也成为新教海外传教的伟大世纪，新教传教士来华后，倡导在传播福音之外也进行社会变革，这对近代中国社会的发展产生了一定的作用，也对天主教的传教方式产生了影响。

---

75 [英]麦沾恩著：《中华最早的布道者梁发》，上海广学会编辑部重译，上海广学会，1931年，第84页。

76 陶飞亚：《怀疑远人：清中前期的禁教缘由及影响》，《复旦学报》（社会科学版），2009年第4期，第43~52页。

第三章　19世纪上半叶在华两教派传教士之间的关系（1807~1860）

　　截至19世纪初，罗马天主教在华传教活动已取得显著的传教成果，也对中西文化交流产生了重要影响，具体包括天主教传教士通过翻译西学书籍在华传播西方人文、科学知识，同时他们也学习中国语言文字并向西方介绍中国，此时西方的中国观多是在来华天主教传教士发回国内的报道及天主教传教士的认知基础上形成的。天主教在中国开展传教活动二百余年后，英、美基督新教传教士陆续来到中国开辟在华传播基督教活动，当新教传教士来到一个陌生的国度，他们只得借鉴利用任何有用经验是必要的。早期新教传教士作为新教在华传教的开路先锋，面对已积累了相当的传教基础和信众基础的天主教的传教成果，和天主教对新教到来感到警觉的情形之下，为走进中国并接近中国人，达到使更多的中国人皈依基督教这个共同目标，新教传教士抱着一种谨慎行事的心态，积极参考、利用天主教的传教成果，客观理性地加以借鉴，以为新教的在华传教事业服务。与此同时，面对清政府严格的禁教政策，新教传教士与天主教传教士都不断地向西方国家政府谋求有利于传教的特权，依赖条约特权和西方武力的保护实现其使更多的中国人皈依基督教的目标，一些新教传教士参与了不平等条约的谈判，在"传教宽容条款"获得的过程中起到了直接的作用，而天主教传教士则多是通过法国政府谋求更多的传教特权，无论两教派传教士使用的方法如何，他们都是从传教利益出发考虑各自的行为，其行为可能不符合传教士传道时宣扬的"爱人如己"和"劝人为善"的说教，但在传教士看来却有助于基督教在中国的广泛传播。

第一节　两教派在华的传教机构与传教区域

天主教具有世界上较为严格的规范、信条和组织、教阶制。[1]天主教的教会管理体制是主教制，是以主教、司铎（神甫、牧师）、助祭（执事）三级圣职为核心管理教会的体制。天主教的教阶制分为神职教阶和治权教阶两类。神职教阶由主教、司铎、助祭构成。治权教阶是根据教会的治理和统辖权，以及某些特定分工而形成的。从上至下可以分为：教宗、枢机主教（也称红衣主教，由枢机主教、枢机司铎、枢机执事组成枢机团）、首主教（即首席主教，一国或地区教会组织之首，多为首都主教）、大主教、主教、一般主教。助祭之下还设有一些其他较低品位。教会管理体制则依照这一等级层次，逐级对下行使管理权。这样，天主教会形成了以罗马教廷为首、以教宗为核心的等级森严、体系庞杂的教阶制度。这种教阶有利于中央集权和统一调度，但同时也在一定程度上表现出保守性和滞后性。[2]天主教的传教机构严密，17世纪，罗马教廷专门设立了教廷传信部以监督和协调全世界各修会和教派的活动。在中国，传信部通过称为教皇代牧区的行政区进行活动，每个行政区由教皇代牧领导，他在教阶体制中属于主教一级。一般来说，教皇代牧区以省为单位，每区委托给一个修会负责。十九世纪中叶以后不久，中国的版图大致由如下五个主要修会负责：西班牙的多明我会（福建）、耶稣会（江苏、安徽及直隶的南部）、遣使会（直隶大部分地区、蒙古、江西、河南和浙江）、方济各会（山东、湖南、湖北、山西和陕西）、巴黎外方传教会（四川、贵州、云南、广西、广东、满洲及西藏）。当其他修会参加进某个代牧区时，则对该区再进行细分而形成一些新的代牧区。[3]后来，罗马教廷还建立了专门培养传教士的"传信学院"（College of the Propaganda）。这些机构和组织由罗马教皇直接控制，是罗马教廷培养和管理传教士的最高指挥部，对近代天主教的传播产生了重要影响。[4]

天主教体系庞杂、组织严密，有利于控制和统一调度。但过于庞杂的体系往往会影响传播的灵活性和时效性。在传教组织的统一调度下，具体实施

1　董小川：《现代欧美国家宗教多元化的历史与现实》，上海：上海三联书店，2008年，第2页。

2　卓新平：《中国基督教基础知识》，北京：宗教文化出版社，1999年，第250页。

3　[美]费正清、刘广京编：《剑桥中国晚清史（1800～1911年）（上卷）》，第538页。

4　王美秀：《基督教史》，南京：江苏人民出版社，2006年，第255页。

宗教传播活动一般由传教士来进行。传教士是具体实施传播宗教活动的行为个体，一般隶属于某个传教组织。天主教传教士包括神职人员和非神职人员。神职人员包括主教和神甫，要求男性、独身。主教也称为司牧，是教区的总负责人，可以祝圣神甫。神甫，也称为司祭或神甫，受主教委托，具体负责堂区教务工作。非神职人员指专职协助神甫在堂区传教但没有被授予神品的工作人员，一般称为传道或传道先生。此外，辅助传教的还有修女和守贞女，她们多从事慈善和服务性工作。[5]

新教来华的差会和传教团体，在鸦片战争前主要有英国伦敦会、美部会、美国浸礼会、美国圣公会、英美圣经会等，鸦片战争后来华的据王治心的统计，竟有 130 多个，即使同一个宗派如长老宗，还有英国、美国、加拿大等国之分，同一个监理宗，还有监理会、美以美会、循理会、美道会等之分。[6]与天主教不同，新教团体仅仅在名义上是一个"团体"，实际上大多各自为政，这么多不仅使中国基督徒眼花缭乱，就是西方传教士也不一定能完全分清楚，这种宗派传统对教会生活没有什么意义，反而影响了教会的团结，影响了教会工作。

传教区域也是考量传教效果的主要依据，早在 1690 年，天主教在中国已有澳门、北京、南京三个主教区。1696 年，传信部在中国又正式设立 9 个代牧区，即福建、浙江、江西、四川、云南、湖广、贵州、山西、陕西，从此，在中国代牧制与主教区制并行。[7]1856 年，传信部谕令撤销南京教区，建立江南宗座代牧区，同年 5 月，教宗比约九世（Pius IX）颁发谕令，将北京教区划分为 3 个宗座代牧区：即北直隶代牧区、东南直隶代牧区、西南直隶代牧区。1846 年至 1856 年，"因教务进展之迅速，罗马教皇又增加陕西、山西、山东、湖广、江西、云南、香港、高丽代牧主教区。"[8]1856 年北京、南京教区未废除之前，全国有辽东、蒙古、山东、山西、陕西、河南、福建、浙江、江西、湖广、四川、贵州、云南等代牧区，另有拉萨自治区。

据统计，1810 年，中国约有 31 名欧洲籍天主教传教士秘密活动，中国天主教徒约有 20.5 万人。1839 年约有 65 名欧洲籍天主教传教士在华活动，中

5　汪泉清：《弟兄之辨：近代福州天主教与新教传播之比较》，福建师范大学硕士学位论文，2011 年，第 33 页。

6　王治心：《中国基督教史纲》，上海古籍出版社，2004 年，第 86 页。

7　刘志庆：《中国天主教教区沿革史》，北京，中国社会科学出版社，2017 年，第 19 页。

8　丁汝仁：《全国主教暨监牧》，《圣教杂志》1929 年第 7 期，第 4 页。

国天主教徒为 30 万人，这些天主教徒构成 19 世纪天主教在华发展的群众基础。[9]

对于新教来说，最早到达中国本土的是英国伦敦会传教士的马礼逊、米怜和麦都思三人。鸦片战争前，伦敦会传教士在翻译、出版、教育等方面取得的成绩较大，与之相比，他们在吸收信徒方面则显得缓慢。在鸦片战争前的几年，伦敦会在广州的传教活动几乎中断，但马礼逊和米怜在广州和南洋所作的长期努力，为新教以后在华传教事业的发展却有深远的影响。鸦片战争后，他们很快恢复了在中国的活动，并把他们的势力扩大到通商五口。[10]

在伦敦会之后美国的美部会也派遣传教士来到中国。1810 年成立的美部会到 19 世纪 30 年代，已成为新教传教势力中的主要差会之一。1833 年，它已在世界各地建立了 60 个传教站，所属传教士达 100 人。在对华传教方面，美部会后来也一直是一个重要的宗教团体。在其早期，美部会是一个跨宗派的传教团体，美国长老会、美国归正会的传教士，在开始时都由它资助、派遣并管理，19 世纪 30 年代由美部会派到中国的几名传教士，就分属不同的教派。后来则主要以美国公理会为背景。[11]美部会在 19 世纪 30 年代派到中国的传教士，如裨治文、伯驾、卫三畏，后来都成为新教在华传教史上的著名人物。在伦敦会实际上退出了华南地区的几年间，美部会的广州传教站（非贸易季节则是澳门传教站）是新教在中国的主要传教差会。19 世纪 30 年代后期开始来华南活动的美国浸礼会等传教组织，主要在澳门等地活动，但其势力并不及美部会。

除了伦敦会和美部会，欧美其他新教教派也开始重视对华传教问题，并尝试派遣传教士来中国。美国浸礼会的叔未士和罗孝全鸦片战争前的活动都基本上局限在澳门一地。[12]他们在这段时间主要是为自己、为美国浸礼会以后的在华活动打下基础，总的来说其影响不及美部会的传教士。[13]

9　王美秀：《中国基督教史话》，北京：社会科学文献出版社，2011 年，第 104 页。

10　吴义雄：《在宗教与世俗之间：基督教新教传教士在华南沿海的早期活动研究》，广东教育出版社，2000 年，第 62 页。

11　"Table of Stations,missionaries, churches, and schools",*Missionary Herald*,Vol.30,p.8.

12　黄光域编：《基督教传行中国纪年（1807～1949）》，桂林：广西师范大学出版社，2017 年，第 7～8 页。

13　吴义雄：《在宗教与世俗之间：基督教新教传教士在华南沿海的早期活动研究》，第 59～109 页。

新教传教士早期的传教活动举步维艰，布朗曾在《中国丛报》介绍到："裨治文在华传教五年，无一信徒；另一位美国传教士夏克虽然传教一年后就收到了一名教徒，但这名教徒18个月之内就叛教了。"[14]由此可见一斑。

从1807年马礼逊来华，到1842年鸦片战争结束时，早期新教的传教活动，大致可以分为：（1）中国本土区域，主要是近海的澳门、广州、香港三地；（2）南洋地区，包括马来半岛、爪哇群岛、暹罗、婆罗洲一带；（3）中国沿海地区；（4）中国邻近地区和国家，包括朝鲜、琉球和日本。[15]

鸦片战争前广州作为新教对华传教活动的中心的历史，是与清政府对外独口通商的政策联系在一起的。1840年代初广州以外的四口开埠后，新教传教士获得了比以前远为广阔的活动空间，他们把活动的中心转移到北方沿海地带。大致说来，在1845年之前，包括广州、香港和澳门在内的华南沿海地区仍然是新教传教士最为集中的地区，而1845年之后，新教传教活动的中心迅速向江浙地区移动，导致上海成为新教在华活动新的大本营，并且移动的速度也在加快，其情形见于下表：[16]

1847～1854年新教差会和传教士分布情况简表

口岸　　　　年代	广州		香港		厦门		福州		宁波		上海		合计	
	差会	传教士	差会	传教士	差会	传教士	差会	传教士	差会	传教士	差会	传教士	差会	传教士
1847	4	13	6	13	4	9	2	6	3	9	5	15	14	65
1848	4	14	6	12	2	7	2	9	4	11	6	19	15	72
1851	5	12	7	11	3	6	3	13	5	17	6	20	19	79
1854	6	29	10	21	5	18	4	19	4	20	10	48	21	155

第二节　在华天主教传教士对新教传教活动的限制

新教传教士来华之初，多数中国人对基督新教所知不多，主要原因在于早在明末天主教就已在中国开展传教活动，所以长期以来中国人对基督教的认知

14　"The Third Annual Report of the Morrison Education Society: read September 29*th*, 1841"*Chinese Repository* ,Vol.X,No.10(Oct 1841), pp.569-570.

15　顾卫民：《基督教与近代中国社会》，上海人民出版社，2010年，第86页。

16　吴义雄：《在宗教与世俗之间：基督教新教传教士在华南沿海的早期活动研究》，第204页。

只有天主教而已。清中期只有少数士人在其著作中认识到了新教的存在，但对于天主教与新教没有明显的区分，如梁廷枏在《耶稣教难入中国说》中，对它们没有明确的区分，他说"故凡尊耶稣者，至称之曰天主，其教亦曰天主教"。在他看来，"耶稣教"与"天主教"仅仅是同义词。[17]魏源编著的百卷本《海国图志》同样对天主教和新教认识不清，魏源以"天主教"作为基督宗教总名，各种教派名采用音译。[18]何秋涛在《朔方备乘》中也说"同一天主教，分而为三，而三大国者各奉其一"。[19]吕调阳为谢清高《海录》作注释时也采用类似的表述，以"天主教"下分为"波罗特士顿教"、"额力教"和"加特力教"。[20]清中期对新教有认识的只占少数，多数人对新教与天主教的认识是含混不清的。

虽然新教入华之初，基本上没有中国人对新教有明确的认知，也谈不上对新教持欢迎或否定态度，但是，对天主教传教士来说，由于几百年前两教派在欧洲经历了长期的斗争，因此，新教传教士是他们有力的竞争对手和老"冤家"，他们并不欢迎新教传教士的到来，甚至持排斥、敌视的态度。事实上，自宗教改革以来，新教与天主教之间就呈现彼此互不宽容的态势，当新教传教士来到中国时，天主教承袭历史上的成见，对新教传教士仍持不宽容的态度。诚如有学者所指出的，"罗马天主教对新教是不宽容的，无论在任何地方，天主教对新教都持反对态度。"[21]新教也有反天主教的传统，直到20世纪初期，即使在一般的美国新教徒孩童眼中，天主教徒也都是伪君子。[22]一个普通的美国新教家庭能够接受所有的宗教信仰，然而，犹太教和天主教却被排除在外，在他们心里，"天主教与不诚实、不正派和不道德是可以相提并论的"。[23]

因此，当近代第一位来华新教传教士英国人马礼逊于1807年来到中国后，[24]他对于与天主教传教士相遇时可能出现的情况，早有心里准备。早在来华之

---

17 [清]梁廷枏撰：《耶稣教难入中国说》，《海国四说》，第6页。

18 [清]魏源撰：《海国图志》，第1284、1290页。

19 何秋涛：《朔方备乘》卷28，台北：文海出版社，1964年，第42页。

20 （清）谢清高口述、（清）杨柄南笔录、安京校释：《海录校释》，北京：商务印书馆，2002年，第229页。

21 William E.S,*The Story of The American Board*, The Pilgrim Press, 1910, pp151-152.

22 [美]多玛斯·牟敦（Thomas Merton）著：《七重山》，方光珞、郑至丽译，上海三联书店，2008年，第30页。

23 [美]多玛斯·牟敦（Thomas Merton）著：《七重山》，第30页。

24 他隶属于英国伦敦会（London Missionary Society），该会成立于1795年，主要由公理宗（Congregationalists）组成，后成为跨宗派的一个差会。

前，马礼逊就为在华天主教会可能为他的传教活动设置障碍而感到担忧。果然，当 1807 年马礼逊乘船从纽约来华时，只在澳门停留约 24 个小时就去了广州，当时他住在澳门的困难之一就是澳门有葡萄牙天主教传教士，[25]而当时多数天主教传教士对新教传教士持敌视态度。马礼逊的朋友，东印度公司的职员史当东爵士（George T. Staunton）曾告诉马礼逊，澳门的罗马天主教传教士们认为他来中国是要反对他们，马礼逊也认为"澳门的罗马天主教士对于我来中国已相当警惕"并非没有道理。因此，当不可避免地与天主教传教士互相面对时，马礼逊采取了淡化处理的方法，尽量不与他们发生正面的冲突。1808 年初，史当东邀请马礼逊到澳门，马礼逊并没有接受邀请，他认为如果他去澳门"将重新引起澳门的罗马天主教士们的注意和忧虑，而我在广州却可相当自在，还能使他们逐渐遗忘我。"但是，后来由于马礼逊的健康状况每况愈下，且情绪也陷于沮丧之中，他还是接受了史当东和东印度公司皮尔逊医生的建议前往澳门。1808 年 6 月马礼逊到了澳门之后，便对罗马天主教对新教的敌视感受得更深了，他在于澳门写给他父亲的信中称，"澳门是罗马天主教的地盘，要是没有英国人的支持，我就不可以住在澳门。"[26]米怜与马礼逊同属英国伦敦会，1813 年被派遣来中国协助马礼逊从事传教工作。但米怜始终没有获准在澳门居留。这年 7 月 4 日，米怜夫妇到达澳门，7 月 9 日，澳门总督就下令要求米怜必须在 8 天之内离开澳门。当时在华英国商人分析认为，米怜的新教传教士身份是决定这个命令的主要因素，因为在天主教传教士看来，米怜在澳门开展传教活动对天主教会是有损害的。[27]无奈之下，米怜只好前往广州。

广州的合法居留无法实现，澳门的盘桓也有困难。澳门原为西方传教士的避风港，但因此地是天主教的开基之地，为信奉天主教的葡萄牙所管辖，教派的樊篱，国别的纠葛，使新教传教士不仅受到排挤和敌视，而且还常因葡人告发而遭中国官方驱逐，致使新教传教士难以在此长久立足。[28]作为第一

---

25 [英]艾莉莎·马礼逊（Eilza Morrison）编：《马礼逊回忆录》（1）（Memories of the Life and Labours of Robert Morrison），郑州：大象出版社，2008 年影印本，第 161 页。

26 [英]艾莉莎·马礼逊编：《马礼逊回忆录》（1），第 216，222 页。

27 [英]米怜著：《新教在华传教前十年回顾》，第 103～104 页。

28 赵春晨、雷雨田、何大进：《基督教与近代岭南文化》，上海人民出版社，2002 年，第 22 页。

个从新教地区来华的新教传教士，马礼逊在澳门这个传统的天主教势力范围里，受到了令人无法忍受的冷遇，天主教教士讨厌他，没有一个人来与他交往，也不允许他在澳门传教。他本人也不断受到澳门天主教势力的排挤，幸亏得到美国商人的帮助，才在东印度公司谋得一份职位，取得居留权。继他而来的米怜夫妇就没有他如此幸运了。在天主教传教士的策动下，葡萄牙当局下令米怜离开澳门。尽管马礼逊为此奔走，葡萄牙澳门当局仍然坚持认为澳门只需要一位新教传教士就足够了，拒绝给予米怜夫妇居留权。[29]

美国长老会传教士娄礼华在其回忆录中谈到："罗马天主教势力几乎完全占据了澳门，他们在这里建立了大量的天主教堂和学校，有多位牧师。他们经常在街上举行游行活动，以纪念天主教的先圣们。在我到澳门后不久，他们就有这样的一次大型活动。当时，他们手举圣人图像，周边点缀着绚丽的花朵和金银丝织品，敲着锣鼓，唱着赞美诗。很难分辨出他们的宗教在哪点上与中国宗教有什么区别，至少就安息日的圣洁和道德纯洁性来说是这样的。"[30]

关于基督新教在澳门的社会状况，娄礼华牧师随后对它又作了进一步说明："他们（罗马天主教）禁止新教从事任何的直接传教活动，虽然这种禁止没有实际说的那样严重。如果谨慎而适当加以小心的话，新教传教士还是可以向当地民众散发传单及传教小册子。可以到农村去，向当地民众布道，甚至可以在房子里聚集一些人来向他们讲道。也可以建立一所小规模的学校，通过这种方式引导异教徒，达到传教的目的。当然，尽管如此，新教传教士们仍然感觉到处于一种压抑心情之下。"[31]

几十年过后，澳门对基督新教的态度基本没有什么变化，当然稍微比原来有所改观。不过，为了建立长久的传教站，美国长老会不得不再次做出决定：

> 在澳门的所有新教传教士都想离开这里到香港或其他地方去，
> 只要那里适合传教就行。把澳门作为永久传教站来使用这是不可能

---

29 俞强：《近代沪港双城记》，北京：宗教文化出版社，2008 年，第 31～32 页。

30 颜小华：《美国传教士娄礼华及其笔下的近代澳门》，《兰州学刊》，2006 年第 7 期，第 47～49 页。

31 颜小华：《美国传教士娄礼华及其笔下的近代澳门》，《兰州学刊》，2006 年第 7 期，第 47～49 页。

的。对我们来说，作为权宜这计，我们的传教士们在这里呆上一两年时间，直到找到更加长久的安排，这也许是可能的。[32]

禁止米怜住在澳门之后，1833 年澳门天主教又一次干涉了新教传教士的传教活动。这年，马礼逊出版了不定期英文刊物《传道人与中国杂记》（*Evangelist & Miscellance Sinica*），这份杂志宗教性极强，也因此而引起了澳门天主教的注意，在澳门天主教代理主教的控告和压力之下，该杂志被禁止出版。[33]1834 年 2 月，《中国丛报》报道了杂志被禁止出版的两个原因：一是出版物包含着反对罗马天主教义的内容；二是在所有的葡萄牙管辖的地区，出版活动只有得到葡萄牙国王的批准才能进行，[34]而马礼逊的这份刊物显然没有得到葡萄牙国王的批准。

在马礼逊看来，新教教义与天主教教义不符合，这是理所当然的。但他作为一名新教传教士，并没有在他的传教书籍中攻击天主教，也没有在《传道人与中国杂记》攻击天主教。然而，在澳门总督和东印度公司大班的压力之下，马礼逊被迫放弃暂时运用这种方式来传播基督教。这便是新教入华之初天主教对新教的心态和反应，这样的态度和反应基于宗教改革以来欧洲天主教对新教的敌视和成见。天主教对新教这样的态度在第一次鸦片战争期间也有体现，第一次鸦片战争期间，新教传教士纷纷到澳门躲避战争并等待时机重新进入内地。但由于"澳门的外国宗教势力毕竟以葡萄牙人支持的罗马天主教为主，新教传教士在此只是暂时栖身。"[35]

1847 年，上海的天主教主教发布公告禁止天主教徒阅读新教书籍，确保天主教徒不会改信新教。由于新教传教士到处发放《圣经》，上海的天主教主教罗类思[36]发布了一则公告，对新教的传教书籍大加诋毁。罗类思先指出了新教传教书籍的错误："近来上海等处，有人广发影射圣教书本。余甚哀痛，因书中虽有合圣教道理处，内蓄异端毒害人灵，关系非浅。"接着罗类思又指出

---

32 Walter Lowrie, *Memoris of the Rev. Walter M. Lowrie Missionary to China*, New York, 1849, p.136.

33 [英]伟烈亚力著：《1867 年以前来华基督教传教士列传及著作目录》，倪文君译，广西师范大学出版社，2011 年，第 17 页。

34 "The Press," *The Chinese Repository*, Vol 2 (Jun. 1834), pp.92-93.

35 吴义雄：《在宗教与世俗之间：基督教新教传教士在华南沿海的早期活动研究》，第 140 页。

36 罗类思（Bishop Lodovico Maria Besi, 1805~1871），意大利人，1833 年前往中国传教，1839 年成为首任山东宗座代牧主教，1840~1847 年任江南教区主教。

新教的异端属性："当初吾主耶稣，亲定圣会至公至正，独一无二，传于宗徒圣伯多六接授其位，又亲口嘱咐伯多六说，求为尔永保尔之信德，故嗣后接位者相传无异。凡各处圣教会，俱遵教会之命，为此同教宗无不合而为一，乃有不听教宗之命者，即为异端，岂有离弃教宗之理，而不荒谬其说乎。尔等是余之羊，余宜善牧，恐尔等接看此书，稍有疑窦，大害已灵。故特晓示，另缮几条开列于后。"最后罗类思用命令的语气要求天主教徒不能收留和阅读新教书籍："凡教友不能收看上海等处，所发异教书本。凡教友如得此书该速烧去，或呈于本堂神父。凡教友晓得别人异教书，该劝他们不能收看。并不能给予别人。亦要劝伊烧去，或呈本堂神父。凡教友本应显扬天主之正教，又该常发爱人如己，倘遇外教人，接授异教等书，该勉设法，告诉明白。此书实是异教书本。不全合真天主教道理。若人随跟这个道理，一定错误。又各处地方有邪淫的书本。害人灵魂，极大危险。前所说异教的书，亦与邪淫的书一样。凡教友万不能收看存留，因邪淫书，多从魔鬼而来，倘收看或给于别人看，实为魔鬼之子。此等人，一定下地狱。"[37]

这则公告，反映天主教传教士内心深处对于新教持有强烈的排斥感。那时，新教传教士比天主教传教士在传教上表现更积极、更主动，天主教耶稣会传教士鄂尔壁就曾在信中提道："英国圣公会牧师经常到处活动，成千上万地散发他们的圣经，不管人家是否需要，他们都给。不过，尽管他们这样做，在江南也没有争取到一个改宗的人"。[38]在天主教传教士看来，新教传教士只能称为"伪教友"，新教传教士到处发放《圣经》的行为是对他们既得利益的争夺，因此，罗类思才下令禁止天主教徒阅读新教的《圣经》。

尽管天主教为新教传教士在华传教设置障碍，并禁止天主教徒接触新教传教士，但新教传教士通过在中国各地创办学校、慈善机构等进行传教，天主教传教士对其达到的社会效果还是有所承认的。鄂尔壁就承认新教在文化教育慈善等方面的重大影响，他曾在信中说："耶稣教牧师以翻译和出版各类书籍征服了中国上层社会。应该承认，就中国方块字知识而言，目前这些先生大有压倒为数不多、整天只顾关心自己的教徒而无暇专心学习汉语的天主教传教士的趋势"。[39]天主教传教士也承认自己"对于中国文学和中国风俗的

37 "An all-important proclamation," *The Chinese Repository*, Nov. 1847, pp.506-508.
38 [法]卫青心著：《法国对华传教政策》（下册），第 518 页。
39 [法]卫青心著：《法国对华传教政策》（下册），第 518 页。

认识比不上过去老一辈的教士”[40]，而19世纪来华的新教传教士采取了旧耶稣会传教士的传教方法。正如时人所评价的，“一般说来，耶稣教牧师敢闯，而天主教传教士则表现得很谨慎”。史学家卫青心在《法国对华传教政策》中客观评价新教与天主教的差异时说：“新教传教士凭借自己在语言、文化和科学方面的才能，很快就赢得了包括帝国大臣在内的中国上层社会人物的好感和友情。由于没有物质上的援助，以及缺乏科学和文化知识，天主教传教士的地位无法提高，以致不能积极地与耶稣教牧师展开竞争。”罗类思也承认新教传教士广泛散发《圣经》的行为对天主教传教是有益处的，他在信中写道：“有人担心英国圣公会广泛散发《圣经》劝人改宗的热忱会削弱我们的力量，不过，我却认为，这样做的后果只能是好的，不会得出坏的结果。尽管书中不止一处被篡改得面目皆非，但是，仍对传播基督教思想有利，会使许多人渴望了解我们的伟大真理。此外，正因为有人会到我们这里来了解那些不受欢迎和令人费解段落的真正含义，我们就可以用我们的信仰为教外人释疑，这对我们是很有利的。发誓不崇拜偶像的中国人，最终只能成为天主教信徒”。[41]

　　无独有偶，法国驻华外交代表对新教传教士的态度也有积极的一面。在华法国外交官拉萼尼（Théodore M. M.J.de Lagrené，1800～1862）[42]在与耆英之间进行关于传教问题的谈判时，是将天主教与新教都包括在内的。拉萼尼专门就此事给耆英发了一个照会，声明：“彼此在商谈弛禁过程中，虽然未对与我信奉同一宗教的教友做特别明确的保证，但这并不意味着将其它教徒排斥在外。”[43]也就是说，拉萼尼所争取的传教自由不仅仅是为了天主教，也是为了基督教各个派别。他主张在华天主教与新教应维持一种融洽的关系，他甚至主张天主教与新教在中国应彼此合作。作为一名政治家，他认为中国信教自由权利的获取对于法国在中国的扩张也是有利的。拉萼尼认为：从有利于基督教在中国的传播考虑，基督教各个教派“必须团结一致，相互应该谅

40　[法]史式徽著：《江南传教史》（第一卷），天主教上海教区史料译写组译，上海译文出版社，1983年，第92页。

41　[法]卫青心著：《法国对华传教政策》（下册），第519页。

42　拉萼尼，1843年作为法国特使来华，1844年与耆英签订中法《黄埔条约》，为基督教争取到了清政府的有限弛禁政策，1846年回国。

43　吴义雄：《在宗教与世俗之间：基督教新教传教士在华南沿海的早期活动研究》，第135页。

解。"[44]拉萼尼之所以会将新教与天主教置于同等地位，是与其政治家身份分不开的，拉萼尼到中国寻求的是特权和让步，清政府已经同意弛禁基督教，而基督教内部的分歧则不利于基督教在中国的传播，也不利于法国在中国的利益。事实上，当时英国在华外交官与拉萼尼的看法有相似之处，英国承认法国在华天主教传教会所取得的成就，他们认为新教传教士应该利用这种成就，因为这对双方的在华传教事业都有益处。[45]

从中英《南京条约》的签订至 1860 年，清政府的基督教政策经历了从禁教到宽容的变化过程。面对同在异国传教的基督新教，天主教传教士由于历史上的成见，对新教传教士持对立态度，在新教传教过程中为他们设置了一些障碍，干涉了新教传教士的传教活动。与此同时，天主教传教士也意识到新教传教士的传教工作对于基督教在中国的传播总体上是有益处的。因此，尽管天主教传教士在日常开展传教活动中尽可能避免与新教传教士有正面接触，甚至为新教传教士在华传教设置一些人为障碍，但天主教传教士这些主观行为总体上并未对新教在华开展传教事业产生真正实质性的阻碍。第一次鸦片战争之后，来华的新教与天主教传教士都显著增加，两教派都大力开展传教活动，积极扩大基督教在中国的影响。

第三节　在华新教传教士对天主教传教士的谨慎态度

第一次鸦片战争爆发之前，基督教在中国的公开传播还不被法律所许可，但由于天主教在全国各地都有教徒，天主教传教士便可以通过中国天主教徒秘密进入中国内地，而早期基督新教只能在广州和澳门两地秘密开展传教活动。基督教在中国传播与发展的成功与否，与新教和天主教能否处理好彼此之间的关系也密切相关。面对清政府和天主教的反对，早期新教传教士在开展传教活动时相当小心谨慎，他们对新教与天主教在宗教上的差异采取淡化的态度，在天主教在华传教活动遇到困难时还为天主教提供必要帮助，对天主教设置的障碍采取规避的态度等。

作为近代入华的第一位新教传教士，马礼逊的传教活动具有特殊的开创性意义，对后来来华的新教传教士具有一定的示范性作用，同时，也在早期

44　[法]卫青心著：《法国对华传教政策》，第 520～521 页。

45　[法]卫青心著：《法国对华传教政策》，第 55 页。

新教传教士中具有相当的代表性，因此，本节主要以马礼逊为例探讨早期新教传教士对天主教传教士的态度。

19世纪初新教传教士入华时已是嘉庆年间，清政府的禁教政策仍像以往一样严格，清廷除在各地抓捕天主教传教士和中国传教人之外，一些民间宗教如白莲教、天理教的反政府活动也常常使天主教受到牵连。事实上将天主教和中国的民间宗教等同起来的做法，最早可追溯到自1616年沈潅（音jue）向朝廷的上疏中。此后这种做法就一直延续下来。[46]法国著名汉学家谢和耐曾指出，"在中国的传统阶层中，有一种古老的传统，它敌视以无法控制的方式在民间发展起来的宗教运动。中国历史上的所有的大规模起义，实际上都是这样爆发的，这些暴动全都受宗教教理和一种救世主之希望所鼓动。他们都希望看到一个新社会的出现，在这个社会中呈现和平、平等和正义。从汉末黄巾军的大起义直至19世纪中叶的著名太平军起义，从公元初的赤眉直至1900年的义和团运动，基本全都如此。中国的官府保护轻信和容易群情激昂的民众，镇压那些企图使他们脱离正路的人。"[47]因此，当清政府严格执行禁教政策时，一些民间宗教反政府的活动很容易累及在清政府眼中被视为同类的天主教。清政府对民间教派起义的镇压多少让马礼逊感到不安，因为清政府还会因此加强禁止天主教，而这对马礼逊的传教活动也是极为不利的，所以，马礼逊对受到牵连的天主教持同情态度。

马礼逊在其日记中对1813年9月的天理教起义给予了特别关注："在过去3个月里，在华北发生了叛乱，叛乱的结果使中国人大为焦虑不安。叛乱起因于山东发生的灾荒。中国皇帝的弟弟利用此次灾荒企图篡位。他率领叛乱者占领了皇宫两天一夜，但遭清军击溃。在山东、河南和北直隶这些省份有不少地区落入叛乱者之手。但因占领皇宫失败，叛乱者被迫败退。皇帝从各地，甚至从满州调集清军与叛乱者激战，终于在山西边界收复了周围100英里的山地。他对此次叛乱甚为恼怒，发布了好几道上谕。他责备自己在道德上有缺点，谴责了政府的大臣们不负责任，缺乏爱国心和腐败无能。"[48]实际上这次起义在中国农民战争史上有着重要的地位，尽管这次起义历时3个

---

46 [法]谢和耐著：《中国与基督教——中西文化的首次撞击》，上海古籍出版社，2003年，第98页。

47 [法]谢和耐著：《中国与基督教——中西文化的首次撞击》，第98页。

48 [英]艾莉莎·马礼逊（Eilza Morrison）编：《马礼逊回忆录》（1），第373页。

多月就被镇压下去，但这次由北京的林清和河南的李文成领导的涉及京畿、直隶、山东、河南的反政府起义给清廷带来了极大的震撼。嘉庆帝承认此次起义"酿成汉、唐、宋、明未有之事"。[49]

马礼逊之所以关注这次起义，是因为广州的中国官员怀疑此次起义的首领是一名天主教徒，这次起义是由天主教神父策划和鼓动的。1813 年 11 月 13 日，马礼逊在日记中这样记述，"有一个叛乱分子说他是信奉天主教的，说此次叛乱是由罗马天主教神父们鼓动的，他便派遣下属官员前往澳门调查葡萄牙人和天主教徒和神父的行径。"1814 年 1 月 2 日，马礼逊继续讲道，"今天有一位中国官员来，要我陪他去见一位葡萄牙官员，替他担任翻译。那中国官员对葡萄牙人说，中国总督怀疑在华北发生的叛乱是由天主教徒所挑起的，所以要求尽可能地在澳门的葡萄牙人中作秘密的调查。"同年 4 月 11 日，马礼逊接待了一位中国官员的来访，这位中国县官肯定天理教起义的首领是一名天主教徒。事实上，天理教起义发生后，清政府确实实行了更加严厉的禁教政策，如马礼逊在日记中所记载的，"1814 年 3 月 12 日，澳门中国县官发布告示，禁止中国人皈依洋教。"1814 年 4 月 17 日的日记中记载，"今天收到北京快报，上载有命令在澳门要搜索皈依天主教，或者参加天地会和三合会等秘密会社的中国人。"[50]

马礼逊所记载的嘉庆朝禁教政策基本属实，实际上嘉庆朝初期禁教政策并不严厉，只是沿袭了前朝的禁教政策，但在 1805 年（嘉庆十年）德天赐教案发生后，嘉庆帝禁止基督教的政策和具体措施逐渐增多且愈加严厉，1805 年、1811 年、1812 年、1814 年，嘉庆帝都颁布上谕，制定各种措施来禁止天主教在中国的传播，对天主教传教士和中国教徒处罚的力度也比前朝严酷，"被抓获的教徒重辄被判死刑，或被发配边疆，沦为奴隶；轻则杖罚囚禁。"而乾隆时期"对华职人员采取流放，对一般天主教教民则是要求退教"。[51]

1813 年天理教起义被镇压后，马礼逊在日记中也记载了清廷对其他宗教的态度，"还有人向皇帝奏告，要求禁止佛道教的活动，逼迫庙里的和尚和道士，但未奏准。"在 1814 年的日记中，马礼逊也记述了清廷的祭祀行为，"中

---

49 《清实录》（仁宗朝）：二七四卷，嘉庆十八年九月庚辰。

50 [英]艾莉莎·马礼逊（Eilza Morrison）编：《马礼逊回忆录》（1），第 373～374 页。

51 韦羽：《嘉庆时期的教案与天主教的传播》，暨南大学硕士学位论文，2006 年，第 82 页。

国皇帝已颁发谕旨，要求国人向天、地、祖宗和四季之神献祭，为的是他能成功地敉平这次华北的叛乱。""他谈到今天读到一份密报，皇上指定日期要中国百姓向关帝、孔夫子、土地公公、南海菩萨、海龙王、风火神、天后娘娘和神农氏献上春祭。"[52]为什么清廷在镇压天理教起义之后自己进行祭祀活动、也让老百姓献祭，不禁止佛教道教，却独独加大对天主教的禁止力度呢？这与中国传统的宗教与政治的关系有关。诚如谢和耐所说的，"皇权从它与宇宙力的结合中，获得了其合法权力和威望的主要组成部分。皇帝以开国大典、颁发历书、赐授封号、对宗教信仰和神祇进行分类，颁降封册、对社会的全面组织来治理天下……"[53]清廷禁止天主教的另一个重要原因是它被统治者等同于邪教，如雍正就认为天主教和白莲教一样"都属邪教"，因此他指斥传教士"逛惑暴民"，"潜结党类，踪迹诡秘"，"阴相煽惑"，所以应加以禁止。[54]

尽管澳门的天主教为马礼逊在华传教设置了障碍，但在天主教受到牵连时，马礼逊还是站在天主教的立场上为其进行政治上的辩护，他认为中国官员对天主教参与叛乱的怀疑"是毫无根据的"。[55]正如孙尚扬所指出的，马礼逊之所以为天主教进行辩护，是因为他非常清楚的认识到，新教与天主教在中国面临的传教环境是一样的，清政府对天主教的严厉打击随时都有可能殃及到新教。[56]

马礼逊为天主教进行的第二次辩护是在他1816年1月1日写给伦敦传教会的柏德牧师的信中，他谈到了1815年四川官府对全省天主教的缉拿和没收宗教书籍、圣像的事实。针对中国官府对天主教谋反的指控，马礼逊为天主教进行了政治和道德上的辩护："这个案件和在北京附近发生的类似案件，都清楚地表明，在政府抄获的书中，都没有发现任何反政府的文字，也没有神父欺诈百姓钱财的活动"。[57]这次马礼逊甚至规避"中国教徒骗钱诈财"的事

52 [英]艾莉莎·马礼逊（Eilza Morrison）编：《马礼逊回忆录》（1），第401~406页。

53 [法]谢和耐著：《中国与基督教——中西文化的首次撞击》，上海古籍出版社，2003年，第80~81页。

54 罗兰桂：《清朝前期天主教在中国的传播及清政府对天主教的政策》，暨南大学硕士学位论文，2000年，第48页。

55 [英]艾莉莎·马礼逊（Eilza Morrison）编：《马礼逊回忆录》（1），第374页。

56 孙尚扬：《马礼逊时代在华天主教与新教关系之管窥》，《道风：基督教文化评论》，2007年7月，第27期，第31~49页。

57 [英]艾莉莎·马礼逊（Eilza Morrison）编：《马礼逊回忆录》（1），第430~436页。

实来为天主教进行道德辩护。[58]但马礼逊所做这一切并不仅仅是为了天主教，他也有他自己的目的，正如他在给伦敦传道会的柏德牧师的信中所言，"告诉你以上所发生的事件，是帮助你可以判断在中国传教的实际困难。……有一个危言耸听者向皇帝奏报，在广州、澳门和周围的乡镇，天主教广为传播，所有该地区的天主教徒都已准备要造反。澳门地方政府立即发布禁令，要严惩这里加入天主教的中国人。在广州有一个天主教的中国信徒差一点被官府捉住，他虽然逃逸了，但他的家被抄，家人全部关进监狱。那个天主教徒是躲藏在澳门天主教的修道院里，不久之后逃往马尼拉了。"[59]

早期来华英国传教士在天主教传教士遇到困难时为他们辩护，早期来华美国传教士也同样如此。鸦片战争期间当有天主教传教士和教徒被捕时，美国新教传教士不遗余力地帮助他们脱离险境。1840 年，广东官员逮捕了接引天主教传教士进入内地的一名天主教徒，官兵还在他的行李中发现了几瓶圣水、几个土坛子、一本弥撒书和 20 几封信件。当钦差大臣林则徐命令广州的行商将这些信件翻译为中文时，被找来翻译的美国商人亨特浏览这些信件之后发现，它们多数是用法文和葡萄牙文写的，是来自中国内地和关于天主教传教团体的报道，以及一些天主教传教士受迫害情况的描述。在当时中国严厉的禁教政策之下，亨特深知这些信件内容的公布将会使天主教受到更加严厉的打击，而且他与澳门的遣使会会长是好朋友，于是他就给这位会长写信，告知他这件事情，并通知了美国传教士伯驾，伯驾又将此事告知了正在澳门的裨治文，于是裨治文就亲自去见了这位遣使会会长，让他放心。[60]

1840 年秋天，中国官员还截获了一名法国遣使会传教士 Taillandier，新教团体再一次团结起来，设法使清政府释放这名传教士，义律更是尽了全力。那位法国遣使会澳门会长曾充满感激地写道："其他人在这样的位置上，自己有这么多的事，仍能想到一个可怜的外国人？""但是或许感谢不是单方面的，义律向伦敦的建议，关于远征军的一些问询，正如他自己所说的部分是依靠他的可钦佩的法国传教士朋友……"[61]早期新教传教士对天主教的态度还是比

---

58 孙尚扬：《马礼逊时代在华天主教与新教关系之管窥》，《道风：基督教文化评论》，2007 年 7 月，第 27 期，第 31～49 页。

59 [英]艾莉莎·马礼逊（Eilza Morrison）编：《马礼逊回忆录》（1），第 430～436 页。

60 [美]亨特著：《广州番鬼录 旧中国杂记》，冯树铁、沈正邦译，广东人民出版社，2009 年 12 月，第 252～255 页。

61 Peter W. Fay, "The French Catholic Mission in China during the Opium War," *Modern Asian Studies*, Vol .4 No.2(1970), pp.115～123.

较友好的，英国圣公会特别欢迎法国天主教传教士。巴黎外方传教会神学院院长肖蒙曾说过："英国人对法国传教士始终是很慷慨的；他们曾经发起过一次募捐活动，坎特伯雷主教曾捐献 180 英镑。此外，耶稣教的牧师也带头加入了救济会"。在香港，新教传教士不仅款待天主教传教士，还在他们面临危险时提供保护。[62]此外，尽管天主教和新教彼此间存有宿怨，但天主教传教士在开埠之初，法国领事馆尚未正式运作之前，他们还得到过来自信仰新教的英国驻沪领事的支持。从经济上而言，由于近代上海迅速崛起为中国经济重镇，尽管此地是法国巴黎耶稣会的地盘，但天主教其它修会和外方传教会也都不忘插足于上海，来沪从事房地产业，为自己的教区增添财源。[63]

1834 年，澳门的葡萄牙政府驱逐了四名不隶属于葡萄牙政府的天主教传教士，包括三名法国天主教传教士和一名意大利天主教传教士，《中国丛报》发表评论为天主教传教士辩护，认为这种行为"不被基督教的基本原则所支持，并且必须和将要被每个教派的开明和自由的人谴责为不友好的，不仁慈的和不公正的。"[64]

马礼逊在面对天主教传教士的不友善甚至压迫时，多数情况下放弃申辩。他只是在澳门天主教主教禁止他使用自己的印刷机印刷出版物之后，向东印度公司大班写了封抗议信，申明他所传播的教义当然是与罗马天主教的教义不符合的，但他并没有在《传道人与中国杂记》中攻击天主教。抗议没有任何效果，但马礼逊只是为此事感到"一定程度的烦恼"。前几次障碍，马礼逊由于意识到抗争是无效的，因此基本上都没有抗议。1808 年 6 月，马礼逊为了养病在英国商行罗伯茨大班的邀请下到达澳门，然而他发现由于澳门是罗马天主教的地盘，他无法在此长期居住，因此，他决定把传教基地转移到槟榔屿。如果不是这时东印度公司聘请马礼逊担任中文译员，他很有可能不在中国传播基督教了。1814 年米怜夫妇到达澳门，当澳门总督下令不许米怜居留澳门时，马礼逊"曾想写一封申请书给总督，还想写一封陈情信给罗马天主教的主教"，但由于他认识到"这显然是无效的，因而打消了这个念头"。[65]

62　[法]卫青心著：《法国对华传教政策》（上册），第 54，217 页。

63　葛壮：《宗教与近代上海社会的变迁》，上海书店出版社，1999 年，第 372～373 页。

64　"Roman Catholics in Macao", *The Chinese Repository*, Vol 2(Nov. 1833), p.383.

65　[英]艾莉莎·马礼逊（Eilza Morrison）编：《马礼逊回忆录》（1），第 480，482～483，366 页。

当时中国还处于禁教时期，米怜在广州也不能久留，因此，米怜就前往马六甲建立传教基地。当澳门的罗马天主教传教士拒绝在他们的墓地埋葬玛利亚时，马礼逊无奈地向东印度公司请求购买一块地皮埋葬死去的新教教徒。在清政府严厉的禁教政策之下，马礼逊谨慎地处理与天主教之间的关系，不与天主教传教士产生较大的冲突。

初入中国，新教传教士没有任何传教经验，面对已在中国传教二百余年的天主教传教士，早期来华新教传教士对天主教传教士还是比较友好的，新教传教士对两教派之间在宗教上的差异采取淡化的态度，通过为天主教传教士提供帮助来试图与天主教传教士建立一种良好的关系。这种做法显示出当时新教与天主教之间的关系非常复杂，并不完全是彼此"充满敌意"或"互相嫉恨"，也有新教传教士为改善两教派关系所进行的一些努力。

第四节　在华新教传教士对天主教传教成果的借鉴

面对天主教 200 余年传教活动所积累下来的传教著作和认识中国方面的研究成果，新教传教士积极参考利用借鉴，这种做法显示了多数早期新教传教士对天主教传教士还是比较尊重的，如美国新教美部会传教士卫三畏（Samuel W. Williams, 1812 ~ 1884）就将明末清初天主教耶稣会传教士利玛窦称为"教会事业的天才创建者"，[66]他们对天主教的传教成果还是持认可态度的，同时也说明传播扩展基督教福音是新教传教士来华的首要和核心任务。

明末清初天主教在华 200 余年的传教活动取得了一定的成就，在中国历史研究、字典的编纂以及传教著作的撰写方面都有具体的表现，新教传教士注意到了这一点，因此，新教传教士入华后不久就参考利用天主教传教士的汉语传教著作，在学习中文、汉译《圣经》及认识中国方面新教传教士都受益于天主教。尽管《圣经》汉译相对来说成就不那么显著，天主教传教士没有翻译一本完整的中文《圣经》，但也有《圣经》的部分中译本，这个中译本为两个世纪后新教传教士翻译《圣经》奠定了一定的基础。现存最早的、对新教传教士中文《圣经》翻译影响最大的中译本，是 18 世纪初由法国巴黎外方传教会（MEP）传教士巴设（白日升，Jean Baset, 1662 ~ 1707）翻译的《新

---

66 [美]卫三畏著：《中国总论》（下册），陈俱译，陈绛校，上海古籍出版社，2005 年，第 789 页。

约圣经》部分，1700 年左右，巴设翻译了部分《新约圣经》，尽管这个译本未刊行，但大英博物馆收藏了他的手稿，也就是这个译本对后来新教传教士翻译《圣经》影响很大。[67]除了直接翻译《圣经》，明末清初天主教传教士撰写的诠释《圣经》和描述《圣经》史实的著作，也成为后来新教传教士翻译《圣经》的一个参考依据。这些著作有 1595 年利玛窦的《天主实义》，1642 年葡萄牙耶稣会传教士阳玛诺（Manuel Dias junior，1574～1659）的《天主圣教十诫真诠》、西班牙耶稣会传教士庞迪我（Diego de Pantoja，1571～1618）的《受难始末》（日期不详），1642 年意大利耶稣会传教士艾儒略（Giulio Aleni，1582～1649）的《天主降生言行纪略》等等。[68]

缺乏传教经验的新教传教士，面对如此丰富的传教著作积累，采取了借鉴的传教策略。明末清初天主教传教士在中文《圣经》翻译方面的成就，对早期参与译经的新教传教士产生了一定的影响，这在马礼逊身上体现得非常明显。1807 年马礼逊来华之前，英国伦敦会已经给了他一个重要指示，就是翻译《圣经》，"你可以把圣经翻译成中文，这样占据世界三分之一人口的民族就能够直接阅读中文圣经。"[69]为此，马礼逊入华之初，每天都花大量时间学习中文，致力于翻译《圣经》的工作。1808 年 4 月 3 日，马礼逊在给其父亲的信中写道，"我每天上午、下午和晚上都专注于学习中文。"因为"我的主要目标是要把圣经翻译成中文，这就必须要用很长时间和毅力来学习中文。"[70]

马礼逊用了 15 年时间就完成了这项重大任务。必须指出的是，在完成这项任务的过程中，马礼逊参考利用了天主教的《圣经》中译本。前已述及，在新教传教士来华之前，天主教传教士已经将《圣经》的一部分翻译为中文，马礼逊来华时就带着这些部分《圣经》译本，主要是《新约圣经》的一部分，这些译本成为马礼逊翻译《圣经》的基础。[71]卫三畏曾指出，《圣经新约》的

67　吴义雄：《译名之争与早期的〈圣经〉中译》，《近代史研究》，2000 年第 2 期，第 205～222 页。

68　蔡锦图：《天主教中文圣经翻译的历史和版本》，香港中文大学天主教研究中心：《天主教研究学报》，2011 年第二期，香港中文大学出版，2011 年，第 15 页。

69　[英]米怜著：《新教在华传教前十年回顾》（影印版），郑州：大象出版社，2008 年，第 58 页。

70　[英]艾莉莎·马礼逊（Eilza Morrison）编：《马礼逊回忆录》（1），第 221，395 页。

71　*The Chinese Repository*, Vol 3 (Aug. 1834), p.183.

一半是马礼逊翻译的，另一半是他校正了在大英博物馆发现的手稿。[72]美国著名宗教史学者赖德烈也指出"天主教的《新约》译本被介绍给第一位新教传教士马礼逊，用来学习中文，它无疑影响了马礼逊本人的《圣经》翻译，而且在一定程度上，也影响到后来许多新教徒译本。"[73]马礼逊在书信和日记中也时常表明自己在《圣经》汉译方面受益于天主教的事实。1814 年，他就在一封信中提到他翻译的一部分"是根据某个不知名的人的著作，他的虔诚的劳动保存在大英博物馆里，我冒昧地改正和补充了我所需要的东西。"1819 年11 月，马礼逊向英国伦敦会报告自己翻译《圣经》过程时指出，"伦敦传教会给我在伦敦博物馆所藏的天主教神父中译手稿，是我在翻译中文《新约全书》的依据。"[74]马礼逊高度重视天主教圣经中译手稿，他曾说，"英王雅各布的圣经英译本是由 54 位译者在英国翻译的，而圣经的中译本却只有我和米怜两人翻译，或者可以说只有 3 人"，即与那位中译《圣经》的天主教神父一起翻译的。针对有人指责马礼逊的《圣经》中译本大部分抄袭了天主教神父的中译本手稿，马礼逊在回应中表明了自己参考天主教神父手稿的目的，"如果我有意完全由自己去翻译，不去参考那位神父的中译手稿，我可以作更多的修改，不必去校勘他的手稿而决定去留，我的目的是，也是伦敦传教会提出的要求，不在于由谁翻译，而在于出版一部最好的圣经中译本。"[75]

天主教传教士对有些词语的翻译深深地影响了新教传教士。在《圣经》汉译历史过程中，对"God"一词的翻译在传教士中引发了极大的分歧和争论。明末耶稣会传教士最早对这个问题展开了争论，随后，译名之争在方济各会、多明我会、奥斯定会、巴黎外方传教会等不同修会之间展开。争论的焦点在于以"天"、"上帝"、"陡斯"还是"天主"来翻译"Deus"。[76]利玛窦主张以"上帝"一词来翻译"Deus"，龙华民建议以音译"陡斯"来指称"Deus"，巴黎外方传教会的阎当命令其福建辖区信徒只能以"天主"来称"Deus"，最后罗马教廷下令固定用"天主"来译"Deus"。[77]然而，巴设在其译本中，既

---

72 [美]卫三畏著：《中国总论》下，陈俱译，上海古籍出版社，2005 年，第 326 页。

73 K.S.Laturette, *A History of Christian Missions in China*, p.190.

74 [英]艾莉莎·马礼逊（Eilza Morrison）编：《马礼逊回忆录》（2），第 4 页。

75 顾长声：《马礼逊评传》，上海书店出版社，2006 年，第 81～82 页。

76 "Deus"是拉丁文，其英文是"God"，参见李天纲：《中国礼仪之争——历史、文献和意义》，上海古籍出版社，1998 年，第 15 页。

77 [美]苏尔、诺尔著：《中国礼仪之争西文文献一百篇（1645～1941）》，沈保义等译，上海古籍出版社，2001 年，第 14 页。

没有用"上帝"，也没用"天主"，而是在其四福音和一系列书信中，统一使用了"神"来译"Deus"，这一点很令人费解。美国学者托马斯·赖利认为，这一方面是受他所属差会的影响，因为巴黎外方传教会"坚决抵制耶稣会的做法，并否认基督教和儒教之间有任何的一致性。"由于巴黎外方传教会"否认基督教的神和中国以往传统中的上帝有任何的相似性，"因此，巴设就没用"上帝"作为"God"的译名了。另一方面就是由于罗马教廷 1707 年公布不得使用"陡斯"、"天"、"上帝"，而只能以"天主"称"Deus"时，巴设已经去世。[78]

1700 年，巴设自《圣经》的拉丁文通行本将部分《圣经》翻译为中文，即四福音书、使徒行传、保罗书信等。马礼逊翻译《圣经》时，借用了许多巴设的用词，影响比较大的就是马礼逊借用巴设的以"神"来翻译"God"。[79]巴设将"Holy Spirit"译为"圣风"，没有采用同时期其它天主教著作的译法"圣神"，马礼逊也继续采用"圣风"来翻译"Holy Spirit"。[80]还有"Baptism"一词，卫三畏在《中国丛报》中指出，马礼逊将该词翻译为"施洗"、"洗礼"，实际上就是沿用了天主教的翻译。[81]正如美国学者赖利所指出的，"我们与其把马礼逊的《圣经》，描绘为是新教徒马礼逊的译作，还不如说那是天主教徒巴设的作品。……巴设给出的关键术语翻译大多数都成了新教的标准用语。同时，我们需要重申的是，马礼逊并没有借用天主教的标准用语，而是借用了天主教的著名译者巴设对天主教术语的翻译。"[82]

此外，在新教传教士来华之前，天主教传教士已经编写了《拉丁文—英文字典》，这字典也成为马礼逊编纂中英字典的一个参考书。马礼逊在近代中西文化交流中的另一大贡献是编纂《华英字典》，它是"中国第一部英汉字典"，马礼逊编纂《华英字典》时参考了两本字典，一本是天主教神父编写的《拉丁文—英文字典》，另一本是澳门东印度公司一位职员赠送给他的《拉丁文中

78　[美]托马斯·H·赖利著：《上帝与皇帝之争——太平天国的宗教与政治》，李勇、肖军霞、田芳译，上海人民出版社，2011 年，第 54～59 页。

79　李志刚：《香港基督教会史研究》，香港：道声出版社，1987 年，第 38 页。

80　[美]托马斯·H·赖利著：《上帝与皇帝之争——太平天国的宗教与政治》，第 54～59 页。

81　谭树林：《马礼逊与中西文化交流》，第 108 页。

82　[美]托马斯·H·赖利著：《上帝与皇帝之争——太平天国的宗教与政治》，第 54～59 页。

文字典》，在编纂字典方面天主教同样对马礼逊有所裨益。1822 年，马礼逊出版《华英字典》的第三卷《英汉字典》时，他以"天主教"、"十字教"来译"Christianity"，以"圣会、天主会、天主堂"来译"Church"，这充分表明了天主教对马礼逊的影响。马礼逊在编纂《华英字典》的第二部分《五车韵府》时，参考了《康熙字典》和罗马天主教传教士按字母排列编著的《字母字典》（Alphabetic Dictionary）。《五车韵府》包括"发音、结构、声调以及字的释义，……还附有罗马天主教士未刊的《字母字典》和广东方言发音，来帮助人们查字。"[83]

明末清初天主教传教士编写的学习汉语的字典成为新教传教士学习汉语的工具书。清初来华的法国天主教耶稣会传教士马若瑟（Joseph Henry Marie Premare，1666～1735）曾在江西传教 25 年，著有《汉语札记》（又名《中国语文札记》）等重要著作，但在其有生之年并未出版。[84]近代来华新教传教士意识到这本书将有助于他们学习汉语，于是，1831 年，新教传教士在创办于马六甲的英华书院（Anglo-Chinese College）将该书用拉丁文出版，后来，美国新教公理会传教士裨雅各布（James G. Bridgman，～1850）将该书译成英文后于 1847 年在广州出版。[85]近代早期著名中文期刊《六合丛谈》的主笔伟烈亚力（Alexander Wylie，1815～1887）学习汉语就是以该书作为重要的教科书之一。[86]

新教传教士还借鉴利用天主教的传教书籍。近代第二位来华英国新教传教士米怜阅读了部分明末清初天主教传教士的神学著作，他认为，天主教传教士著作的风格"总的来说是容易理解的，有时是比较文雅的，无论我们属于哪个教会，都可以模仿利用，参考利用他们的才能和成果为促进我们的进步是明智的。"[87] 1845 年，美国圣公会传教士文惠廉（W. J. Boone，1811～1864）在上海传教时就利用天主教传教士编写的教义问答手册，他认为"天主教会在教授关于上帝和基督的伟大的基本的真理方面同新教是一致的"，到了 20 世纪 30 年代，这些教义冲突的手册经过修订后仍在教会中使用。[88]天

---

83 谭树林：《马礼逊与中西文化交流》，第 47，61，62 页。

84 《汉语札记》，[2011-06-05]，http://baike.baidu.com/view/5196296.htm.

85 谭树林：《〈中国丛报〉考释》，《历史档案》，2008 年第 3 期。

86 沈国威编著：《六合丛谈——附解题·索引》，上海辞书出版社，2006 年，第 29 页。

87 [英]米怜著：《新教在华传教前十年回顾》（影印版），第 11 页。

88 F. L. Hawks Pott, "Early History of Missions in Shanghai," *the Chinese Recorder* （以下简称 *CR)*, Vol. 61 (May 1930), p.280.

主教传教士也指出新教传教士再版了"许多以前由旧耶稣会士编纂的教理书"。[89]

明末清初来华天主教传教士通过编修历法、制造钟表等在中国宫廷中得以立足，这些成功经验也为新教传教士所关注。由于马礼逊来华期间中国还处于禁教时期，他便通过供职于英国东印度公司确立了合法的地位。英国伦敦会在给马礼逊的指示信中表示他"可以利用数学和自然科学方面的知识在中国获得立足之地"，这可能是新教效仿天主教的行为，马礼逊凭借他的中文技能与东印度公司保持长期关系，从而得以实现传播基督教的计划。[90]1833年，德国新教传教士郭士腊（Charles Gutzlaff，1803～1851）经历了几次在中国沿海的航行之后，反驳了新教传教士认为的"迄今为止将中国视为福音不能进入之地"的传统认识，他主张效仿明末清初天主教在中国的成功经验，认为新教传教士可以学习天主教传教士坚定的立场和勇于探索的精神。[91]

在实际传教过程中，马礼逊还同中国天主教徒关系密切。首先，他的两位中文老师都是天主教徒，1808年，马礼逊在日记中记载，"史当东为我请来的中文老师是来自北京，说的是官话，他还是一个天主教徒，略懂一些教义。……另有一位李先生的儿子将帮我学会讲广州话，他也是天主教徒。"其次，他与天主教徒互赠书籍，马礼逊1813年2月的日记中记载，"本月我分赠给两位天主教徒共约100本中文的《路加福音》《教义问答》和劝世文。"伦敦传教会1810年年报记录中称当地一位天主教徒提供给马礼逊一部三卷本的《天主教义问答》。最后，天主教徒也去听马礼逊的讲道。因此，马礼逊来华后向中国天主教徒传教应是不争的事实。对此，天主教的反应是消极对抗，马礼逊在日记中记载澳门天主教的主教一方面"严厉责备那些与我谈话和接受我赠送书籍的中国天主教徒"，另一方面吩咐中国天主教徒烧掉马礼逊赠送的书籍。[92]当马礼逊翻译完《新约圣经》中的《使徒行传》时，在澳门的一位

---

89 [法]卫青心著：《法国对华传教政策——清末五口通商和传教自由（1842～1856）》，黄庆华译，北京：中国社会科学出版社，1991年，第227～228页。

90 吴义雄：《在宗教与世俗之间：基督教新教传教士在华南沿海的早期活动研究》，第42页。

91 吴义雄：《在宗教与世俗之间：基督教新教传教士在华南沿海的早期活动研究》，第99页。

92 [英]艾莉莎·马礼逊（Eilza Morrison）编：《马礼逊回忆录》（1），第163，359，265，347～348，359页。

受过教育的天主教徒就把它当成异端烧掉了。[93]实际上早在马礼逊离开伦敦前，他就从一位名叫阎三达的中国人学汉语；到中国后，又拜两位中国天主教徒为师，继续深造汉文。他曾这样讲过："我不能否认，罗马教会的中国教徒给了我极大的帮助"。[94]

早期来华新教传教士除了担负传教使命之外，还肩负着为本国报道中国地理、经济、风土人情等各方面情况的使命。在认识、了解中国方面，明末清初天主教传教士同样对新教传教士产生了重要影响，在认识中国方面表现突出的是早期美国来华新教传教士。1830 年代之前英国伦敦会是新教对华传教的唯一主角，随后美国美部会（ABCFM）响应马礼逊的呼吁开始派遣传教士来华传教，其中，裨治文（Elijah Coleman Bridgman，1801～1861）作为"美国在华新教事业奠基人"，传教活动成就卓著。1830 年 11 月，他与马礼逊、雅裨理等传教士在广州成立"在华基督徒协会"（Christian Union in China），目标在于"为实现我们传播基督仁爱的计划而相互支持和协作"。1832 年 5 月，他在广州创办和主编英文《中国丛报》（The Chinese Repository），采取销售和赠送相结合的发行方式，向海外介绍中国的政治、经济、文化和社会，它的读者对象主要是在中国、美国和欧洲的西方人士，一度成为当时欧美人了解中国事务和动态的主要渠道。作为近代来华的第一位美国传教士，裨治文步马礼逊后尘，重视已在华传教 200 余年的天主教，尊重这些天主教传教士，钦佩赞美他们的热情和献身精神，并在《中国丛报》中大量评论明清之际天主教的著作，翻译天主教《传道年鉴》中的文章。

裨治文作为一名传教士，传教是其首要的和重大的任务，1832 年，美部会秘书长安德森（Rufus Anderson）在信中所指示的裨治文的首要任务就是"在中国人中间传播福音"。[95]裨治文也在杂志创刊当年表明了其创刊的宗教目的："但愿它（指《中国丛报》）完完全全是上帝的作品，从诞生之日起，在它的整个成长过程中，都是如此；愿它的每一页都充满了真理，宣扬上帝的荣誉，增加其子民的德与善。"[96]然而，美部会对裨治文还有一

---

93 顾长声：《马礼逊评传》，上海书店出版社，2006 年，第 81 页。

94 [法]卫青心著：《法国对华传教政策》（上卷），黄庆华译，北京：中国社会科学出版社，1991 年，第 62 页。

95 Eliza Bridgman ed. *The Pioneer of American Missions in China: The Life and Labor of Elijah Coleman Bridgman,* New York: Anson D. F. Randloph, 1864, p.20.

96 [美]雷孜智（Michael C. Lazich)著：《千禧年的感召——美国第一位来华新教传教士裨治文传》，第 75 页。

个要求，即："在你工作和环境允许的情况下，我们要求你把有关中国人民的特征、状况、风俗、习惯等等，特别要对这些情况受他们的宗教影响，向美部会做出完整的报告……"[97]《中国丛报》也确实在其存在的 20 年间，对中国的地理、历史、政治、文化、风俗和教育等进行了全方位的报道。可以说，裨治文以《中国丛报》为载体，开启了美国汉学研究的开端。明清之际的天主教传教士中的多数人长期在中国生活，对中国的文化内涵和社会生活进行了深入的研究，如利玛窦等入华的耶稣会士中许多人一生中用中文、拉丁文和法文等语言写了十几本研究中国的著作。新教传教士入华之初是借助天主教传教士的眼睛来认识和了解中国的，后来他们则凭借自己在中国传教的经历和对中国社会文化的独特理解，逐步认识到一两个世纪前天主教传教士关于中国政府和社会的报道与中国现实不相吻合。然而，明清之际天主教传教士所取得的成果仍被新教传教士所重视，天主教传教士关于中国的知识对新教传教士中国观的形成产生了一定的影响，这些知识成为新教传教士认识中国的基础，新教传教士在此基础上或沿袭天主教传教士的见解，或批判、否定他们认为不正确的观点，从而逐步形成了新教传教士独特的中国观。

　　裨治文首先在《中国丛报》书评栏目中对一、二百年前天主教传教士研究中国的著作进行报道和评论。明清之际天主教传教士中耶稣会传教士的一些著作对西方人中国观的形成产生了重要的影响，如法国耶稣会传教士李明的《中国近事报道（1687～1692）》、葡萄牙耶稣会传教士曾德昭的《大中国志》、葡萄牙耶稣会士安文思的《中国新史》等。

　　李明（Louis le Comte，1655～1728）是 1687 年抵华的法国著名耶稣会传教士，和同时来华的其他 4 位法国耶稣会传教士同被称为"国王数学家"。李明在华时间不足 5 年，1691 年，李明因为法国与葡萄牙的保教权之争被迫返回法国，5 年后，他完成《中国近事报道》，旨在为法国耶稣会的适应性传教路线辩护，没想到却在欧洲掀起了一场关于"中国礼仪之争"的大辩论，他的《中国近事报道》因此在 1700 年被天主教会列为禁书。全书按通信体的格式写成，首先介绍如何来到中国，并谈及北京及皇帝召见的情况，其次对中国及中国人进行了大致描绘，如中国城市、气候、土地、物产、中国人的国民特征、语言、文字和道德等，最后介绍了中国人的宗教信仰及基督教在中

---

97 Eliza Bridgman ed. *The Pioneer of American Missions in China: The Life and Labor of Elijah Coleman Bridgman*, New York: Anson D. F. Randloph, 1864, p.27.

国的生存和发展等。[98]《中国近事报道》在中西文化交流史上有着重要的意义，该书在西方引起极大的轰动，至 1700 年法文版重版 5 次，并被翻译为英文、意大利文、德文等。[99]

裨治文对这位早期耶稣会传教士表现出了一定程度的尊敬，对他的中国研究很感兴趣，他在《中国丛报》创刊当年的 11 月用了 20 页的篇幅对《中国近事报道》进行评论，并且大量摘录书中内容，显然他认为该书是有一定价值的。总体来看，他对《中国近事报道》持基本肯定态度，他认为尽管此书的一部分内容已经没有价值了，"这本书的绝大部分是关于现存事物的准确的叙述"，他也体谅到天主教传教士从事中国历史研究的任务是"艰巨的"，这需要"非凡的素质"。裨治文在评论中说，"我们从事这项工作的目的既不是赞美它，也不是给予作者和他所属的那个团体以更高的级别，而是从书中选择这样的叙述，伴之以这样的评论，为了解释这个国家和她的居民的现在的状况。"[100]这一方面说明初入华的新教是通过天主教来了解和认识中国这一事实，另一方面也充分体现了裨治文的客观理性态度。

葡萄牙人曾德昭的《大中国志》在明末中学西渐浪潮中起到重要作用。裨治文对此书也极为重视，在《中国丛报》中用了 16 页的篇幅来介绍该书，并大量引用原文。裨治文说"很高兴看到这本书"，因为当一个伟大和遥远的国度的历史开始引起欧洲的注意时，"这本书使我们注意到一个明智的人对中国的观察。因为在之后的年代里，在那些最有能力撰写这段历史的人中间当产生更多的分歧时，在有学识的人中间已经形成尊敬中国的气氛，……我们的作者给予我们的各种报告都是他自己观察的结果，他所仔细和详细描述的都是亲眼看到的。关于贵族和官员的知识，是他从与基督徒官员的亲密关系得到的，关于政府、法律、惩罚和监狱的大量知识也是从他自己痛苦的个人经历中得到的。"[101]

来华传教的实际经历使裨治文充分认识到在中国传教的实际困难，由此裨治文也从内心生发出对明清之际天主教传教士的尊敬与赞赏："尽管面临着

---

98 [法]李明著：《中国近事报道（1687～1692）》，郭强、龙云、李伟译，郑州：大象出版社，2004 年，译者说明，第 7 页。

99 [法]李明著：《中国近事报道（1687～1692）》，郭强、龙云、李伟译第 7 页，解释罗马天主教的禁书制度。

100 "Review", *The Chinese Repository*, Vol 1(Nov. 1832), pp.249-268.

101 "Review", *The Chinese Repository*, Vol 1(Nov. 1833), pp.473-488.

许多困难，他们还是尽到了他们最大的努力。""我们相信当读到这些天主教传教士残酷的受苦行为时，我们不可能没有钦佩与赞赏。我们也尊重他们勇于自我献身的精神。许多天主教传教士的能力是非凡的，他们的目标也是伟大的。"神治文认为曾德昭200年前关于（基督教）精神的描述感动了欧洲耶稣会士。[102]

神治文对葡萄牙籍耶稣会士安文思（Gabriel Magailland）所著的《中国新史》（*A New History of China*）持基本肯定态度，他认为"该书在它出版的年代一定是极有价值的，即使到现在也能提供其它著作中难以见到的信息"。[103]神治文对安文思书中关于中国历史及对中国评价的一些内容，都进行大量的摘录，在他看来，这些是有一定价值的。这也充分表明，神治文对这位早期来华的耶稣会士是比较尊敬的。[104]

神治文也在《中国丛报》中翻译了天主教传教士发表在罗马教廷的期刊《传道年鉴》和《传道通讯》上的介绍中国的文章。1833年，一名法国传教士在中国居住十年之后返回法国，1835年，这名法国传教士的回忆录在《传道年鉴》上发表，1840年的《中国丛报》便将之以《中国介绍》（一、二、三）节译发表，较为详细地介绍了中国人的性格、美德与缺点、国家的面貌、人口、气候、农业、饮食、建筑物、道路、客栈以及商业等等。

神治文尽管经常称赞那些早期在华的天主教传教士的热情和奉献精神，他对天主教的教条与天主教在华传教士的所作所为还是多有批评，"我们可能深深地为他们在教义上的错误感到遗憾。"[105]神治文在日记中写道：

> 无论有意与否，这些天主教徒极大地纵容了中国的偶像崇拜。
> 如果说他们有能力却没有将《圣经》交给中国人的行为还不算的话，
> 那么，他们允许中国人从事他们自己的礼仪崇拜活动则是故意纵容
> 中国的偶像崇拜了。

神治文在影射康熙王朝时曾身居钦天监要职的著名耶稣会传教士南怀仁（Ferdinand Vebiest, 1623~1688）时继续写道：

---

102 "Review", *The Chinese Repository*, Vol .1(Nov 1833), pp.473-488.

103 E. C. Bridgman, "A New History of China", *The Chinese Repository,* vol. 10 (Dec 1841) p. 641.

104 吴义雄：《〈中国丛报〉与中国历史研究》，《中山大学学报》（社会科学版），2008年第1期，第79~91页。

105 "Review", *The Chinese Repository*, Vol .1(Nov 1833), pp.473-488.

作为康熙皇帝的朋友兼老师，如果不是将心思花在铸造火炮和追求世俗权力上，而是用于创办报刊、出版《圣经》和引导中国人追求基督的王国的话，中国的那些偶像必定早已被打倒了。

裨治文常常将天主教与中国人的偶像崇拜活动等同起来。他是这样评价在澳门看到的天主教和佛教的礼仪队列的：

> 天主教和中国人的宗教之间的外在区别是如此细微，难怪像马若瑟神父（Father Prémare）这样的人都要说："世界上其它任何地方的魔鬼，都不曾将正宗教会的神圣风范伪造得如此逼真。"我们在昨天刚刚目睹了它们两者的绝妙比照——两支依仗队在礼炮的轰鸣中齐驱并行，唯一的区别就是，一队没有武器，而另一队则由全副武装的士兵护送。这就是澳门的偶像崇拜。[106]

初入中国的新教传教士面对艰难发展的传教事业，为争取信徒积极借鉴天主教的传教成果，他们也赞赏明清之际天主教传教士的奉献和牺牲精神。当然，事实的另一面同样不可忽视，即尽管新教传教士为传教工作也付出了努力，但新教与天主教传教士相比还是不如他们那样具有奉献精神。当时来华的外国人对此也有所认知。英国外交官额尔金（Elgin, 1811～1863）为英国政府在第二次鸦片战争期间派遣来华的英军全权代表，他在华期间参观了天主教教堂和天主教所办的学校。他将晚清新教与天主教传教士进行了对比：天主教传教士"离乡背井来到这里，并将在此度过自己的一生，向异教徒宣讲福音，以期后者能皈依天主教，他们从未想过要回到故土，他们在此吃的是当地饮食，穿的也是当地的衣服。"而新教传教士"则不会离开港口，他们建有自己漂亮的房子，有妻室，有家庭，遇到自己或妻子生病的时候就回家。"在额尔金看来，他遇到的天主教传教士通情达理、谈吐不凡，而新教传教士则几乎没有赢得什么教徒。[107]

19世纪清政府弛禁基督教以前，在华新教传教士对天主教传教士的态度是小心谨慎与克制的，新教传教士并未完全像天主教传教士那样对对方采取敌对态度，他们对天主教传教士为其设置的障碍采取克制的态度，避免与对

---

106 [美]雷孜智（Michael C. Lazich)著：《千禧年的感召——美国第一位来华新教传教士裨治文传》，尹文涓译，桂林：广西师范大学出版社，2008年，第63～65页。

107 [英]额尔金、沃尔龙德著：《额尔金书信和日记选》，汪洪章、陈以侃译，上海，中西书局，2011年，第82～84页。

方发生冲突，通过维持表面上的和平共处来推进在华传教事务。面对天主教传教士 200 余年的传教积累，新教传教士积极参考借鉴天主教在《圣经》中译、中文字典的编纂及认识中国方面的经验。两次鸦片战争之间，新教与天主教因教义差异而各自独立传教，双方基本能够互不干涉，从总体上看，早期新教传教士对天主教采取友好的态度为以后基督教在华传教奠定一个良好的开端。

第五节　在华两教派传教士与政治特权

传教士与其本国政府及政治特权的关系，一直以来颇有争议，因为它是一个糅合了政教关系、民教关系等复杂的问题。新教、天主教传教士最初对政治特权也都有诉求，在华传教事业得到了西方国家政府的支持和保护，来华新教传教士以英美国家居多，来华天主教传教士以法国为主。但是，与此同时，西方国家政府对传教士传教行为也有一些限制，具体到美、英、法政府对传教事业的态度又各有特色。总的来说，传教士依靠政治力量来中国传播基督教，往往引起中国人的排斥，严重的还会引发民众与教会冲突，实际上对扩大基督教在中国的影响是极其不利的。

一、在华两教派传教士对政治特权的诉求

19 世纪初，清政府实行禁教政策，新教、天主教传教士都曾向西方国家政府驻华外交官请求获得传教自由的权利。当中英《南京条约》签订后，多数传教士把这视为在中国争取传教自由的机会，《南京条约》签订后不久，四川教区天主教代牧马主教就在信中写道："但愿英国人把准许中国人了解和热爱上帝作为讲和的一个条件。"[108]当中英之间签订的《南京条约》和《虎门附约》均未提到传教自由时，天主教传教士感到非常失望，如意大利方济各会传教士、湖广教区代牧主教多肋曾在《南京条约》签订后，在写给方济各会会长的信中说："目前呈现在我们教徒面前的是恐惧，……和从前一样，我们将继续在禁教上谕的重压下生活，前景只有流放、酷刑和死亡。"[109]甚至有英国外交官也与传教士的看法一致，1847 年，一位名叫马丁·蒙哥马利的英国外交官对英国很少关心基督教在华传教这个问题发出了怨言："似乎一提起基

---

108 《马神甫函》（1843 年 9 月 3 日），《传教年鉴》，1844 年，第 16 卷，第 336 页。
109 *The Chinese Repository*, Vol. 15 (Jan 1846), p.40.

督教，我们的政府就脸红，好像政府的方针政策被染上了臭气，诸位大臣都是魔鬼。在签订《南京条约》时，我们的一些作法比教外人强不到哪里，很少考虑到我们的宗教信仰；我们根本就没要求在设有领事机构的开放口岸建造教堂，更没要求开设埋葬教徒尸体的墓地……陛下政府寄给驻华各位领事的通谕，就是为了抵制各开放口岸的英国传教士从事传教活动颁布的。"[110]总之，当时在华传教士们主张西方国家政府应该关注基督教在华传教事业，为传教士争取传教自由，为中国教徒争取信教自由。

英国人没能为在华传教士争取到信仰自由，天主教传教士又寄希望于法国人。法国政府代表拉萼尼到达澳门后，天主教上海教区主教罗类思就以中国天主教徒名义给他写了一封信，盼望法国政府能为基督教在华传教事业进行干涉，他在信中说："如果强国国主的代表能在教务问题上说一句话，就能废除那些从不为正义和明智的政策所赞成的、残酷迫害甚至屠杀教徒的法令、法规。"但是，法国政府在其对外政策中却很少考虑海外传教事业，拉萼尼的权力也非常有限，他并未被授予处理这一问题的权力。尽管如此，天主教传教士仍始终请求法国代表在签订条约时要考虑到传教问题。[111]最终在法国政府宗教政策和在华天主教传教士的请求之下，拉萼尼与清政府代表耆英在经过了多轮谈判之后，清政府颁布上谕弛禁天主教，解除了对中国人的信教禁令。

由于清朝皇帝的弛禁上谕中提及的是天主教，这使新教传教士感到不满，1845 年 11 月 12 日，美国新教传教士文惠廉在《中国丛报》上发表文章说："英美两个新教国家是最早同中国往来的国家，然而，当一个天主教国家的代表为自己的同胞争取到特权时，这两个国家的公民却被排斥在享受这种特权之外。"英国新教传教士麦都思（Walter Henry Medhurst，1796～1857）认为法国政府代表向清政府争取的不是一种宗教整体的自由，而只是弛禁天主教的政策。[112]因此，在华新教传教士分别通过英国领事和美国领事对此事提出抗议，在拉萼尼和耆英就此事进一步交流之后，耆英专门又发了一个照会，声称："本大臣于各国习教规矩有无分别本不知晓，今已知之较多，故再宣布：天主教

110 Gaillard Louis, *Nan-kin, port ouvert*, Chang-hai,1901,p.161.转引自[法]卫青心：《法国对华传教政策》（上），第 214 页。

111 [法]卫青心著：《法国对华传教政策》（上），第 327，333 页。

112 "Toleration of Catholicism in China," *The Chinese Repository*, Vol. 14 (Nov 1845), pp.539-542.

无论供奉十字架图像与不供十字架图像，凡习教为善者，中国概不禁止……。"[113]从此，在华新教与天主教获得了同等的传教权力。

除此之外，部分新教传教士还参与了不平等条约的制定。鸦片战争后在中国与西方各国签订的一系列不平等条约中，由于不少新教传教士通晓中文而被聘为翻译，因此部分新教传教士参与了条约的制定，新教传教士也趁这一时机争取了对传教事业有利的条款。

在这一方面，美国的新教传教士比英国的新教传教士表现得更为突出。1843 年，美国政府代表顾盛来华后就曾聘请美国新教传教士裨治文和伯驾担任中文秘书。因此，伯驾等美国新教传教士具体参与了中美《望厦条约》的制定。其中，《望厦条约》第 17 款就是中英《南京条约》及其附约中所没有的，也特别反映了美国传教士的传教利益与要求。《望厦条约》第 17 款规定，"合众国民人在五港口贸易，或久居，或暂住，均准其租赁民房，或租地自行建楼，并设立医馆、礼拜堂及殡葬之处。……倘坟墓或被中国民人毁掘，中国地方官严拿照例治罪。"[114]这一条款是近代中外条约中第一个关于信教问题的条款，尽管传教士还不能合法地在上海等五个口岸从事传教活动，但自此以后，随着一系列不平等条约的签订，清政府逐渐废除了禁止基督教在中国传播的政策，因此，《望厦条约》的这一条款对基督教最终在中国的自由传播产生了重要的影响。在中美《望厦条约》签订的过程中，美国新教传教士起到了重要作用，伯驾曾说过："凡是对诸如与条约有关的任何问题的所有建议，只要是我经过深思熟虑之后决定下来的，他（指顾盛）一般都会采纳的"。[115]顾盛本人也肯定了美国新教传教士的重要价值，他在写给美国参议院的塔斯廷（Tustin）牧师的信中说："在同中国的后期谈判中，美国传教士们，尤其是裨治文先生和伯驾先生，提供了最重要并且最不可或缺的帮助。他们具备了他人所没有的相当的汉语知识，这使他们能够承担使团的翻译工作；同时，他们对中国和中国人的切身了解使他们成为出色的顾问；他们高尚的人格为我们的使命增加了分量和道德力量"。[116]

---

113 *The Chinese repository,* Vol. 14 (Nov 1845), p.589.

114 王铁崖编：《中外旧约章汇编》（第一册），北京：三联书店，1957 年，第 54 页。

115 George B. Stevens and William F. Markwick, The Life, Letters, and Journals of Peter Parker, M. D. Missionary, Physician, and Diplomatist, the Father of Medical Missions and Founder of the Ophthalmia Hospital in Canton,Boston:Congregational Sunday-School and Publishing Society, 1896.p.323.

116 [美]雷孜智著：《千禧年的感召——美国第一位来华新教传教士裨治文传》，第 205 页。

美国新教传教士还参与了第二次鸦片战争后中美《天津条约》的谈判与制定。参与这次条约制定的美国新教传教士是卫三畏和丁韪良，尽管卫三畏此时的正式身份是美国公使馆秘书兼翻译，但卫三畏认为他并未与传教事业脱离关系。[117]丁韪良则被美国公使列卫廉（William B.Reed）聘为中文翻译。在谈判中，实际上是卫三畏和丁韪良策划了中美《天津条约》的主要内容，中美《天津条约》草约的各项条款是卫三畏拟定的，草约允许中国人有信仰基督教的完全自由，美国传教士可以进入中国内地传教等，但中国代表拒绝了这个草约，卫三畏马上进行修改，修改之后的草约得到了中国代表的同意，卫三畏在其日记中对此事是这样记载的："我以最快的速度写好了新的条款，并在早饭之前让信使送过去。……9点半，对方送来回复，他们删去了允许进行宗教集合和散发宗教书籍的内容……我和丁韪良先生立刻喊来轿夫……赶到常大人住处，……我们一番辛劳终于得到了回报。桂良大人同意了，……任何人，不论是美国公民还是皈依基督教的中国人，均享有参加宗教活动和宣扬基督信仰的自由"。[118]最终，传教自由被列入中美国《天津条约》的条款之中，即：

> 耶稣基督圣教，又名天主教，原为劝人行善，凡欲人施之己者，亦如是施于人。嗣后所有安分传教习教之人，当一体矜恤保护，不可欺侮凌虐，凡有遵照教规，安分传习者，他人毋得骚扰。[119]

在第二次鸦片战争后法国代表与中国代表关于传教事务的谈判中，在华天主教传教士未直接参与谈判，但他们也间接地向法国政府代表拉萼尼提出以下六条建议："1、删去上谕中的诓取病人目睛，诱污妇女等污蔑性段落；2、释放在押或被流放的教徒；3、允许年轻教徒入神学院；4、中国政府公开承认教级制度；5、给予中国信徒不信中国迷信的自由；6、准许欧洲传教士在帝国内地传教，允许宗座代牧在教徒遭受迫害的情况下，参与案件的审理。"这些建议并未被拉萼尼全部授受，拉萼尼只接受了其中第 2、3、4 条建议，其余建议都被他拒绝了。[120]

---

117 [美]卫斐列著：《卫三畏的生平及书信——一位美国来华传教士的心路历程》，顾钧、江莉译，广西师范大学出版社，2004 年，第 153 页。

118 [美]卫斐列著：《卫三畏的生平及书信——一位美国来华传教士的心路历程》，第 177 页。

119 王铁崖：《中外旧约章汇编》（第一册），北京：三联书店，1957 年，第 88 页。

120 [法]卫青心著：《法国对华传教政策》（下），第 524 页。

由以上事实可以看出，在华两教派传教士通过不平等条约获得了传教的权利，以此为契机，基督教在中国的发展进入一个新的历史时期。西方国家政府如美国、法国政府也对在华传教事业给予支持和保护，从表面上看，传教事业已被置于不平等条约的保护之下，在华传教活动政治上的障碍已被扫除。然而，实际上基督教已被中国民众视为与西方殖民主义同流合污，无形之中又为基督教在中国的传播设置了思想上的障碍。

二、在华两教派传教士的违约行为

尽管在华传教事业获得了西方国家政府的保护，但两教派传教士并未严格遵守条约的各项条款。西方国家政府要求中国政府严格遵守中外条约的所有条款，一遇有中国政府或民众破坏条约的行为，西方国家驻华官员就会向中国政府起诉，要求中国政府严格遵守条约。但是，不可否认的是，传教士自身却并不满足于条约以内的权利，他们往往也对条约以外的特权有要求，实际上他们也做出了许多超出条约权利的事情。

1844年，美国和法国分别通过《中美望厦条约》和《中法黄埔条约》获准在华开放口岸建立教堂。在法国的胁迫下，道光皇帝1846年发布弛禁天主教的上谕。根据1844年中法《黄埔条约》的规定，外国传教士只能在广州、福州、厦门、宁波、上海五个通商口岸传教，不得进入内地活动。第二次鸦片战争以前，清政府对基督教实际限教政策，然而，有些新教、天主教传教士却违反规定秘密潜入内地，据有关资料统计，"从1844年《中法黄埔条约》起，到1858年《天津条约》签订的十五年间，天主教、基督新教违约非法潜入中国内地的，至少有法国、英国、意大利、葡萄牙、美国、西班牙、德意志等七国的五十二名传教士（此前早已潜入内地的数十名尚不计算在内）"。"他们活动地点从最北部的黑龙江到最南部的广西，从伸入大海的山东半岛到世界屋脊的青藏高原，足迹遍及全中国。"例如，1854年，英国新教传教士戴德生[121]来到上海，戴德生采取"直接布道"的方式，以上海为据点沿着黄浦江南行，在沿途各处发放基督教书籍，其传教区域后来扩展至长江中下游地区的江苏、浙江一带。这种活动明显违反了只能在五个通商口岸传教的规定。[122]

---

121 戴德生（James H. Taylor，1832～1905），英国新教传教士，1853年来华，1865年
  创办中国内地会。

122 [英]戴存义夫妇著：《内地会创始人戴德生传》上卷，第76页。

在外国传教士大举潜入内地，明显违背条约的情况下，清政府的抓捕活动也不遗余力。1846 年 2 月 25 日，驻藏大臣琦善奏报在西藏盘获两名法国传教士约则葛毕和额哇哩斯塔，道光皇帝要求详细询问两名传教士有无不法犯罪之事，没有则押送广州，交该国领事遣送回国。1852 年，法国天主教传教士马赖同样不遵守条约规定，[123]擅自潜入广西西林，于 1856 年被当地政府逮捕后被处死。[124]以后类似的案例接二连三，甚至在《天津条约》、《北京条约》签订以后，清政府也甘冒违约之名，继续抓捕潜入内地的传教士。1859 年 11 月 12 日，直隶总督恒福奏陈将 1859 年 7 月 13 日拿获的法国传教士董文学解交江苏，转由上海领事官遣送回国。其理由是："惟现当办理夷务筹防紧要之际，设有刁徒，藉此影射勾结，为患非浅，尤当加意防范，未便任其逗留。"1860 年 7 月 28 日，陕西巡抚谭廷襄奏报将所获意大利传教士龚山林遣送回国，因去上海的路途不便，希望将该犯从"河南接解至湖北、湖南，转解广东，由两广总督饬交该领事遣回本国"。咸丰皇帝表示同意。[125]

三、西方国家政府对传教士违约行为的限制

第二次鸦片战争之后，西方国家政府在对传教事业进行支持和保护的同时，一些西方国家在华外交官也注意到了传教士有滥用政治特权的倾向和行为，他们并没有一味地满足传教士扩大传教权利的要求，而是对他们的滥用行为提出警告，并对传教士要求条约以外的特权进行限制。

在天主教方面，罗马教廷与法国外交官都奉劝过天主教传教士要谨慎行事。1860 年 10 月 29 日，北京的一座天主教教堂南堂重新开放时，天主教北京教区孟振声主教先是颂扬了法国皇帝路易·波拿巴，接着又唱《凯旋颂》和《感恩颂》来庆贺第二次鸦片战争英法联军的胜利，他还打算在 1860 年圣诞节那天庄重、堂皇地进入教堂，即"模仿皇亲国戚等上流社会人物，前呼后拥，乘坐'绿轿'进入教堂"。但是，路易·波拿巴的全权公使布尔布隆注

---

123 马赖（Auguste Chapdelaine，1814～1856），法国巴黎外方传教会传教士，1852 年来到中国传教，1856 年在广西西林被杀。

124 刘万伟：《从严禁到宽容：清政府基督宗教政策的演变（1840～1874）》，宁波大学硕士学位论文，2013 年，第 19 页。

125 刘万伟：《从严禁到宽容：清政府基督宗教政策的演变（1840～1874）》，宁波大学硕士学位论文，2013 年，第 19 页。

意到了这位北京主教的行为，他便责成秘书认真奉劝北京主教孟振声要谨慎、稳重行事。[126]

　　第二次鸦片战争期间，英国对华全权公使额尔金在上海期间，上海的新教传教士请求他帮助新教获得更大的传教自由，尽管额尔金对他们所做出的艰辛努力非常感兴趣，但是，他并没有按照他们的请求对传教事业进行支持和保护，而是采取了十分谨慎的态度。他在上海期间，上海的新教传教士首先求他单独草拟一份实行宗教宽容的命令；其次，他们还求他帮他们获得更大自由，以便能够在中国更广大地区旅行和传教。他在答复信中发出了严重警告，他首先说，不同宗教派别的传教士在中国理应具有平等地位，这一点对他说来当然是合理而恰当的。但西方国家政府，在对居留中国的本国臣民争取治外法权进行保护的同时，也负有保护这些特权不被滥用的义务。虽然额尔金在华时间仅有几年，但他已注意到了有些在华英国人玷污基督教名誉的行为，而这已经引起了中国人仇恨外国人的心理，因此，额尔金认为如果西方国家把对在华传教士的保护扩大到信仰基督教只为得到特权的中国基督徒，那么，这种做法对于扩大基督教在中国的实际影响是极其有害的。[127]1854年，戴德生试图进入中国内地传教的行为也受到了英国驻华外交官的限制。这年，戴德生来到上海崇明岛从事传教活动，但他通过免费施医赠药的行为传播基督教的做法对当地医生和药店主的生意造成了一定的影响，于是，这些人就向英国领事投诉了戴德生违反条约传教的行为，于是，英国领事就禁止他去崇明岛从事传教活动。[128]

　　西方国家政府对传教事业的支持和保护在已往的研究中已得到证实，西方国家政府对传教士传教行为的限制却并未被学者所关注。虽然这些西方国家驻华外交官对传教士传教行为的限制成效不明显，晚清民教冲突及新教与天主教之间的冲突仍时常发生，但这种限制对约束传教士的不法行为还是起到一定的作用，对日后部分开明的传教士对政治特权的反思提供了一种可能。

---

126 [法]卫青心著：《法国对华传教政策》（下），第 700 页。

127 [英]额尔金、沃尔龙德著：《额尔金书信和日记选》，汪洪章、陈以侃译，第 83～85 页。

128 [英]戴存义著：《内地会创始人戴德生传》（上卷），上海：内地会出版，1950 年，第 94～96 页。

19 世纪上半叶两教派传教士在华相遇后，天主教传教士为新教传教活动设置了一些障碍，他们对早期新教传教士持排挤态度。但新教传教士对天主教的态度与做法却与其不同，他们对天主教传教士秉持谨慎的态度，并借鉴天主教的传教成果，这对于新教早期在华传教活动是有益处的。

早期新教传教士对天主教传教士持小心谨慎的态度有助于避免两教派之间的冲突，从而维持两教派之间的和平相处。当天主教传教士禁止马礼逊出版《传道人与中国杂记》时，当天主教传教士禁止米怜住在澳门时，当天主教传教士禁止天主教徒阅读新教书籍并攻击新教为异端时，早期新教传教士多数情况下并未申辩，这反映了早期新教传教士主观上避免与天主教传教士发生对立及冲突的意愿，也为早期新教在华传教活动奠定了一定的基础。

新教与天主教尽管在教义、礼仪、组织形式等方面都存有差异，但两教派毕竟同源异流，两教派在对基督教的一些基本要理如《圣经》为神所启示、三位一体神论和耶稣基督一位二性论等方面还是达成一致的，新教传教士参考利用天主教在《圣经》中译、中文字典编纂、认识中国等方面的研究成果，这种做法显示了两教派传教士来华初衷无一例外的都是为了基督教能在中国传播扩展开来，所以早期新教传教士为将传教活动向中国内地推进，作了大量准备工作，新教传教士参考利用天主教传教成果的做法，能够为新教在华传教事业打下良好的基础，推动新教向中国内地扩展的步伐。

第四章　辛亥革命前在华两教派传教士之间的关系（一）（1860～1890）

1860 年是中国近代基督教史的转折点。在《天津条约》的基础上，这年中国与美国、英国、法国陆续分别签订了《北京条约》，条约扩大了传教士的传教范围，规定外国传教士可以在中国内地自由传教，从此，中国政府对基督教政策从有限弛禁政策转入宽容传教政策。新教与天主教传教士便都拥有了进入中国内地传教的自由，因此，新教和天主教的传教士们在这一历史时期逐渐深入全国各地广泛传教。所以在 1860 年之后的时间里，天主教的教徒人数增长很多。据德理贤著《中国天主教传教史》记载，教会统计，1870 年中国天主教徒的人数是 369441 人，1889 年为 542664 人，1900 年已发展到 741562 人。[1]对于新教来说这段时间进入内地则须从零开始，在这开拓阶段，新教传教士们主要是拓展传教区域，广泛扩大传教势力范围，在那些从未听说过基督教的地方寻找落脚点。所以在教徒人数增加上，新教的收获没有天主教明显，[2]中国新教徒的人数没有像传教士渴望的那样迅速增加。1858 年，中国新教徒不到 500 人；1877 年为 13500 余人；1889 年为 37287 人；1900 年为 85000 人。[3]

1　王美秀：《中国基督教史话》，北京：社会科学文献出版社，2011 年，第 111～112 页。

2　[美]赖德烈著：《基督教在华传教史》，第 261～262 页。

3　王美秀：《中国基督教史话》，第 132～133 页。

第一节　两教派传教士对新教与天主教的比较与批评

随着新教传教士逐步深入内地拓展传教区域，新教传教士与天主教传教士彼此间接触日渐增多，但基于历史及现实原因，新教传教士对天主教的批评仍然存在，原因是：一方面宗教改革以来新教与天主教之间在西方的血腥斗争使新教传教士对在华天主教及其传教士持有成见，他们从天主教在西方各国的行为出发，不相信在华天主教会有一个彻底的转变；另一方面在华天主教传教士与天主教徒的实际表现也让新教传教士有所不满。因此，天主教传播的教义、传教方式及传教士本身的不良行为都成为他们的具体批评对象。

天主教与新教教义的异同

这一时期最早对天主教进行批评的是美国新教长老会传教士应思理（Elias B. Inslee），[4]1860 年，应氏出版《圣教鉴略》一书，旨在将新教与天主教区分开来。应氏在书中对天主教进行了激烈的批评。他在序文中首先指出中国人分不清新教与天主教的差别，所以"或有身入圣教之门而以世间之教皆以劝善为意，无庸分其优劣，如天主教可杂于儒教，耶稣教可杂于天主教"。因此，他写这本书的目的就是为了说明新教与天主教之间的差异。应氏罗列了天主教与新教的差异之处如下：

> 天主教：一、欲夺人土地与罗马天主教教首管辖。二、以教首为耶稣代理之人。三、拜以木所之十字架，且以妇人名马利亚者为圣而拜之，又拜历代圣贤与偶像。四、如释教用数珠。五、不分圣书，以阻人之分圣书。六、圣书中有十诫，第二诫云：尔毋造偶像以事；彼不从之，以第十诫分为二诫，仍成十诫之数。七、入教者，于礼拜日可兴工为业。八、有庵庙僧尼，如释教然。九、信天主教首能舍人罪。十、与己受难，可以免罪。十一、以为人死后，灵魂在地狱之半，以钱财归僧，遂可得救。十二、以为行教之事，不妨虚诱。此皆天主教之所为。耶稣教皆不信之而另有其道。一、惟拜三位合一之真神。二、以人皆有罪，惟耶稣可赎。三、以人死后，灵魂或上天堂，或下地狱，善恶两途，生前先当预备。四、以人皆无功，惟赖耶稣。五、以圣书最要，故分送之。六、圣书《默示录》

4　应思理于 1857 年来华，1861 年继玛高温（Daniel J.MacGowan，1814～1893）之后成为《中外新报》（*Sino-Foreign News*）的编辑。

第十七章五、六节云："有奥义之名，书于额云：广大者巴比伦，地上诸娼妓，诸可憎者之母，我见妇醉于圣徒之血，及为耶稣作证者之血，我见妇，则不胜骇异，"以为此"娼妇"，即天主教之本也。耶稣教如是，其与天主教异乎？不异乎？[5]

他在书中指出了欧洲的宗教改革对天主教的影响，"而天主教之势力渐衰，因此命也疏依脱，与别班僧人，至他国讲经行教。有至亚美利加，有至亚非利加，有至天竺、日本，渐至中华。"他的目的也就是要说明因为天主教受到宗教改革的沉重打击，所以才跑到世界各地去传教。[6]应氏批评晚清在华天主教传教方法可耻，用心不良，他说，"彼天主教在中华，其名最丑。""天主教二百年前在中国意欲要结上下，管辖中国全地，以事教首，后为皇帝明察，恶而逐之。"[7]

在 19 世纪来华的新教传教士中，如此鲜明地对天主教持敌对态度的，确实并不多见。多数新教传教士是在承认明清天主教传教贡献的前提下批评天主教的一些他们认为不正确的教义。由于传教活动的主要因素包括传教内容、传教方式和传教主体等等，新教传教士对天主教的批评也主要集中于这几个方面。新教传教士以新教教义为标准来界定天主教教义的正确与否，并对天主教教义展开批评。新教与天主教在教义方面的分歧主要表现在以下三点：一是关于最高权威问题。新教认为最高权威是《圣经》，天主教认为最高权威是教皇。二是关于如何得救问题。新教提出"因信称义"的基本教义，指出任何人单通过个人信仰而不用通过教会皆可得救；天主教则认为"教会之外无拯救"，任何人必须通过天主教会才能得救。[8]三是关于圣母马利亚与圣徒。新教认为只当敬拜基督，《圣经》中没有教导要拜马利亚与圣徒。天主教认为马利亚和圣徒可以代为向基督恳求说情。[9]马丁·路德论敬拜圣徒时指出："我们教会教导人：我们可以纪念圣徒，叫我们各按职业效法他们的信心和善行……但《圣经》不教训我

5　应思理：《圣教鉴略》，序，第 38~39 页，转引自龚缨晏：《浙江早期基督教史》，杭州出版社，2010 年，第 213~216 页。

6　文中"也疏依脱"即"耶稣会"的中文异译。

7　应思理：《圣教鉴略》，第 28 页，转引自龚缨晏：《浙江早期基督教史》，第 217 页。

8　于可：《基督新教与天主教的关系及其区别》，《历史教学》，1982 年第 7 期，第 33~37 页。

9　[美]斯潘塞·J·帕默著：《世界宗教概览》，向红笳等译，北京：中国民族大学出版社，1995 年，第 108 页。

们敬拜圣徒，或求告他们的帮助，因为《圣经》指示我们只有一位基督是中保、挽回祭、大祭司和代祷者。这位基督是应当受敬拜的。"[10]

1867 年 4 月，一名新教传教士在《教务杂志》中发表一篇名为《新教差会》的文章，他为罗马天主教会的错误和背教行为感到深深的遗憾，但是他也不会同情狭隘的宗派主义者的观点，即所有罗马天主教会的成员都是不信仰基督教的。[11]

天主教传教士的传教方式

1868 年 8 月，《教务杂志》刊出了一篇署名"新教徒"的评论天主教的文章，该作者在上海传教，他从天主教在中国传教二百余年及中国天主教徒人数众多这两个方面，认为天主教在华传教获得了成功，成功的经验值得新教传教士认真思考。与此同时，该作者也指出天主教在上帝的话语中增加了许多关于传统的东西，从而使得教义模糊难解。[12]英国人慕雅德（Arthur E. Moule，1836~1918）继这名"新教徒"之后对罗马天主教会进行讨论。[13]他在《罗马天主教会》中批评天主教崇拜圣母玛利亚不合《圣经》教义，他承认"关于基督教的重要真理是由罗马天主教教授的"，但是他也质疑罗马天主教"不也把崇拜玛利亚作为一条至关重要的教义吗？他们不是教导玛利亚比她的儿子更可接近和更仁慈吗？"[14]新教传教士经常批评天主教崇拜圣母玛利亚是错误的，认为这是一种偶像崇拜。1868 年 10 月，美国浸礼会传教士那尔敦（Miles J. Knowlton）在《在华新教与天主教关系》中提到在华新教与天主教教义的差异，指出天主教的《圣经》中没有关于禁止偶像崇拜的内容，[15]那尔敦认为天主教有偶像崇拜，这是两教派主要区别之一，在吸纳信徒方面容易使信徒产生教义混淆，并对两教派现实的传教活动也产生了影响。[16]1868 年 11 月署名

---

10 马丁·路德著作翻译小组译：《马丁·路德文选》，北京：中国社会科学出版社，2003 年，第 63 页。

11 "Protestant Missions," *CR*, Vol. 1 (Apr 1867), p.11.

12 Protestant, "Statistics of Romish Missions, and Their Lessons," *CR* , Vol. 1(Aug 1868), pp.70-72.

13 慕雅德 1861 年来到浙江宁波传教，主持过杭州圣公会。

14 A.E.M, "Roman Catholic Missions," *CR*, Vol. 1(Sep 1868), pp.90-91.

15 Miles J. Knowlton, "The Relation of Protestantism to Romanism in China," *CR*, Vol. 1(Oct 1868), pp. 110-112.

16 Miles J. Knowlton, "The Relation of Protestantism to Romanism in China," *CR*, Vol. 1(Oct 1868), pp. 110-112.

"平信徒"的一篇文章再次谈到，天主教的《圣经》去掉了关于禁止偶像崇拜的诫命。[17]

尽管新教传教士对天主教的偶像崇拜不予认同，但态度还是比较温和的。相较而言，在华的英国外交官德庇时（John Francis Davis，1795～1890）对天主教偶像崇拜的批评则颇为严厉。1844 年两名天主教传教士在教皇派遣下去西藏传教取得了成功，他们在所写的书中炫耀自己的成功，德庇时在《爱丁堡评论》（*Edinburgh Review*）上以讽刺的笔调攻击了天主教传教士的偶像崇拜，指出天主教传教士在讽刺西藏喇嘛教进行偶像崇拜的同时，却完全忘记了他们自己也是偶像崇拜者。[18]

天主教吸收教徒的标准

在华天主教吸纳信徒标准不严，造成信徒素质低下且不虔诚，这也是新教传教士对天主教强烈批评的一点。有些新教传教士从天主教在欧洲的所作所为便很难相信他们到中国之后会有变化。《教务杂志》中署名为"一名传教士"的一篇文章认为，"那些了解天主教对拥有主权的国家造成的伤害，对自由和宽容的思想的抑制产生的负面影响的人，很难倾向于相信当他们到东方时会在本质上改变他们的目的和想法。"该作者基于自己的亲身观察体验，当他问一个信教多年的天主教徒，"天主教的名声不好的原因是什么"，这个教徒说，"尽管一个人吸食鸦片，赌博，通奸，他也不会被逐出教会，但在你的教会就不是这样，他会被叫到主教面前，主教会劝他，或许他被禁止领圣餐，只有在最极端的情况下，他积累了很多罪恶时，他才会被逐出教会。"[19]该作者对天主教传教士对于有过犯的人所持的态度是极其反对的。1868 年 8 月，"新教徒"在其文章中以自己与一名中国天主教徒的交往为例，来说明中国天主教徒对教义掌握的程度不够，中国天主教徒对于真理的知识懂得太少。[20]1869 年，《教务杂志》中署名"传教士"的一篇文章借中国天主教徒的话来证明新教传教士的批评并不是没有根据的。作者在论及天主教传播的教义时指出："天主教故意未把对信徒灵性成长极为重要的《圣经》翻译为中文并介

17　Layman, "Romish Missions, Again,"*CR*, Vol. 1(Nov. 1868), pp.141-142.

18　"Roman Catholic Missionaries in Western Tartary", *CR*,Vol. 1(May 1867), pp.24-25.

19　A Missionary, "Romish Missions,Again" , *CR*, Vol. 1(January 1869), pp.184-187.

20　Protestant, "Statistics of Romish Missions, and Their Lessons," *CR*, Vol. 1(Aug 1868), pp.70-72.

绍给信徒，而只是传授解释《圣经》的一些教义问答手册及关于圣徒的言论。"[21]
这说明，新教传教士对天主教传授给教徒的信仰知识也持批评态度。

　　在基督教应该教给中国教徒的基本知识方面，新教传教士不相信不懂得《圣经》知识的中国信徒是真正的基督徒。由于天主教未把《新约圣经》翻译为中文并介绍给信徒，《教务杂志》中署名为"一名传教士"的一篇文章认为，"《圣经》的一些基本教义是由他们（指天主教）教的，这是不错的，但是如果我们从结果来看，他们对这些经文的意思并不清楚。教会教给他们的只是关于圣徒的言论，对他们灵性成长极为重要的《圣经》的知识，天主教故意不教给他们。任何看过天主教占主导地位的国家中大众的总体无知的人，就很难期望在一个异教国家天主教的政策会更自由，或他们的信徒在这儿应该比他们在这些天主教国家中更应当成为新教徒的榜样。"[22]

　　新教传教士除了对天主教的传教内容、传教方式有所批评之外，对于天主教的传教主体——天主教传教士自身行为也有批评，卫三畏在《中国总论》中以天主教传教士马国贤（Matheo Ripa，1682～1745）自己的话来表达他对天主教传教士的批评：

　　　　如果我们在中国的欧洲传教士不那么风头十足，他们的作风能够适应所有阶级和各种条件的人，教徒的人数就会大大增加。他们的服装是最华丽的料子做的；外出从来不步行，总是坐轿或骑马，要么乘船，一帮随从跟在后面。只有少数可贵的例外，所有传教士的生活方式都是这样；因此他们不能和人们打成一片，只能使那么几个人皈依。我们这一神圣宗教的传播几乎完全依赖当地人作为传教者向其它教徒宣讲，或是靠分发中文的基督教书籍。难得有一个传教士能够自夸自己的传教使一个人皈依，他们不过是在别人传道使人皈依之后举行洗礼而已。[23]

　　由此我们可以看出，这种批评决不是无稽之谈，它是基于新教与天主教本质上的差异以及天主教传教士在华实践的基础上而产生的。它一方面反映了在华天主教传教士的一些不法行为是造成晚清教案频仍的一个主要因素，也是造成1907年新教入华百年大会上新教传教士决定与天主教疏离的直接原

21　A Missionary, "Romish Missions, Again," *CR*, Vol.1(Jan 1869), pp.184-187.
22　A Missionary, "Romish Missions, Again," *CR*, Vol.1(Jan 1869), pp.184-187.
23　[美]卫三畏著：《中国总论》（下），第797页。

因；另一方面它也包含了新教对天主教深深的成见和误解。在他们眼中，罗马天主教会在西方的所作所为始终不能令他们忘怀，这也成为他们对在华天主教的一个先入之见。

1868 年，法国驻宁波副领事西蒙给英国和美国驻宁波领事各发了个急件，抱怨新教传教士在印发和传播的小册子中诽谤天主教。有些在华西方人也对新教传教士展开批评，认为"没有中等智力和教育水平的人能够犯如此愚蠢的罪"，[24]新教传教士对此展开回应，一名新教传教士在《北华捷报》上代表全体新教传教士为新教传教士辩护，并批评罗马天主教"被认为是不道德的和声名狼藉的"，[25]那尔敦专门对此为新教传教士辩护，"新教和天主教在一起传教必定要时常发生冲突"，并认为新教传教士称呼罗马教皇为敌基督者是可以原谅的。[26]

第二节　在华新教传教士对天主教传教经验教训的汲取

天主教在华传教 200 余年，其中将近一半时间处于清政府的禁教政策下，在严厉的禁教政策下，天主教传教士一直在中国各地秘密从事传教活动，并于 1840 年时仍在全国保持 20～25 万之间的天主教徒人数。[27]从 19 世纪 60 年代开始，新教传教士逐渐广泛深入中国内陆地区传教，[28]大量元朝、明朝天主教留下的历史资料和遗迹渐渐进入新教传教士关注的视野，他们以史为鉴开始对其展开研究，旨在获得历史上来华天主教传教历程中的经验和教训，以利于新教在华开展传教事业。多数新教传教士认为明清时期天主教的传教活动为基督教在华传教事业作出了贡献，认为天主教在华传教事业取得了成功，但也有失败的教训，其中的一些经验教训值得总结借鉴。

天主教会的组织机构完整严密。17 世纪，罗马教廷设立了教廷传信部这样一个专门机构，旨在实现把基督教传遍全世界的目标，按全世界不同地区

24　Miles J. Knowlton, "The Relation of Protestantism to Romanism in China,"*CR*, Vol. 1(Oct 1868) pp. 110-112.

25　John Mara, "Ningpo,", *North-China Herald,* June, 13,1868.p.276.

26　Miles J. Knowlton, "The Relation of Protestantism to Romanism in China,"*CR*, Vol. 1(Oct 1868), pp. 110-112.

27　[美]费正清、刘广京编：《剑桥中国晚清史（1800～1911 年）》，第 531 页。

28　尽管 1860 年《北京条约》已为传教士深入内地传教提供法律保障，但由于多方面原因，事实上在 1876 年中英《烟台条约》签订后，新教传教士才大规模前往中国内地传教。

的不同需要，把天主教会的各个修会和教派以及财力有秩序、有成效地组合起来以开展传教活动。天主教在中国通过设立主教区和代牧主教区进行活动，每个行政区由主教进行管理。通常天主教的行政区是以省为单位，每个修会负责一个区域，19世纪中叶以后，天主教会在中国的行政区分布及修会负责情况如下：耶稣会负责江苏、安徽及直隶的东部；道明会负责福建；方济各会负责山东、山西、陕西、湖北、湖南；遣使会负责直隶大部分地区、蒙古、河南、江西和浙江；巴黎外方传教士会负责四川、贵州、云南、广西、广东、满洲及西藏。[29]而新教在华传教团体则没有一个统一的领导机构，各个差会基本上都各自为政，组织机构松散。

天主教传教经验

1868年8月，"新教徒"在其文章中总结了天主教会成功的经验，认为罗马天主教会越被置于组织严密的管理之下，修会组织就更完备，传教士个人就更服从修会的规则。他同时指出，罗马允许教徒在一些信仰和实践的小事上有相当大的活动范围，因此，天主教就有许多修会，甚至同一个修会内部还有不同派别，但是，罗马教廷把传教区分给不同的修会负责，这样就避免了不同修会之间利益的冲突，同时，也能把天主教传教士分散到更广阔的区域去传教，这充分体现了罗马教廷的英明。[30]

1868年9月，慕雅德就对署名"新教徒"的那篇文章进行了回应，他指出那篇文章引起了他的兴趣并对他的传教活动产生了启发，在宁波的新教传教士在他们的传教士会议上专门讨论了这个主题，他对天主教持一分为二的看法，他认为在一些事情上天主教传教士使新教传教士忍受羞辱，但是在许多其它事情上天主教传教士为他们做出榜样。关于"新教徒"指出的天主教组织机构是天主教会成功的一个原因，他认为是合理的。[31]

英国浸礼会传教士李提摩太（Timothy Richard，1845～1919）也认为新教传教士应当效法罗马天主教传教士所采用的一些好的政策，比如"他们的方济各会在中国的某个地方，耶稣会在另一个地方，拉撒路会又在另一个不同的地方，相互之间选定一个不同的地区。同样，新教的不同派别也应当在中

---

29 [美]费正清、刘广京编：《剑桥中国晚清史（1800～1911年）》，第353页。

30 Protestant, "Statistics of Romish Missions, and Their Lessons," *CR*, Vol. 1(Aug 1868), pp.70-72.

31 A.E.M, "Roman Catholic Missions,"*CR*, Vol. 1(Sep 1868), pp.90-91.

国的不同地区传教，而不应当把同一个地区分裂得支离破碎。"[32]1885 年《教务杂志》的一篇《在华罗马天主教会》文章对天主教在中国的几个差会以及他们的传教区域进行了具体考察分析，揭示出尽管天主教传教士来自不同的国家、不同的差会，但天主教会统一和谐的组织形式正是他们成功的一个重要因素，而这点恰恰是新教所不具备的。[33]从新教传教士的叙述中，我们可以发现，在华新教传教士对在华天主教并没有完全否定，天主教会团结统一的组织形式成为新教传教士学习的榜样。

客观地讲，新教传教士对天主教组织机构的一致性的认同与借鉴，对新教内部各个宗派之间的合作起到了一定的促进作用。早在 17 世纪，罗马天主教就成立了一个专门机构——教廷传信部，以协调天主教各个修会在全世界的传教活动，而新教各个差会之间基本上都各自为政。20 世纪初，新教内部展开了倡导各宗派联合起来的普世教会运动，1910 年，世界宣教大会在英国爱丁堡召开，这可视为普世教会运动的开端，1921 年，国际宣教协会在英国爱丁堡成立，此后，协会召开了多次会议，普世教会运动通过这些国际性会议，设立联络机构，促使不同地区、不同宗派的新教领导人相互认识并相互沟通，共同促进新教在全世界传教事业的进展。毫无疑问，自 19 世纪新教在全世界大规模开展传教活动以来，新教的宗派林立已对新教的传教活动带来了负面影响，因此，促进不同宗教之间的合作是普世教会运动的主要目标。在这过程中，天主教完整严密的传教组织机构影响了新教的普世教会运动，当然，新教的普世教会运动主要还是新教针对传教过程中不同宗派相互竞争和争论产生的，但新教传教士面对早于他们 200 余年来华的天主教传教士，能够以一种开放的理性的态度借鉴天主教的成功经验，这对新教在华传教事业是有益处的。

在华西方人对于在华天主教传教士身上所表现出来的热情和献身精神给予了充分肯定，1870 年《教务杂志》中题为《竞争的差会》一文中具体描述了天主教传教士是如何远离城市，并在语言、饮食、服饰上中国化，"用他极大的热情献身于投入他整个生命的伟大的理想"。该作者认为这样的热心"值得褒扬——一种奉献的生活精神，积极地投身于一种美好的理想，完全放弃

32　[英]李提摩太著：《亲历晚清四十五年——李提摩太在华回忆录》，李宪堂、侯林莉译，天津人民出版社，2005 年，第 123 页。

33　"Roman Catholic Missions in China", *CR*, Vol. 16(Jun 1885), pp. 225-226.

自己——这就是天主教传教士为了其宗教事业的发展自主选择的职业，为了实现他自己的理想远离他的祖国、家人和朋友。"[34]该文认为"天主教传教士远离城市，几乎忘记了他周围的人……他脱下了欧洲服装，穿着打扮像一个普通的中国人，吃本地人的饭菜，住在本地人的房子里，学会说一口流利的本地话，因此获得了对中国人更大的影响力……他安慰弱者，帮助有需要的人，治疗病人。"一些新教传教士也对天主教传教士身上所体现出来的吃苦和献身精神进行褒扬，这成为新教传教士学习和效法的榜样。[35]除此之外，新教传教士也学习天主教传教士深入内地、在中国广为传教的精神。中国内地会创始人戴德生在其《中国属灵的需求》中指出：截至 1865 年，"286 名罗马天主教传教士几乎没有例外地在中国 18 个省和边远地区传教，然而，112 名新教传教士几乎都聚焦在一些通商口岸传教。"[36]

1883 年美国公理会传教士梅威良（William S. Ament）在《教务杂志》中发表了《天主教在中国》一文，梅威良考察了天主教在中国传教的历史，充分肯定了元代天主教在中国的传教成就，特意提到第一位有计划有步骤在中国从事传教活动的天主教传教士孟高维诺，并从孟高维诺面临的社会环境、传教策略以及未取得应有效果的原因进行了分析。[37]1295 年孟高维诺到达元朝都城汗八里（即大都）时[38]，聂斯托利派在此势力强大，他们以一种不符合基督教精神的方式反对孟高维诺，在面临这种不利的社会环境下，[39]孟高维诺不畏困难处境，发挥自己的聪明智能，采取一系列有效措施，稳步展开传教活动，经过不懈努力，他最终在汗八里建立了两座教堂，约为 6000 人施行了洗礼，教授 100 名男孩希腊文和拉丁文，[40]同时还将《新约》和《赞美诗》译

---

34 "The Rival Missions", *CR*, Vol. 2(Feb 1870), p. 254.

35 "The Rival Missions," *CR*, Vol. 2(Feb 1870), p. 254.

36 James H. Taylor, *China's Spiritual Need and Claims,*BiblioBazaar, 2010, pp.13-14.

37 William Scott Ament, " Romanism in China," *CR,* Vol. 14(Jan-Feb 1883), pp.47-55.

38 梅威良提到孟高维诺到达元朝汗八里的时间为 1295 年不准确，事实上应该为 1294 年。参见晏可佳：《中国天主教简史》，北京：宗教文化出版社，2001 年，第 19 页。

39 梅威良在此特意指出聂斯托利派反对孟高维诺的方式是一种"不符合基督教精神的方式"是有一定道理的。当时，景教徒为排挤孟高维诺，诬陷他是一个骗子和奸细，并不是由罗马教廷所派，5 年之后事实才得到澄清。参见晏可佳：《中国天主教简史》，北京：宗教文化出版社，2001 年，第 20 页。

40 梅威良这里指出的"教授 100 名男孩希腊文和拉丁文"是不确切的，据道森的《出使蒙古记》记载的孟高维诺自己的信中所记的是"四十名男童"。参见顾卫民：《中国天主教编年史》，上海辞书出版社，2003 年，第 25 页。

成蒙文。但由于元朝时皈依天主教的几乎大多为蒙古人和色目人，明朝建立后，天主教也随着他们撤往漠北而在中原消失。对于元朝时天主教传教的最终失败，梅威良分析了原因，认为"如果他们的努力用在归化普通人上面而不是寻求上层人物的赞同，他们的良好工作或许能够持续到现在。"[41]梅威良比较客观地分析了元朝天主教传教历程，为后来新教趋利避害汲取天主教经验教训，为新教更好地开拓传教事业提供有益借鉴。值得提及的是，明末清初以利玛窦为代表的耶稣会传教士在中国的传教活动成为中国基督教史中的一个重要阶段，在这一阶段天主教传教士群体综合素质高、信徒人数众多，同时也受到中国皇帝对耶稣会在华传教的支持。这也得到了多数新教传教士的肯定与赞扬。天主教传教士这一时期在华传教的主要特点是强调传教士自身素质的重要性，并主张传教方式必须根据当时的文化和社会环境而作出调整。这些促使新教传教士对明末清初来华天主教也同样关注，新教传教士不仅力图从明末清初天主教在华传教活动中汲取经验教训，而且还对汤若望（Jean A. S. Bell）、南怀仁（Ferdinand Verbiest）等著名天主教传教士个人传教行为进行全面系统分析，这为新教后来结合当时的社会需要，阐发民众信仰基督教对社会的意义，力争得到清政府的赞成和支持的传教策略提供了有益借鉴。

汤若望、南怀仁等通过广泛结交明清政府官员，向中国介绍西方先进的科技文化知识，为明清之际中西文化交流做出重要贡献，也为天主教在华传教事业奠定了良好基础。因此，后来有些新教传教士在言语中除了对其有所肯定之外，甚至还表露出对他们的羡慕之意："在利玛窦（Matteo Ricci）之后，从欧洲来了许多第一流的天才传教士，例如汤若望、南怀仁、张诚（Jean F. Gerbillon）、白晋（Joachim Bouvet）等。……他们除了有深厚的神学思想外，还精通有关数学、天文学和物理学的知识，这使得他们成为有用之才或对于中国皇帝来说是不可或缺的人才。"[42]英国新教安立甘会传教士幕稼谷（G.E.Moule,1828～1912）也对明末清初来华的天主教传教士给予很多肯定，他认为"这些有才能的耶稣会士值得新教传教士学习"。[43]新教传教士的这种肯定主要体现为对天主教在华"科学传教"方式的认同，而科学传教的贡献

41　William Scott Ament, " Romanism in China," *CR,* Vol. 14(Jan-Feb 1883), pp.47-55.

42　"What Lessons can we Learn from the Experience and History of Roman Catholic Missions in China,as bearing on our Work? ,"*CR,* Vol. 20(Nov 1889), pp.499-506.

43　G. E. Moule ,"A Roman Catholic Cemetery near Hangchow

正如法国耶稣会士洪若翰（Jean de1 Fontaney）在写给欧洲教友的信中所说：
"我们在来中国之前所学得的科学技能，现在非常有用，因为这些科学技能
就是康熙帝准许天主教公开传教的主因。"[44]对明末清初著名天主教传教士的
肯定是新教传教士的主流声音，新教传教士之后所采取的借助教育、医疗等
公益事业进行传教的方式都可以从历史上天主教的"科学传教"方式中找到
根源。

　　明末清初天主教在中国传播福音，除了通过直接讲道和著述的形式之外，
还借助于雕像、宗教画像、音乐等载体来传播天主教，这些载体尤其是宗教
画像所特有的宗教感染力在明末清初天主教在华传教过程中起到了重要的作
用。1889 年，《教务杂志》中一篇未署名的专门总结天主教在华传教经验教训
的文章中，特意提到了天主教的画像在传教过程中的重要作用。该文指出罗
马天主教会总是在通过文字传教的同时，也通过画像传教，并认为这种作法
是正确的，新教传教士可以借鉴。[45]1890 年在上海召开的新教传教士大会上，
有传教士认为天主教会办的育婴堂"值得新教传教士适当地关注并适当地效
法"。[46]

　　1860 年《天津条约》签订后，天主教已遍及中国各地，新教传教士也追
随天主教传教士的脚步深入中国内地传教，戴德生及中国内地会是新教进入
内地的前锋。在这段时期内，戴德生派遣中国内地会传教士将基督教福音传
播至中国偏远地区，如派遣祝名扬去湖南、贵州传播基督教，派遣戴亨利
（Henry Taylor）进入河南传播基督教，并派遣义士敦（Easton）及巴格尔进
入中国西北的甘肃，派遣麦卡悌去四川建立教会，甚至派遣一些中国内地会
传教士到西藏边境去传播基督教。[47]

---

44 江文汉：《明清间在华的天主教耶稣会士》，上海：知识出版社，1987 年，第 56
　　页。

45 "What Lessons can we Learn from the Experience and History of Roman Catholic
　　Missions in China, as bearing on our Work ?"*CR*, Vol.20(Dec 1889), pp.538-539.

46 *Records of the general conference of the Protestant missionaries of China,* held at
　　Shanghai, May 7-20, 1890. (Shanghai : American Presbyterian Mission Press, 1890),
　　p.293.

47 田燕妮，《近代基督教在中国本色化的路径选择——戴德生的认识与实践初探》，
　　苏州科技学院硕士学位论文，2006 年，第 13 页。

天主教传教教训

新教传教士不仅从历史上在华天主教借鉴成功经验，还从像在中国基督教史上影响较大的"礼仪之争"这种事件中汲取教派纷争带来不利影响的教训。[48]近代在华天主教会同新教教会一样不是铁板一块，其内部同样派别繁多，如耶稣会、方济各会、多明我会、奥斯定会、遣使会、巴黎外方传教会等等。每个修会还有不同的宗主国，如耶稣会就有法国、葡萄牙、西班牙耶稣会的区分。与新教教会不同的是，天主教还涉及到一个"保教权"的问题，即对中国传教的控制权，最初为葡萄牙所拥有，后法国向葡萄牙挑战并成功地将对中国传教的控制权掌握在自己手中。因此，在天主教内部，不同修会之间、罗马教廷与拥有保教权国家之间的矛盾逐步产生并不断激化。明末清初直接导致康熙帝禁止天主教在中国传播的"中国礼仪之争"即是由不同修会之间的矛盾激化所造成。步入近代，这种矛盾和斗争仍然存在，在某种程度上甚至超过天主教和新教之间的矛盾。

天主教内部不同教派对中国传统礼仪如祖先崇拜是否违背天主教教义持有重大分歧，耶稣会士认为中国祖先崇拜并没有违背天主教教义，多明我会士等则持完全相反意见。中国皇帝和罗马教皇的介入使得宗教性学术问题演变为清王朝和梵蒂冈之间的国家政治之争，并最终导致康熙帝禁止基督教在中国的传播。恰如有新教传教士所认为的，1700 年前天主教在数学、物理和天文学等方面有所建树，借此在华传教并得到清政府的支持和帮助，天主教会取得了不小的成就，"礼仪之争"后在华天主教会逐渐走向衰落。[49]当然也有新教传教士将"礼仪之争"视为中国和欧洲之间关于权力的冲突，由此导致了"流血的迫害"，并使得基督教在许多省份都消失了。[50]"礼仪之争"在很大程度上是由天主教各修会之间的彼此纷争所引起，这些纷争造成了在华天主教会走向衰落的严重后果。新教各个教派之间同样也是各不相同，并不统一，但新教从"礼仪之争"汲取教训，认为教派纷争在某种程度上势必对

---

48 "礼仪之争"起源于明末清初，当时来华的天主教传教士内部对于信徒"祭祖祭孔"的意见不一致，他们于是上诉到罗马教廷。教廷在康熙时代两次派遣使节来中国，但不仅没有解决问题，反而导致清廷禁止基督教在华传播。最后教皇本笃十四世发布通谕，禁止信徒祭祖祭孔，也禁止教会内部对礼仪问题的争论。参见顾卫民：《中国与罗马教廷关系史略》，北京：东方出版社，2000 年，第 176 页。

49 "What Lessons can we Learn from the Experience and History of Roman Catholic Missions in China,as bearing on our Work？，"*CR*, Vol. 20(Dec 1889), pp.535-542.

50 Hrgh P. McElrone, "Catholic Missions in China," *CR*, Vol. 20(Dec 1889), pp.549-553.

整体传教事业带来不利影响，历史上来华天主教曾经面临的问题也可能随时发生在新教身上，这为后来新教各个教派之间统一协作共同致力于在华传教这一相同的目标提供了有益的借鉴。

部分天主教和新教传士已经认识到教会内部分歧对传教事业的不利影响，但是他们还未深刻认识到基督教内部出现的分歧已经成了引起公愤、导致信仰混乱的原因，他们都没有明显地察觉到这些"潜在的危机"。不过，尽管多数天主教传教士对这个问题有着一致的看法，但是，事实上，新教与天主教传教士之间仍未能采取和睦相处及宽宏大量的办法来处理问题，有些教外人士在谈到天主教传教士和新教传教士之间的争论时说："他们之间互不相让，什么时候他们在我们应该相信和从事的事情上意见一致，我们就会恭敬地对待他们的"。宗派之争和信仰分歧是令人遗憾的，尤其是新教与天主教传教士在爱好和平、主张包容的中国人面前发生的争执，更增加了中国人接受基督教信仰的难度。[51]

事实表明，与上一时期相比，新教传教士逐步在中国内地站稳了脚跟，传教士人员和其它资源也都十分充足，但客观上基督教传入给近代中国社会带来的巨大冲击使晚清士大夫对基督教持敌视态度，再加上西方带来的资本主义冲击给中国民众在日常生活上带来的困难，使新教传教士在吸收教徒方面依然面临着诸多障碍。因此，如何借鉴天主教在中国传教的成功经验，积极推动、扩大新教在中国的影响就成为新教传教士关注明末清初天主教传教活动的主要原因。

第三节　两教派教义之争：以《两教辨正》为中心的考察

随着来华新教与天主教传教士逐步取得种种特权，如传教权、保教权、房产权等，新教与天主教传教士的足迹也伴随着这些特权遍及中国各个角落。然而部分地由于一些地方官员在执行保护传教政策上不积极，部分地由于一些传教士不尊重中国的司法、习俗等，导致19世纪末的中国社会教案频发，而在这些不断发生的教案中，涉及天主教的教案居多。丁日昌作为意识到这些问题的中国官员之一，在处理过天津教案后就指出了其对天主教与新教的不同看法："天主耶稣各教传入中国，载在条约，固不能不照章随时保护，然

51　[法]卫青心著：《法国对华传教政策》（下册），第521～522页。

亦不能任听作奸犯科，以致事机决裂，不可收拾。耶稣一教安分守已，与民无争，尚无他虞。至天主教虽其本心并非为恶"，但是由于天主教传教士招收教徒时不分良莠，包揽诉讼，引起民众愤恨，因此，他主张"将天主一教于今年续修条约时议明教士不准滥收莠民，干预词讼"。[52]但在当时从中国官员到中国民众，能分清新教与天主教教派差异的仍为少数。加之天主教在传教过程中也出版过一些反对新教的宣传书籍，一些新教传教士为与天主教竞争也开始著书，专门阐发新教与天主教的教派差异，表面上是让中国人能够区分两教派，实际上还是欲确立新教的正统地位，而把天主教视为异教，正如英国哲学家大卫·休谟所指出的："因为每个教派都认定惟有自己的信仰和崇拜才合乎神意，同时，也由于人民都认为这统一存在决不会喜欢不同和相反的仪式和信条，所以这几个教派自然会陷入相互的敌视，彼此发泄宗教狂热和仇恨——一切人类的激情中最狂暴、最难平息的激情。"[53]来华新教与天主教传教士没有公开表达出彼此之间强烈的宗教仇恨，但是到了 19 世纪末，在华新教与天主教传教士为争夺正教地位引发了一场相互论辩，这对中国民众对区分在华新教与天主教教派差异有了较清晰的理解和认识。

两教派传教士论辩的缘由

1881 年，中国天主教徒李问渔（李杕，1840～1911）出版《辩惑卮言》澄清天主教的立场[54]，为天主教进行辩护，引发了在华新教与天主教之间的争论。此后，1890 年，英国浸礼会传教士秀耀春（F. Huberty James，1856～1900）出版了《两教合辨》进行回应，着重介绍新教与天主教之间的教派差异，作者写作此书的目的就是旨在通过一系列简短的讨论把两教派的差异之处非常清晰地呈现出来，也进一步明确了新教的立场，"且天主教先我出书而议我，我答之亦理所当然，岂好议人哉，更何敢谬谓彼教中无善人，议其无善心。"[55]《两教合辨》出版后，在华天主教内部也发行了一本《读〈两教合辨〉论》的书，以此展开针锋相对的论辩，"谨按圣经真理，逐条辨明出处，名曰读两

52 《筹办夷务始末·同治朝》（十三），台北文海出版社，第 7040、7044 页。

53 [英]大卫·休谟著：《宗教的自然史》，上海人民出版社，2003 年，第 63 页。

54 李问渔，近代中国著名的天主教神父、学者，著述、翻译、编辑等达 60 余种，为近代西学传播做出了重大的贡献。

55 秀耀春于 1883 年来到山东青州传教，曾任译学馆英文教习。参见中国社会科学院近代史研究所翻译室编：《近代来华外国人名辞典》，北京：中国社会科学出版社，1981 年，第 237 页。

教合辩论，俾两教中详加考核，即知何教为真，何教为假，不难立判，予岂好辩，故言耶稣之教谬哉，诚以爱人心切，不得不然而，切愿耶稣教人，详考古经，玩味再三，与吾天主教共走真路，庶几天堂有望，地狱得免，幸甚，幸甚。"[56]同年美国北长老会传教士倪维思（J. L. Nevius，1829～1893）也出版了《两教辨正》一书以区分在华新教与天主教。[57]《两教辨正》在《两教合辩》和《读〈两教合辩〉论》基础上，将两教派争论内容都囊括进来以更详尽地区分两者。书中明确指出，是在华天主教徒首先引发与在华新教的争论，是他们通过著书来对新教加以反对，"恐耶稣教教友从而生疑，将谓吾教中词穷理屈，且彼教不惟广传其书，并屡有多人四出、专寻耶稣教教友多方迷惑，诚恐无识之教友从而是之、故不得不辩。"[58]

两教派传教士论辩的主题

依据《两教辨正》，来华新教传教士与天主教传教士之间的这次论辩的主题主要有以下三个方面：

第一，对《圣经》所持的态度。《圣经》是新教传教士与天主教传教士共同承认的基督教经典著作，但在《圣经》地位、作用的认识方面以及教徒应如何对待《圣经》的问题上，两教派传教士的认识却不尽相同。秀耀春在《两教合辩》中指出了新教对待《圣经》的态度："吾耶稣教谨遵圣经，以圣经为宝，以圣经为光，必欲人人诵读，朝考夕究，得知真道，特立圣书会，广印分散，务使家喻户晓，心乃获安。"作者同时指出天主教对待《圣经》的态度，"天主教反禁读圣书，谓人随意读圣书，无益有害，必待主教者准读方可，否则不得赦罪，此两教大不同处之一也。"[59]作者对天主教对《圣经》所持态度的描述基本是客观准确的，天主教徒阅读的宗教书籍除了《教义问答手册》之外，其它主要是天主教传教士撰写的传教书籍居多，天主教徒很少直接阅读《圣经》。

针对秀耀春《两教合辩》中的观点，天主教传教士在《读〈两教合辩〉论》中一方面对新教对《圣经》的态度进行批驳，另一方面也为自己对《圣

56 [美]倪维思：《两教辨正》，上海美华书馆民国铅印本，1913 年，第 142 页。

57 倪维思 1854 年来到山东登州传教，从 1871 至 1893 年转到烟台传教。*CR*,Nov. 1893,pp.549-550.

58 [美]倪维思：《两教辨正》，上海美华书馆民国铅印本，1913 年，序。

59 [美]倪维思：《两教辨正》，上海美华书馆民国铅印本，1913 年，第 152 页。

经》的态度进行辩护，"耶稣教既知圣书为宝为光，何不珍之重之，待其人而后与之，为何分散于村夫俗子之手，糊窗贴壁者有之，擦棹拭秽者有之，汝心以为安乎。"[60]天主教传教士批驳的要点在于：新教传教士向中国人广泛发放《圣经》后，大多数人并没有把《圣经》作为宗教读物来拜读，甚至有一些人在得到它后却把《圣经》作为一种免费的生活用纸，这样，新教传教士通过广泛发放《圣经》来开展传教活动就没有获得应有的传教作用和价值。

在《读〈两教合辨〉论》中，天主教传教士这样为自己辩护："天主教并非不准人诵读圣经，必待学问渊深之人，再有小字解说之圣经，方准诵读，因为圣经之道理乃天主默启，内中比喻，甚是奥妙，难以明白。"天主教传教士认为一般教徒在没有权威人士的解释之下是无法明白《圣经》原意的，天主教传教士进一步从《旧约圣经》中寻找依据，"即如大未王，看古经之时，尚且哀求天主，请启我目，详审律例之奥兮。"而且，"跟从耶稣的十二门徒，亦不能尽晓明耶稣的比喻。""试思自古以来，聪明才智，未有过于大卫王者，他看古经，犹得求天主相助，才能明白，即十二门徒，亲聆耶稣的教训，犹不能明白圣经的比喻，况我们平常人，或外教人，从来没见有解说过，忽然就叫他看圣经，岂能明白吗？不但无益，而且有损。"[61]天主教传教士的这种辩护，充分表明了天主教尊重基督教传统、尊重圣徒对《圣经》的解释，由此，与新教的"唯独圣经"的观点形成较为鲜明的分歧。

倪维思在进一步关于《圣经》的论辩中，始终持守这样一种观念：读《圣经》是上帝的命令，无论在《旧约》还是在《新约》中，"旧约命犹太人以圣经训子女"，"耶稣明明吩咐众人诵读"。倪维思还批判了天主教只有学问渊深之人才能读《圣经》的观点，并且提出若不读《圣经》，则教徒学问永远不能渊深。最后倪维思以一个不让其子进水来学习游泳的妇人来比喻天主教，即一个妇人想让其子学习游泳，又担心其被水所溺，因此便等待其能够浮水后再让其进水，但是不进水又如何学会浮水。天主教不让教徒阅读《圣经》，而等待其学问渊深之后才可读《圣经》，与那位妇人是一样的。[62]

天主教传教士对新教随意散发《圣经》的指责并非没有道理。1844年，德国新教传教士郭士立（Karl Friedrich Gutzlaff，1803～1851）在香港组织了

60　[美]倪维思：《两教辨正》，上海美华书馆民国铅印本，1913年，第152页。

61　[美]倪维思：《两教辨正》，上海美华书馆民国铅印本，1913年，第145页。

62　[美]倪维思：《两教辨正》，上海美华书馆民国铅印本，1913年，第145页。

"福汉会"雇佣中国人前往内地散发《圣经》和福音书籍，事实上，新教传教士对雇佣的人和中国人并没有深入的理解，他们所持的是一种急功近利的态度，后来经调查发现，"福汉会"成员多数为无业游民和吸食鸦片者，他们发放的书籍除了只有少部分真正到了附近的居民手中之外，多数都被这些成员出售给杂货铺了。[63]郭士立致力于将《圣经》和福音书籍广泛免费地发放出去、而不是有针对性地将《圣经》和传教书籍发放到真正有需要的人手里，可见，天主教传教士对新教的批评并不是不合宜的。

初入中国的新教传教士并未力图获得对中国人和基督教全面和深入的了解。直至新教传教士免费发放《圣经》三十余年后，新教传教士也意识到了没有针对性广泛免费地发放《圣经》的做法存在一定的问题。1862 年 11 月 28 日，在厦门的一位美国传教士在写给美国圣经会的信中说："我们从以往的经历和观察中发现，大量免费散发圣经或布道传单是一个重大的错误，也是一个极大的浪费。"[64]

第二，圣母与偶像崇拜。圣母与偶像崇拜是新教传教士与天主教传教士争议较大的问题之一，也是新教传教士着力批评天主教的一点。近代来华第一位美国新教传教士裨治文就常常将中国人的偶像崇拜活动与天主教的崇拜仪式等同起来，他这样评价在澳门看到的佛教与天主教的礼仪队列："天主教和中国人的宗教之间的外在区别是如此细微，难怪像马若瑟神父（Father Prémare）这样的人都要说：'世界上其它任何地方的魔鬼，都不曾将正宗教会的神圣风范伪造得如此逼真。'我们在昨天刚刚目睹了它们两者的绝妙比照——两支仪仗队在礼炮的轰鸣中齐驱并行，唯一的区别就是，一队没有武器，而另一队则由全副武装的士兵护送，这就是澳门的偶像崇拜。"[65]

针对新教传教士的批评，中国天主教徒李问渔在《辨惑卮言》中进行了回应，主要从四个方面来展开，一是阐明天主教敬礼的圣像是有分别的："耶稣教中人，又以天主教敬礼圣像为谬，不知敬礼之义，不一而足。有敬有灵者，有敬无灵者，有灵者以其自具尊美而敬之，如敬神与敬人是，无灵者原无尊美可敬，惟以其物，表白所敬之人而郑重之，如今之敬像是，或以其物

63 顾长声：《从马礼逊到司徒雷登——来华新教传教士评传》，第 60 页。

64 顾长声：《圣经在中国的翻译和传播》，[2011-8-19]，www.godoor.net.

65 [美]雷孜智（Michael C. Lazich）著：《千禧年的感召——美国第一位来华新教传教士裨治文传》，尹文涓译，桂林：广西师范大学出版社，2008 年，第 63～65 页。

为圣人之物，而尊崇之，如敬圣人遗骸是。"二是指出了天主教的敬礼圣像与佛教、道教敬礼圣像的区别，"按此意天主教敬礼圣像，非释道二氏之比，二氏所敬，非造物真主，又非造物主宠爱之人。礼非所礼，其意已妄。若天主教敬圣像则不然。明知神不附像，惟敬像以敬其所像之人。"三是从《旧约圣经》中寻找依据，"昔天主谕梅瑟铸铜蛇一座，使人民之被蛇噬者，遥望之而遽痊。此蛇乃耶稣十字架之像，天主不惟不禁。且令人铸像以愈疾也。古者犹太人有结约柜。乃天主临格之像。一日约苏亚拜伏柜前，直至日暮。然则古贤亦曾敬像，何以今人敬之，便乖正旨。"四是反驳了新教传教士批评的十诫中的禁止偶像崇拜，"或曰敬像乃天主十诫所禁。断断不可违犯。曰否，十诫所禁。乃敬邪神之像，非敬真主之像，细阅经文，其理自明，勿误会经旨可也。"[66]从以上叙述可以看出，天主教认为崇拜偶像与《圣经》不仅是不相悖的，而且是遵循《旧约》中先贤的榜样，新教传教士对圣母与偶像崇拜的认识是存在误解的。

新教是不拜偶像的，新教教堂中也没有塑像画像，诚如秀耀春指出的，"吾耶稣教谨遵圣经，礼拜堂中，只设桌凳，不拜塑像画像，惟望空敬礼，独一上帝而已。"我们来看看秀耀春对天主教偶像崇拜的观点，"天主教反谓偶像可拜，天主堂中，设有耶稣像，手足钉痕血迹宛然，亦以马利亚为圣母，并设马利亚像，使徒像，亦拜十字架，以记耶稣之苦，彼亦自知违犯上帝诫，故删第二诫，复将第十诫分为两诫，以足其数，今有彼教所著之天主圣教十诫真诠为证，此两教大不同处之二也。"[67]也就是说，在秀耀春看来，天主教是明知其崇拜偶像的行为和做法违犯十条诫命还对自己加以辩解。

接下来天主教传教士继续从《圣经》中寻找依据来为自己辩护，与李问渔不同的是，天主教传教士在《读〈两教合辨〉论》中从耶稣自身来为偶像崇拜找依据，认为耶稣的形象是耶稣自己在《圣经》中启示的，"若不画而敬拜，天主岂不多此一事乎？"除拜耶稣外，天主教还主张拜圣母马利亚和圣人，认为马利亚是天主早就拣选好的，如果只拜耶稣不拜马利亚，会伤耶稣的心，况且天使还敬拜马利亚，因此，天主教徒应当敬拜马利亚。关于圣人崇拜，天主教认为主要是圣人是天主拣选的，已经升了天堂，可以为后人祈祷。[68]

66　李问渔：《辨惑卮言》，清光绪十年（1884 年）上海慈母堂重印，第 14～15 页。

67　[美]倪维思：《两教辨正》，第 145～146，146～147 页。

68　[美]倪维思：《两教辨正》，第 145～147 页。

倪维思仍从《圣经》出发，对天主教的拜偶像之说进行了反驳。倪氏首先指出，拜偶像是《圣经》最严厉禁止的行为，真神、假神、已故圣人之像都包括在内，都是不能敬拜的；其次，倪氏明确指出，《圣经》中既无拜马利亚之训，也无拜马利亚之事，因此，不拜马利亚不会伤耶稣的心，反而拜马利亚会伤耶稣的心，以偶像来拜马利亚则更伤耶稣的心。最后，倪氏谈到了圣人崇拜，认为可以托活人代求，不可托死人代求，只有耶稣基督是神人之间唯一的中保，《圣经》上记载耶稣的话，"赖我名，无论向天父何求，神必应允。"[69]

第三，教皇的地位与作用。新教与天主教在关于教皇的看法上存在根本性分歧，天主教实行集权制、教阶制与任命制。神职人员按教阶成为三级：即教皇、主教、司铎。[70]教皇被认为是罗马教廷即（梵蒂冈）的最高领袖，握有天主教会的最高立法、司法、行政权，统率全世界的天主教会。而新教多数教派实行选举制，教派各自独立，并无类似教皇的最高领袖。[71]所以两教派之间关于教皇的争辩也在所难免。对于这一主题，天主教传教士追溯历史，以证明教皇制度是有《圣经》依据的。天主教传教士的依据就是《新约圣经》中耶稣对彼得说的话："你是彼得（即磐石之意），我要立我教会在磐石上，阴间的权柄不能胜他，我把天国的钥匙给你，开关天门，使人由门而入，凡人不信你所传之道，你以为不得救者，是你系于地，在天也系之，凡人信你所传之道，你以为得救者，是你所释于地者，在天亦释之。"天主教传教士也从《教理问答》中找依据，"按吾教理问答，教王之权，是从耶稣亲自吩咐下来的，耶稣传于彼得，彼得又将此权传到于今的教皇，共有二百五十九位，个个俱有年代名号所考。"[72]这里，天主教传教士明确提出两点：第一，彼得是耶稣所亲立的教会之首，是第一位罗马教皇；第二，此后一代一代继承下来，直到现在共有200多位教皇。

秀耀春在《两教合辨》中对此进行了批驳。他指出，天主教将彼得视为教会之基是对《圣经》的谬解，认为耶稣才是教会之首，即"耶稣为上帝子，

---

69 [美]倪维思：《两教辨正》，第145～147页。

70 关于罗马教廷的最高领袖，天主教一般称为"教宗"，新教一般称为"教皇"，这里沿用新教的称呼，一律称为"教皇"。

71 于可：《基督新教与天主教的关系及其区别》，《历史教学》，1982年第7期，第34～37页。

72 [美]倪维思：《两教辨正》，第149页。

为基督，为盘石，为教会之首，超越万类。"倪维思还从《圣经》中耶稣对彼得的教训、教皇制度的发展历程、教皇世俗管辖权等几个方面对天主教展开具体批驳，全面驳难天主教教皇制度的基本要理。[73]此外，新教传教士还从婚姻及茹荤等事、教会礼仪如圣餐礼、洗礼、教会传统等几个方面与天主教展开争辩。

两教派传教士论辩的特点与影响

《两教辨正》作为来华新教传教士与天主教传教士在 100 余年共存期间的一次直接的、全面的、比较深入的对话，为两教派教徒辨清两教派历史渊源和两教派在教义上的差异起到了重要作用，作为同一宗教不同教派之间相互交流的一个历史个案，它具有以下一些特点：

第一，来华新教与天主教之间护教性论辩的产生不是偶然的，而是具有必然性。自宗教改革以来，新教与天主教在欧洲展开了激烈的斗争，来华后新教与天主教仍互不宽容，来华天主教视新教为异端，出书反对新教，不准中国天主教徒阅读新教著作。新教由于比天主教入华晚 200 余年，早期新教传教士要参考借鉴天主教 200 余年所积累的宗教资源，他们以小心谨慎的态度对待天主教传教士，尽力避免争论教义。如 1869 年当英国驻华公使阿礼国批评在华英国新教传教士与天主教传教士之间互相争论时，英国新教传教士还为自己辩护："基督教传教士和天主教传教士之间并无这种争论。"[74]但随着新教逐步在中国内地站稳脚跟，新教与天主教在全国范围内广泛接触，双方的差异和摩擦日益凸显，以及天主教反对新教著作在中国新教徒中的广泛流传，如李问渔的《辩惑卮言》初版三年后即再版，这些都使得有些新教徒改信天主教。综上所述，来华新教与天主教传教士之间的论辩也是双方互相批评、回应及争夺教徒的结果，具有一定的必然性。1890 年《教务杂志》关于《两教辨正》的评论也指出："中国人必定对宣称带来和平与友好的基督教内部的不一致感到困惑，但是我们认为这种冲突是不可避免的。"[75]

---

73 [美]倪维思：《两教辨正》，第 149 页。

74 这里的基督教指的是基督新教。中国第一历史档案馆，福建师范大学历史系合编，《清末教案》（第六册），北京：中华书局，2006 年，第 151～167 页。

75 "Our Book Table," *CR*, Vol. 21(May 1890), pp.236-237.

第二，来华新教和天主教传教士都以《圣经》为依据来展开针锋相对的争论。如秀耀春在《两教合辨》中一再声称"耶稣教仅遵圣经，不敢增亦不敢减"。[76]这也与新教的主要原则之一"惟独圣经"（圣经高过所有基督教信仰和习俗的权威）一致。[77]天主教虽不以《圣经》为惟一的权威，但在与新教论辩时也常常引用《圣经》的话，在天主教看来，《圣经》与教皇的决定、命令同样都是权威。

第三，来华新教与天主教之间的论辩护教色彩浓重，双方互持排斥的立场。基督教在对待其它宗教的态度上长期以来坚持排他范式，即只有基督教是惟一的"真宗教"，持有非基督教信仰的人则不可能得到拯救。[78]基督教内部天主教与新教之间也长期互相排斥，都认为只有自己这一基督教教派才能有拯救。文字上的争论与交锋只是来华新教与天主教之间的传教与护教行为，都试图通过贬低对方的信仰证明对方是伪教而自己是真实唯一的真教，缺乏通过对话来了解和理解对方，和其本应具有的冷静、宽容、客观的心态。

清末新教与天主教之间的这次论辩也对基督教在华传教事业产生一定的影响。论辩一方面将会增进中国新教徒与天主教徒对新教与天主教差异具体深入的认识与了解。1890年5月《教务杂志》的书评指出，《两教辨正》出版后，中国新教徒怀着极大的兴趣阅读了此书，作者相信这本书也能使新教徒坚定信仰，不至于受天主教迷惑而改信天主教。[79]1891年4月《教务杂志》的又一篇书评也指出，《两教辨正》将新教与天主教之间的基本差异都揭示出来了，中国新教徒对于书中所讨论的问题应该有准确的理解。[80]《两教辨正》也使中国人对新教与天主教有了更明确的区分。晚清中国人并没有区分天主教和新教的自主意识，在中国人观念中，天主教在19世纪中期前涵盖整个基督教，[81]19世纪70年代，只有部分清朝官员能够分清两教派的基本差异，如山西巡抚曾国荃曾说："两派相互仇视得厉害，往往会相互拆台，因而中国政

76 [美]倪维思：《两教辨正》序，第143页。

77 [美]奥尔森（Roger Olson）著：《基督教神学思想史》，吴瑞诚、徐成德译，北京大学出版社，2004年，第400页。

78 王志成：《从排他范式到后现代范式：以基督教和其它宗教的关系为例》，《浙江学刊》，2006年第1期，第24~30页。

79 "Our Book Table," CR, Vol. 21(May 1890), pp.236-237.

80 "Our Book Table," CR, Vol. 22(Apr 1891), pp.182-183.

81 章可：《概念史视野中的晚清天主教与新教》，《历史研究》，2011年第4期，第73~87页。

府可以利用它们之间的矛盾，不必对双方都采取进攻性政策。"[82]到了19世纪90年代，越来越多的官员对两教派的差异有了清晰的了解和认识。广东道监察御史陈其璋在办理教案十条章程中称："西教之行于中国，分天主、耶稣两门。……入教之民，良莠不齐，往往因此滋事。查西人传教，无非劝善。但入教之华民，大率中国败类。"[83]恭亲王奕𫍽也于1896年认识到："西洋传教，向无总教士名目，惟罗马教王可与有约之国专派教使，凡天主教民，悉归管辖。至耶稣教则英美两国为多，久与天主教分门别户，外洋有新教、旧教之称，其实异流同源，教规各立而已。"[84]清朝官员有这样的认识与两教派之间有意彼此区分是分不开的。

另一方面，两教派之间的护教论辩也使天主教的立场更为保守，在其传教过程中，天主教批评新教并对自身加以辩护始终未变。如1898年法国耶稣会传教士柯德烈在《耶稣真教》的序中这样批评新教，"耶稣之真教惟一耳，有非耶稣之真教，而冒真教之名者。近数十年中国所传之耶稣教是也。……其教自绝于教宗，无元首统摄，散漫无纪。所传之道，言人人殊，圣事七绩，擅去过半。绝非耶稣所立至一、至圣、圣公。……近又著出数种小书。诋毁我教。如两教合辨、两教辨正、公会大纲等名目，肆口讥评，多捕光掠影之谈，且又自相矛盾，诸多不符，引证圣经，亦多不实。"[85]这种态度在天主教的机关刊物《汇报》中也有体现，1900年《西学答问》一文即认为"耶稣教其实非耶稣之教"，他们批评耶稣教"犹师长之训逆徒，非恶其人惟辟其妄耳"。[86]1907年，中国天主教徒张雅各布伯在《邪正理考》中也批评新教为异教，并声称，"但凡离开天主教的，无论是裂教，是异教，都是起首兴旺，越往后，越衰败。……过几十年，或几百年，就要消灭。同天主教，正相反。这个希腊教，同了耶稣教，早就衰败上了，近年来，这两教的人，奉天主教的，实在多的利害。大约不久，这些离开天主的教，都要消灭。"[87]1922年，天主教

82 [英]李提摩太著：《亲历晚清四十五年——李提摩太在华回忆录》，第108页。

83 中国第一历史档案馆、福建师范大学历史系合编：《清末教案》（第二册），第630～631页。

84 中国第一历史档案馆、福建师范大学历史系合编：《清末教案》（第二册），第640页。

85 [法]柯德烈著：《耶稣真教》序，河北献县天主堂清光绪二十四年（1898）初版。

86 《西学答问》，《汇报》第160号，1900年3月17日。

87 张雅各布伯：《邪正理考》，上海土山湾印书馆民国铅印本，1907年，第93～100页。

的《驳耶稣教》一书序中称，"耶稣教原名誓反教（誓反天主真教），又名辩驳教（妄辩天主真教）。在中国其盗名为耶稣教者，欲与天主教为鱼目混珠也。故我中华同胞，有志研究宗教者，被其邪说，反入迷途，及至觉悟，受害已深。良可慨焉。"[88]

在华天主教承袭两教派在欧洲宗教改革之后的门户之见，视新教为异端，拒绝与他们往来。1877 年山西发生灾荒时，尽管英国浸礼会传教士李提摩太募集到了资金，当地的天主教会也不愿与他合作赈灾。天主教还专门印发《应对新教教徒的方法与捷径》一书，指导天主教传教士正确处理与新教及新教传教士的关系[89]，从中我们不难看出在华天主教对新教存在成见、敌意、嫉恨等，将新教视为潜在的敌人和对手，这也是不足为奇的，这种情况在中国天主教徒的著作中也有体现。

晚清来华的新教与天主教之间的相互批评攻击，加上晚清知识分子对基督教分派的批评，使基督教在一般社会大众中的声誉不断恶化。[90]诚如吕实强所指出的，"新旧教士等之间相互之批评攻击，虽为数不多，但以其为教士或教会有关之人，其影响视听至大，可以相见。"[91]

晚清时期中国人反对基督教的一个主要理由就是两教派传教士之间的互相争论，他们认为，虽然新教徒与天主教徒信奉的都是耶稣，但是基督教又分为天主教和新教，而且两教派之间相互谩骂。英国驻华公使阿礼国也指出两教派传教士之间的严重分歧无益于基督教在中国的广泛传播，而只会给中国人带来信仰上的混乱。由于中国人在宗教思想方面一向具有包容性和灵活性，新教与天主教传教士之间的相互争论就引起了中国人的反感。因此，尽管两教派之间教义上的分歧客观存在，但为了维护基督教的声誉，新教传教士主观上有与天主教传教士和平相处的愿望，即把各自神学思想的差异先搁置起来，尽量避免与天主教传教士之间展开教义上的争论，以中国人作为共同的传教对象，在传教过程中实现和平共存。

---

88 [法]陆地爱著：《驳耶稣教》，陈若望译，上海土山湾印书馆，1922 年，第 1 页。

89 [英]李提摩太著：《亲历晚清四十五年——李提摩太在华回忆录》，李宪堂、侯林莉译，天津：天津人民出版社，2005 年，第 183 页。

90 吕实强：《近代中国知识分子反基督教问题论文集》，桂林：广西师范大学出版社，2011 年，第 68～69 页。

91 吕实强：《近代中国知识分子反基督教问题论文集》，第 9 页，注释。

第四节　从分歧走向共识：在华两教派传教士与太平天国运动

太平天国运动持续时间长达 14 年（1851～1864），活动范围几乎遍及各个省份，清政府付出了沉重的代价之后才将之镇压。由于具有浓厚的宗教色彩并带有打破一切偶像的行为，太平天国运动引起了新教传教士与天主教传教士的谨慎关注。太平天国运动对在华两教派传教事业的影响是不尽相同的，因此两教派传教士对太平天国运动的回应态度也是不一样的，天主教传教士始终对太平天国运动持反对态度，而新教传教士对太平天国运动的态度经历了从起初的赞扬、支持转向最终的反对这样一个变化的过程。

太平天国运动对基督教在华传教事业的影响

太平天国运动对天主教在华传教事业产生了重大影响，这种影响主要体现在两个方面：第一，清政府将太平天国运动的拜上帝会视为天主教的一个分支而增大了对天主教会的防范。美国学者赖利指出，在太平天国运动时期，清政府"不仅把天主教（以及基督新教）当作是维持当时政治局面的一种威胁，而且是对整个儒家思想传统和清朝皇朝统治的威胁。"更进一步地，当清政府"试图寻求太平天国的宗教信仰之思想根源时，清朝政府的纪录者把这些'匪徒'和天主教联系在一起。"[92]由于天主教徒和太平天国都信仰上帝，因此清政府主要担心天主教徒会和太平军勾结起来，从而加入太平天国反叛清政府的行列。第二，太平军在所到之处对天主教在华传教事业造成了破坏，主要是破坏圣像、杀害天主教徒等，使在华天主教的传教事业受到了一定程度的损害。由于天主教的传教活动并未局限于几个通商口岸，而是深入中国内地各个省份，在一些地方，太平军非常友好地对待天主教传教士和天主教徒，但在多数地方，太平军对天主教传教士和天主教徒缺乏尊重。比如在江南，一些天主教徒遭到毒打，另一些被太平军杀害，南京、扬州、镇江和杭州的天主教徒经历了巨大的磨难。从 1860 至 1864 年，还有几名天主教传教士被杀害。如 1860 年，天主教蔡家湾孤儿院的耶稣会传教士马理师（Louis Massa）被太平军杀害，孤儿中也有的被杀害，有的被俘房，蔡家湾孤儿院则完全被毁灭，一部分脱险的孤儿被天主教传教士带到董家渡，孤儿院也因此

---

92 [美]托马斯·H·赖利著:《上帝与皇帝之争——太平天国的宗教与政治》，第151页。

迁到董家渡。[93]1862 年，天主教传教士费都尔（Vuillaume）也被太平军杀害。[94]再加上清军与太平军作战对天主教教堂的破坏，太平天国运动期间，天主教在华传教事业遭到了种种困难和阻碍，受到了一定的破坏。[95]

太平天国运动对在华新教传教活动的影响不如其对天主教的影响大。此时新教在华传教范围还是以通商口岸为主，据报道，截至 1858 年底，在华新教传教士还只有 81 人，多数集中于通商口岸。[96]因此，太平天国运动对新教传教活动的干扰很少，对新教传教活动的直接影响并不大，只是在 1860 和 1861 年，太平军攻占镇江和宁波时，新教传教士受到了一些影响。[97]

两教派传教士对太平天国运动的态度与反应

基于太平天国运动对两教派传教活动的不同影响，两教派传教士对于太平天国运动的态度与反应也是不一样的。多数天主教徒对于太平天国运动表示不满，他们认为这场运动毁坏了天主教的圣母像。至于清政府官员把天主教徒视为太平军同谋的观点也使天主教传教士感到极度惊讶，于是他们就向罗马教廷和法国政府都反映了这种情况，[98]此后，这种做法对法国政府帮助清政府镇压太平天国运动也起到了一定作用。[99]

新教传教士对太平天国运动的看法则经历了一个变化的过程，最初当太平天国运动爆发时，多数新教传教士对这场运动表示支持和赞扬，因为洪秀全“时常劝人必须毁掉孔子牌位和一切泥塑偶像，专门拜一位上帝”[100]，这与新教传教士反对偶像崇拜的观点是一致的。太平军除了向人们分送他们自己所编著的传道书籍之外，又不断印发《新约圣经》。所以，当时英国新教教会对于太平天国运动寄予不少期望，以为这可以使中国人趋向基督教真理，英国圣书公会在五十周年纪念时，还专门筹募款项，用来印发中文《圣经》

---

93 [法]史式徽著：《江南传教史》（第二卷），上海译文出版社，1983 年，第 23～25 页。

94 [法]史式徽著：《江南传教史》（第二卷），第 53～54 页。

95 [美]赖德烈著：《基督教在华传教史》，第 256～257 页。

96 [美]费正清、刘广京编：《剑桥中国晚清史（1800～1911 年）》，第 592 页。

97 [美]赖德烈著：《基督教在华传教史》，第 256～257 页。

98 [美]托马斯·H·赖利著：《上帝与皇帝之争——太平天国的宗教与政治》，第 154 页。

99 王治心：《中国基督教史纲》，第 156 页。

100 王治心：《中国基督教史纲》，第 147 页。

以响应太平天国运动对基督教的传播。[101]于是，当太平天国定都天京（今南京）后，不少新教传教士便频繁在太平天国地区活动，如新教传教士裨治文、丁韪良、倪维思等都陆续访问过天京。1860 年 10 月 13 日美国传教士罗孝全到达北京，被天王封为义爵，任命为天国外务大臣。他在太平天国一直活动到 1862 年 1 月 20 日。[102]1860 年 7 月上旬，华尔正为进攻松江而备战时，有艘小船离开上海前往内陆，船上载了五名英国与美国传教士。……这些传教士认为太平军是在替上帝行道，前往苏州的几个月前，艾约瑟写道："先知说过，'我必震动万国'，而在中国，改变的时代已然开始，无数人正为了全国人最终的利益，承受现在的苦难。"[103]

这一行人的另一个成员是威尔士籍公理会传教士杨格非（Griffith John），杨格非描写庙里木雕神像的"鼻子、下巴和手被砍掉，司空见惯"，"这些建筑里散落一地任人宰割的神祇遗骸，有佛教跟道教的，有男的有女的。有些神像被丢进运河里，与遭洗劫的望到残骸和人的遗体一起在河上载浮载沉，往下游漂去"。令杨格非感到欣慰的是太平天国反对偶像崇拜，法国天主教徒将极不乐见这样的发展。[104]

随着新教传教士对太平天国运动有关情况了解的增多，新教传教士对太平天国运动的态度也发生了变化，从最初的支持、赞扬转向反对、攻击，变化的原因就是新教与太平天国在宗教问题上存在分歧。洪秀全对基督教的认识基本上限于早期中国新教徒的宗教著作和两个多月美国新教传教士的传教，于是，洪秀全对基督教的理解难免不够准确和深入，这样，新教传教士与太平天国对基督教的看法之间就发生了严重的分歧。比如关于"三位一体"，新教传教士坚持"上帝—耶稣—圣灵"是三位一体，洪秀全认为"天父天母及其兄耶稣"是三位一体。[105] 对于太平军为融合基督教与中国传统文化所做

---

101 王治心：《中国基督教史纲》，第 155～156，147 页。

102 杨大春：《略论太平天国运动对清政府教会政策的两种影响》，《安徽史学》，1999 年第 3 期，第 55～58 页。

103 [美]裴士锋著：《天国之秋》，黄中宪译，北京：社会科学文献出版社，2014 年，第 85～87 页。

104 [美]裴士锋著：《天国之秋》，黄中宪译，北京：社会科学文献出版社，2014 年，第 85～87 页。

105 何大进：《美国传教士与太平天国运动》，《广州师院学报》，1998 年第 8 期，第 53～57 页。

的努力，新教传教士也并不赞赏。有些新教传教士认为太平天国的宗教仪式中加入了许多中国固有仪式的做法是对基督教的背叛，结果一些新教传教士也向各自本国政府报告，支持本国政府帮助清政府攻打太平天国运动。[106]

1862 年 2 月 21 日，华尔与英法部队的联合作战首度小规模展开。对于初次的小冲突，上海的西方人有喜有忧。当洪仁玕精神失常的消息传来后，传教士不再对太平天国治下基督教中国的诞生寄予厚望。幻灭之后，他们感到愤慨，有些传教士更因为先前寄望之深，而在失望后由爱生恨，痛恨叛军。在 3 月 17 日的私人信件中，上海的英国国教会主教表达了对舰队司令何伯出击的完全肯定，说他甚至希望何伯不只是保卫上海。"据说当局只想接到卜鲁斯要他们将（叛军）赶出这省内全部有城墙环绕之城镇的命令。"他写信告诉美籍传教士卫三畏："其实我希望他们不只攻击南京。该动手将乡下这些怪物肃清了。"[107]

总体而论，太平天国运动对基督教在华传教活动产生的影响是长久的。1861 年 3 月 11 日，总理衙门在一份奏折中报告"查英夷所奉，系耶稣教，与法夷所奉天主教，虽属相似而历询各夷酋，则称微有不同。其金陵所奉之教，与英夷相同。臣文祥曾记上年六月间，有夷人赴金陵传教之事"。因此，总理衙门决定"于接见威妥玛时，旁敲侧击，杜共勾结之念。"……可见，太平天国战争已使得清政府不仅增加了对天主教的猜疑和防范，而且对新教也是如此。[108]"太平天国定都天京后，外国教士和英、法、美等国公使接连访问太平天国首都天京，以了解太平天国的真相，确定对策，但清政府却认为是双方勾结，更加憎恨基督教，加大了限教的力度。"[109]由于太平军受到清政府官员和民众的憎恨在一定程度上也临到了基督教，"尽管传教士们努力地要去除他们和太平天国之间的联系，他们却不能够把太平宗教和基督教在教义上的相似性抹去。"美国学者赖利因此指出，"天主教和太平天国运动之间相联系的印象，

---

106 [美]托马斯·H·赖利著:《上帝与皇帝之争——太平天国的宗教与政治》，第 168～169 页。

107 [美]裴士锋著:《天国之秋》，黄中宪译，北京：社会科学文献出版社，2014 年，第 295～296 页。

108 杨大春:《略论太平天国运动对清政府教会政策的两种影响》，《安徽史学》，1999 年第 3 期，第 55～58 页。

109 赵树好:《太平天国时期清政府基督教政策新探》，《历史档案》，2008 年第 4 期，第 47～52 页。

仍然影响着清朝官员对天主教和基督新教传教活动的看法。"[110]直到1880年，天津还有一位参与镇压太平天国运动的官员因太平天国运动的关系而对基督教持敌视态度。李提摩太也觉察到，"在叛乱（指太平天国运动）被镇压的约半个世纪之后，基督教依然由于历史遗留的恶意受到磨难，有些省份和城市可能存在着强烈的排外情绪和反基督教情绪，比如湖南和长沙。"[111]两教派传教士对太平天国运动的态度由分歧走向共识，反映出最终他们对天平天国的宗教的看法是一致的，这也体现出当基督教教义面临共同的挑战时，新教传教士与天主教传教士尽管没有协商，但他们对此的认识和采取的做法最终还是趋于相同。

第五节　在华新教传教士在天津教案中对天主教的态度与立场

在近代中国基督教史上的民教冲突中，1870年爆发的天津教案具有典型意义，有西方学者这样认为："半个世纪的种族嫌恶；十年来民族怨恨；反基督教情绪的滋长；部分的基于宗教偏见，部分的基于迷信，部分的基于轻信谣言；所有这些达到了一个共同的焦点，并且这种上长着的纷扰于三小时内杀人、放火和抢劫中达到极点。"[112]现将天津教案作一细致梳理，从中我们可以看到新教传教士对天津教案及天主教的客观态度。

天津教案发生的原因

早在第二次鸦片战争期间，天津就被英、法军队两次占领，第二次鸦片战争之后，中国与英、法等国签订的《天津条约》、《北京条约》规定天津为通商口岸。这项规定对中国沿海商民的日常生计带来了巨大的冲击，正如时任天津知府的张光藻所说的："天津自通商以后，百货皆用外国轮船装载，本地富户海船失业，穷民游手多矣。"[113]《天津条约》、《北京条约》对基督教在华传教事业也产生了重要影响，这些条约规定外国传教士可以在中国内地自由传教，天主教在华势力逐步扩大，法国教会势力在天津发展迅速，天津最

---

110 [美]托马斯·H·赖利著：《上帝与皇帝之争——太平天国的宗教与政治》，第171，165页。

111 [美]赖德烈著：《基督教在华传教史》，第257～259页。

112 [美]马士著：《中华帝国对外关系史》第2卷，1958年，第270页。

113 戚其章、王如绘编：《晚清教案纪事》，北京：东方出版社，1990年，第103页。

繁华之地都被法国领事馆和法国教会所占据，如法军"在中国人视为具有皇宫和庙宇意义上庙宇原址上，建立了罗马天主教大教堂。"[114]加之部分天主教徒的不法行为，由此，天主教与天津民众的矛盾日益增多，这是天津教案发生的原因之一。有些新教传教士也注意到了这一点，一位美国传教士曾这样评价天津的天主教徒："在法国政府的鼓励之下，天主教徒们的确形成了'国中之国'，漠视当地的法律和习俗，压制不信教的邻人，践踏中国的法度。每遇教徒与非教徒发生争执，不论问题的性质如何，神父立即参与。如果他不能胁迫官吏使教徒胜诉，他便以被迫害者之一的身份出现，诉之于法国领事"。[115]这些评价可以说大致反映出了当时天津天主教的实际状况。

天津教案发生的另一个原因与当时的"迷拐"、"折割"传闻有关。天主教会常把兴办育婴堂作为发展传教事业的一种手段，天津天主教也开办仁慈堂收养婴孩，1870年6月，由于气候炎热传染病流行，天主教的仁慈堂儿童死亡率高，民间流传"迷拐"、"折割"的传闻此时为更多的老百姓所相信。[116]此时发生的武兰珍迷拐案将迷拐的指使者引向天津的天主教堂，武兰珍诱拐一名儿童被送到官府，武兰珍的口供中又牵连到了一名天主教徒及望海楼天主堂。于是民众反天主教情绪高涨，民众包围了望海楼天主堂，法国驻天津领事丰大业（H.V.Fontanier）要求三口通商大臣崇厚派兵弹压群众，因崇厚仅派去几名官兵，丰大业怒火高涨，捣毁衙门器物，出衙门后路遇天津知县刘杰，开枪打死刘杰随从，民众在愤怒中当场将领事及其秘书击毙，并沿途焚烧法国领事馆、教堂、育婴堂等，4座英、美新教教堂也被捣毁，共约40名天主教传教士、修女及中国天主教徒被杀害。这就是中国近代史上震惊中外的天津教案。[117]，在西方人的笔下，便是"空前的大屠杀"。而就国籍论，这二十个人分属法国、俄国、比利时、意大利、英国，其间既有天主教，又有新教，还有东正教。[118]

114　[美]马士、宓亨利著：《远东国际关系史》第1册，第268页，北京：商务印书馆，1963年。

115　戚其章、王如绘编：《晚清教案纪事》，北京：东方出版社，1990年，第105页。

116　所谓"迷拐"，指的是用"迷药"甚至"妖术"拐人，"折割"常常与"采生"相称，指"取生人耳目脏腑之类，而折割其肢体也"。董丛林：《"迷拐"、"折割"传闻与天津教案》，《近代史研究》，2003年第2期，第204~226页。

117　戚其章、王如绘编：《晚清教案纪事》，第103~110页。

118　杨国强：《中西交冲：19世纪后期的传教和教案》，《华东师范大学学报》（哲学社会科学版），2009年第4期，第19~29页。

在清政府办结天津教案后，为消除天津教案给中法外交关系可能带来的负面影响，派崇厚专程带照会出使法国，照会主要内容如下：

> 本大臣以此案变起仓猝，贵国官民，惨罹此害，深为可悯。中国与贵国交好多年，不意民间出此意外之事，深为扼腕。……所有缉凶抵罪一节，中国现已认真办理，使无枉纵。其修葺教堂，赔偿遗失物件，共计银二十一万两，经罗大臣照会本衙门照办在案。被害各官商男妇及修女等，我大皇帝深知悯恻，酌发抚恤银二十五万两。……本案既经办结，仍当防患将来。……现此案业就清结，兹崇大臣遵奉大皇帝特旨，亲赍国书前往贵国，用昭久远和好之美意。[119]

曾国藩在办理天津教案时对天主教这样评价：

> 盖杀孩坏尸、采生配药、野番凶恶之族尚不肯为，英、法各国乃著名大邦，岂肯为此残忍之行，以理决之，必无是事。天主堂本系劝人为善，圣祖仁皇帝时久经允行，倘残害民生若是之惨，岂能容于康熙之世。即仁慈堂之设，其初意亦与育婴养济院略同，专以收恤穷民为主，每年所费银两甚巨。彼以仁慈为名，而反受残酷之谤，宜洋人之怏怏不平也。[120]

于是，曾国藩建言：

> 惟仰恳皇上明降谕旨，通饬各省，俾知从前檄文揭贴所称教民挖眼剖心、戕害民生之说，尽属虚诬。布告天下，咸使闻之，一以雪洋人之冤，一以解士民之惑。[121]

19 世纪末，中国社会各阶层对基督教的排斥表现尤为严重，反对基督教的情绪也在高涨漫延，在这种社会背景下，曾国藩能够对天津教案中天主教作出客观的评价是承受一定社会压力的，回看历史，当时曾国藩能够做出这样的公允的处理实在是难能可贵的。

新教传教士对天主教传教士在天津教案中遭遇的态度

天津教案发生后，一些新教传教士对天主教的态度与曾国藩的奏章是相类似的，对天主教传教士的遭遇表示出了怜惜与同情，并向天主教传教士表

119　《筹办夷务始末》（同治朝），第 78 卷，第 3～7 页。
120　[清]魏家骅编：《教务纪略·卷四·成案》，山东印书局，清光绪二十九年，第 3 页。
121　[清]魏家骅编：《教务纪略·卷四·成案》，第 4 页。

示慰问。具体表现为：1870 年 7 月 5 日，上海的新教传教士给洋泾浜的天主教苏念澄神父等写了慰问信，信上保证"在目前情况下致以最深切和诚挚的同情"。他们还引证耶稣基督的话来安慰天主教传教士，'他许给我们与我们同在直至世界终穷'，……'殉道致命者的血是新教友的种子'。新教传教士最后在信中祝愿说："我们祈祷，我们痛哭的事件能得到全部的补偿；在将来，中华帝国终将得到宣传宗教的可靠保障，"信上签名者共十二人。7 月 6 日，苏念澄神父等几位天主教传教士联合写了一封回信，对他们给予的同情表示深切感谢。7 月 8 日，在洋泾浜圣若瑟堂为天津教案中牺牲者举行的大追思礼仪中，英、俄、德、意、西、葡、中、法等国人士、天主教与新教教徒聚集在一起，为天津教案中的逝者进行祈祷，之后，新教传教士还参加了葬礼。[122]

在天津教案中，一些新教传教士站在天主教的立场上，认为天津教案是中国民众反对所有外国人的一种表现。新教传教士 A.M.P 在分析天津教案的原因时，否认了有些人认为的中国人的敌意只是针对天主教，他认为，在大量的证据表明，所有的外国人都注定要遭到攻击，因为中国人在袭击了天主教会的医院后，就决定要去外国人的居住地和商行进行破坏活动。[123]美国新教公理会传教士山嘉利（Charles A. Stanley，1835～1910）也认为，中国人在天津教案中不仅反对在法国保护之下的天主教，也反对所有外国人。他进一步指出了新教在天津教案中受到的攻击。有 8 个英美新教小教堂也不加选择地被破坏，新教徒和天主教徒一样蒙受了重大损失，尽管他们向民众申明他们不是天主教徒，但是只得到了"我们（对新教徒与天主教徒）不作区分"的答复，因此，新教徒的房子也被推倒，财产也被抢夺。[124]

但是，与此同时，一些新教传教士对于天津教案发生的起因也持有另外的意见，一些美国新教传教士认为法国领事也有责任：

> 如果领事诚意地会同地方当局和一些士绅到育婴堂去作一详细的调查……在 19 日那天就可以防止这次暴乱。[125]

事发时法国领事丰大业未冷静处理，向民众野蛮开枪，激起了民众的愤怒，事后，他也没对他这种具有挑衅性行为自责与道歉，而是向清政府施加

---

122 [法]史式徽著：《江南传教史》（第一卷），第 187～188 页。
123 A.M.P, "The Massacre At Tientsin," *CR*, Vol.2(Nov 1870), p.151.
124 C. A. Stanley, "The Tientsin Massacre," *CR*, Vol.3(Jan 1871), p.211.
125 [美]卫三畏著：《中国总论》，第 701～702 页，注释 1。

压力进行军事威胁。事实上法国政府对天主教传教士进行过多的保护，反而给天主教在华传教事业带来了不利的影响。在这个问题上新教与天主教的做法是不一样的，尽管大多数新教传教士也都处于英国和美国政府的庇护之下，但是美、英政府与法国政府对传教士的政策不一样，"美、英政府从来没有将传教士们作为其扩大在华影响的工具之一而加以支持。"事实上，美、英政府的代表常常建议新教传教士们谨慎自己的传教活动，不支持新教传教士们拥有其所要求的特权，英美政府只是因为新教传教士是他们国家的公民才给予新教传教士以支持，他们并不因新教传教士从事的传教工作而支持传教士。[126]由此也不难理解，新教传教士多次向英美政府的代表要求更多的传教权利时常常得不到他们的支持，这也是近代新教所涉及的民教冲突要远远少于天主教的一个重要原因。

这一历史时期，天主教与新教传教士在《北京条约》为传教活动所提供的合法前提之下都大规模开展传教活动。新教对天主教经过进一步的深入认识与了解之后，新教传教士对天主教传教士的传教活动既有批评、指责、论辩，也有认同、赞扬。对与基督教有较大联系的太平天国运动，新教与天主教传教士的态度也经历了从分歧到共识的过程，这也体现出新教与天主教传教士同为异国传教人，当一方遇到不利境遇，两教派关系由此发生了转变。但影响彼此在中国的分歧和共识的主要原因仍是新教与天主教传统上在宗教教义上的分歧。

在清政府宽容传教政策的大背景下，新教与天主教都各自获得了良好的发展。但在进入全国各地反教（以天主教居多）风潮的时候，新教传教士一方面汲取天主教经验教训，以更有效地推动新教在华传教事业，这显示出新教传教士务实的一面；另一方面新教与天主教传教士之间为争夺正宗地位而展开护教性论辩，这显示出西方传统两教派关系对他们的影响。

与此同时，中国具体的社会情势对两教派关系也产生了影响。天津教案发生后，部分新教传教士对天主教遭遇的同情说明随着地域的转移，两教派传教士身份的变化会导致两者之间关系的变化。新教传教士关注天主教在天津教案中的遭遇，分析天津教案发生的原因，并对之表示出同情与安慰，旨在从中吸取教训，是出于维护基督教在中国的传播与发展的目的，也是为了更好地推动他们共同的在华传教事业。

---

126 [美]赖德烈著：《基督教在华传教史》，第402～403页。

这一时期新教传教士对天主教传教士的传教行为有批评有借鉴，与此同时，有些两教派传教士也有一些实际交往。英国浸礼会传教士李提摩太与山东、山西以及江南的天主教传教士保持友好的关系。1873 年，李提摩太去济南时，曾帮烟台的一位名叫安哲力尼（Angelini） 天主教传教士捎过一个包裹，此后，他与安哲力尼经常互访，在山西太原，李提摩太和山西主教每年也都要相互走访几次，他甚至也被邀请参加在太原举行的天主教会议，李提摩太与法国耶稣会传教士苏继章（Jean B. Simon，1846～1899）在 1886 年前往中国的途中针对两教教义的分歧进行过辩论，此后，当苏继章被任命为江南教区的主教时，李提摩太还出席了他的就职仪式。[127]与此同时，这一时期，新教传教士仍追随天主教传教士的做法。美国驻华公使安吉利 1881 年为请免摊派耶稣教民迎神赛会等费事向奕𫍽发布照会，请求将天主教徒享受的免出冗费的待遇用于新教教徒，获清廷同意。[128]

127 [英]李提摩太著：《亲历晚清四十五年——李提摩太在华回忆录》，李宪堂、侯林莉译，天津人民出版社，2005 年，第 151～153，183 页。

128 中国第一历史档案馆、福建师范大学历史系合编：《清末教案》（第二册），第 314～315 页。

第五章　辛亥革命前在华两教派传教士之间的关系（二）（1890～1912）

　　19 世纪末 20 世纪初随着新教传教范围的扩大，实际上新教与天主教之间的竞争也日趋激烈，新教与天主教之间的矛盾日益显现，两教派之间的摩擦与冲突日渐增多，新教与天主教传教士在教会是否应参与诉讼这个问题上的分歧越来越大，天主教传教士干预诉讼的做法受到新教传教士的强烈批评。与此同时，20 世纪初期，新教在来华差会、传教士人数、教徒人数上都有了明显的增长，同时新教在政治、经济、思想文化领域也对中国社会产生了重要的影响。义和团运动除使在华传教事业经历了严重挫折之外，也使传教运动进入了一个充满希望和机会的新时期。在这种情况下，为重建基督教的声誉以有效开展在华传教活动，新教传教士在主观上有意与天主教传教士划清界限，并在传教活动中更多地强调与天主教在传教方法上的差异。在 20 世纪初新教传教士大会上，将新教与天主教区分开来的想法逐渐得到新教传教士一致的认同。

第一节　在华两教派传教士之间的矛盾

　　《北京条约》签订后的几十年时间里，新教与天主教在华的传教规模都在迅速扩大。新教传教士多数来自英国和美国，天主教传教士大多来自法国、意大利、西班牙等国，由于来华新教传教士与天主教传教士在文化、语言、教义理解及传教方式上存在差异性，双方彼此也有所隔膜、歧视和批评。来华天主教传教士大多视新教为异端，天主教公开出版的书籍常包括一些反对新教宣传的小册子，事实上大部分新教传教士并不仇恨天主教传教士，但是随着天主教传教士干预诉讼保护教徒事件的增多，以及由于天主教传教士祖护不良教徒而招致中国各个阶层对基督教的敌视和仇恨，新教传教士对天主教的批评开始逐渐增多，新教传教士与天主教传教士在这方面的矛盾逐渐突出，在新教传教士眼中，天主教会的形象也日趋负面。

自《天津条约》、《北京条约》陆续签订后，新教与天主教传教士的传教活动及中国教徒的权益都得到一定程度的保护。部分天主教传教士利用这些条约所给予的保护干涉地方行政司法事务，导致中国官民对天主教的极为不满，部分中国人通过加入天主教来逃避政府的役税，或犯案后可逃避官府的追捕，从而可以为所欲为。其中法国对天主教的保护尤为典型，他们干预诉讼偏袒天主教徒，这都加深了中国人与天主教之间的矛盾。郭嵩焘就曾在1877年指出："天主教以护教为名，恃其权利，以纵庇之。于是作奸犯科，一依教堂为抗官之具。至有身犯重罪入教以求庇者，有与人为仇依附教士以逞其毒者。府、县、厅、镇凡建天主堂者，地方则不得安其生。"[1] 清朝当政者也指出："法国传教一事，虽天主教意在劝人为善，而煽惑乡愚，其弊不可胜言。更恐日久，该主教干预公事，势所难免。从前未换约之前，各处虽均有传教之人，尚不敢公然为非，现在既准其各处传教，恐不免有流弊。前次该国传教之孟振声，屡言该国钦差，俱惟主教之命是听，臣等于接见哥士耆，向其告知传教人妄自尊大，种种不法各情。"[2]

两教派传教士在传教方式上的分歧

新教传教士由于反对天主教传教士干预诉讼的行为，他们之间在此事的分歧越来越大，导致矛盾开始逐渐增多，这些矛盾与不和在中文著作中也逐渐增多。如同治年间，新教教会发表文章，声称"本朝有中国习天主教之人，藉教行恶，经官查办在案。此天主教之事，与我耶稣无涉"。[3] 1905年，直隶总督袁世凯发布《摘录律例，禁止教民滋事告示》中称：

---

1 章开沅、刘家峰：《如何看待近代史上的教案》，《人民日报》（海外版），2000年9月29日第3版。

2 中国第一历史档案馆、福建师范大学历史第合编：《清末教案》，北京：中华书局，1996年（第一册），第195～196页。

3 （清）佚名辑：《晚清洋务运动事类汇抄》（下），北京：中华全国国书馆文献缩微复制中心，1999年，第1405页。

耶稣、天主两教，因异教之故，倚强凌弱，恃众暴寡，互相攻击，各树党徒。教本同源，转为仇敌。教民与教民相争，较与平民尤为激烈。[4]

类似的记载还有：

在浙江台州地区，"教案之多为浙省冠，非但民教不和，亦且旧教与新教互斗习为故，常势不两立"。[5]

新教传教士和天主教传教士的矛盾在处理民教冲突时也有体现，义和团运动发生后，清政府曾命一全权大臣与李提摩太商订永远杜绝教案的方法，当李提摩太提议设立教务司总理教案事务时，天主教传教士对此提出异议，他们认为这个提议是不可能实现的，"今教务司选自天主教中欤？耶稣教必不心服。选自耶稣教中欤？天主教必不心服"。在他们看来，新教传教士与天主教传教士之间的矛盾是不可调和的。[6]

有些新教传教士不赞成甚至严厉批评天主教传教士干预诉讼的做法，1899年11月，德国新教礼贤会传教士叶道胜（Imanuel Genahr）在《白江暴行》中表达了他对天主教传教士因袒护教徒而带来的教案的愤恨之情，他首先指出近来天主教会在东莞发展迅速，与此同时，另一个不容忽视的现象就是"无视法律、作恶多端的强盗和一些新手试图到这个教会中寻找庇护，以制造骚乱。"面对当地新教与天主教多年的冲突，叶道胜指出"我们和我们的人始终都采取忍让态度。"叶道胜认为随着两教派冲突的增加，对于"所谓的天主教会在中国这个地方所做的恶劣行为的性质"，新教传教士已经"不可能对之保持沉默。"因此，叶道胜建议"传教士应该收集他们所知道的事实在《教务杂志》上发表。这样就能引起公共的舆论，唤起愤怒的风暴，去反对那些危及基督教事业、使上帝的名字遭到异教徒辱骂的黑暗行为。"[7]

1901年10月，美国新教浸礼会传教士耶士谟（W. Ashmore）在《传教士问题》中也指出了天主教会引起的民教冲突的危害，他发现在一些地方新教与天主教相比，民教冲突的案件要少得多，"一些案例表明新教的案例与天主教的案例相比是1比100的关系。"耶士谟认为主要原因在于天主教传教士"将

4　《东方杂志·宗教》，1905年第3期，第15页。

5　王克敏、杨毓辉编：《光绪丙午（三十二）年交涉要览》，沈云龙主编：《近代中国史料丛刊续编》第297辑，台北：文海出版社，第1798～1799页。

6　《论教务司》，《汇报》第293号，1901年7月13日。

7　Imanuel Genahr, "Outrages at Pak-Kong," *CR*, Vol. 30(Nov 1899), pp.529-539.

他们的信徒置于他们的保护之下。神父支持原告，神父背后是主教，主教背后是全权大使，全权大使背后是法国。"这样一来，中国官员就不能客观公正地做出决定。耶士谟指出，"现在如果这是一个逐渐缩小的罪恶，那么我们应该呼唤耐心，直到耐心能够解决问题。但是，这是一个逐渐增加的罪恶，一直在增长，变得越来越有进攻性，因此越来越令中国官员担忧。在一些地方他们已经感到了绝望，他们用最痛苦的语言表达他们的感受。"[8]

新教传教士眼中天主教会形象日趋负面

1903 年湖北淯溪河教会受到的天主教徒的迫害使得新教传教士眼中的天主教传教士的形象不断降低。同年，湖北淯溪河一个秘密结社海湖会利用天主教会作为保护来迫害新教教会成员，天主教神父不仅不加以制止，反而保护他们这种迫害行为，苏格兰新教长老会传教士丁慰宁（Wm. Deans）在《淯溪河教会的麻烦》中这样评价天主教传教士：

> 神父吸引这样的人并且保护他们不受法律制裁，纵容并助长了无法无天的行为。……如果我们新教传教士有人敢于支持或者保护这种流氓无赖和违法者，我们立即就会受到我们领事的斥责，而且很可能会被我们的差会召回。但是天主教神父似乎可以任意而为——庇护作恶者，蔑视法律。[9]

1904 年，美国新教公理会传教士山嘉利（C. A. Stanley）进一步列举了天主教会的一些不良行为，如"天主教神父依靠势力、独断专行，在诉讼中压制官员；在民教冲突后勒索大量的经济赔偿；接受和庇护恶人并攻击新教徒；利用金钱、物质上的诱惑来吸收教徒使基督教蒙羞等等"，他接着指出："我们必须在我们自己与罗马天主教之间进行明确的区分的时机已经到了，这在早期的日子影响还不那么大，但是现在使中国基督教会保持纯洁和稳定是必须的。"[10]在新教传教士看来，如果说 1901 年前儒家学说和官员曾经是基督教在华传播的障碍，[11]那么，正如山嘉利所指出的，"在未来我们真正的对手是

8　Wm. Ashmore, D.D. "The Missionary Question," *CR*, Vol. 32(Oct 1901), pp.488-490.

9　Wm.Deans, "Church Troubles at Yu-chi-ho," *CR*, Vol.34(May 1903), pp.235-239.

10　C. A. Stanley, "The New Conditions in China," *CR*, Vol.35(Jun 1904), pp.294-297.

11　中国的儒家传统在政治和社会等方面居于主导地位，它取代了宗教教义，儒家的伦理对社会价值体系起着支配作用，所以新教传教士将儒家思想作为基督教在华传播的主要障碍之一。参见[美]杨庆堃著：《中国社会中的宗教——宗教的现代社会功能与其历史因素之研究》，范丽珠等译，上海人民出版社，2007 年，第 21～22 页。

肆无忌惮的罗马天主教会"[12]。

　　随着两教派在华传教规模的扩大，传教利益的竞争日趋加剧，在面对具体问题上两教派还存在分歧并导致矛盾和摩擦。新教传教士对天主教干预诉讼袒护教徒等与他们身份不相符的做法深感愤懑，认为这可能不利于解决问题，反而导致民教冲突和教派冲突的扩大与升级等严重后果，民教之间的矛盾逐渐演变为两教派之间新的教派冲突。正是同时代在华天主教自身行为的改变，使得他们在新教传教士眼中的形象逐渐走低。因此，新教传教士对天主教的批评更加强烈以致于对天主教基本否定，其原因在于，天主教袒护教徒干预诉讼引起的民教冲突殃及新教和新教传教士。晚清众多民教冲突，新教传教士直接参与和引起的不多，但最后民众分不清新教与天主教的差异，往往最后新教也受到牵连，新教传教士也成为被殃及之池鱼。新教传教士在《教务杂志》上发表文章揭露各地的天主教神父们和教徒们的恶行，这主要与天主教传教士干预诉讼引起越来越多的民教冲突有关。

第二节　在华新教与天主教之间的冲突

　　宗教冲突在几千年人类历史发展过程中是普遍存在的，近代入华新教与天主教都宣称是带来和平的，然而，19世纪末20世纪初，新教与天主教之间的民事纠纷和激烈冲突日渐增多，这一时期新教与天主教之间的冲突多达40余起。[13]这种教派纷争在基督教的传教史中留下一段不和谐的声音。[14]

　　清末在华新教与天主教之间冲突的原因主要有以下三种：

　　教民世俗利益的矛盾　　清末新教与天主教之间的冲突多数根源上是争夺世俗利益，而以宗教为借口。多数中国人的宗教信仰功利性极强，所以晚清两教派教派冲突的主要原因是两教派教徒为争夺世俗利益所引起。

　　现将若干主要两教派教派冲突略记如下：

12　Sidney A.Forsythe, *An American Missionary Community in China, 1895～1905*, Cambridge,Mass:Harvard University Press.1971.p.74.

13　杨大春：《晚清天主教会与耶稣教的冲突》,《史学月刊》,2003年第2期，第55～61页。

14　关于晚清两教派教派冲突的特点、原因及清政府对教派冲突问题的处理，可参见杨大春的《晚清天主教会与耶稣教的冲突》,《史学月刊》,2003年第2期，第55～61页。

1892 年，在山东安邱发生的教派冲突中，主要原因即是两教派教徒对房屋和地基的争夺。[15]

1896 年，福建天主教与新教的冲突即是由天主教徒谢乌英偷砍清尾村基督教徒潘瓜、潘魏的山林所引起，最终导致两教派教徒之间发生械斗，四名天主教徒被击毙，十余人受伤。械斗持续五六个月，并加深了两教派教徒之间的矛盾。[16]

1906 年，在浙江临海的教派冲突中，由于该县海门地方"天主、耶稣两教派教民平时本不相能，复因筑墙争界遂至大起冲突。天主教民纠率多人先将耶稣教徒所设之烟店药铺捣毁，复至邱兆坦家逞凶毁物。于是，耶稣教民亦纠众抵御。两派麇聚千百人，各持枪械，如临大敌"，遂起冲突。[17]除此之外，由于世俗利益引起的教派冲突还有多起，在晚清教派冲突中占据多数，这是清末两教派冲突的主要原因之一。

宗教和政治势力的混和　清末两教教派冲突的另一个主要原因就在于晚清天主教与新教都与政治有不可分割的联系，由于基督教在近代中国受到不平等条约的保护而超越了宗教性，在华基督教会拥有的特权使之成为中国社会中一种不容忽视的势力。中国民众为世俗利益发生争执时，他们就找到了蒙上政治色彩的基督教会这个后盾，比较而言，天主教与政治势力的关系较新教与政治势力的关系更为紧密。一句民间"俗语"可以说明这一点，"未入教，尚如鼠；既入教，便如虎。"于是，无处伸冤的民众便找不到一个可以讲理的地方，其中的一部分民众在一屈再屈之后也会加入某个教会。因此，民教冲突在这种情况下就可能演变成为不同教派之间的冲突。[18]1896 年，在广东汕头古溪村，一个在逃犯阿明为逃避官府逮捕而加入天主教会，因此，县官的命令和道台的悬赏对他就无可奈何。不久以后，他又重操旧业带领一群人到处攻击别人，他曾说，"有天主教的地方，就不能有耶稣教。"随后，他就带领一群人对在古溪的美国新教浸礼会发动了攻击。据耶士谟的观察，阿明对新教"了解并不多，也不熟悉它的神学"，他进攻浸礼会的目的只是为了

15　《教务教案档》第 5 辑，台湾：中央研究院近代史研究所，第 532 页。

16　福建省政协文史资料委员会：《文史资料选编第五卷：基督教天主教编》，福建人民出版社，2003 年，第 238～239 页。

17　《东方杂志·宗教》，1907 年第 2 期，第 13 页。

18　杨国强：《中西交冲：19 世纪后期的传教和教案》，《华东师范大学学报》（哲学社会科学版），2009 年第 4 期，第 19～29 页。

把他们赶走，在与浸礼会的冲突中，法国天主教会对阿明实施的保护更坚定了他加入法国天主教会的选择。在阿明本人及其跟随者的言语当中，可以看到"法国"一词占据着非常重要的地位。作为这一点可以从知县进行的审讯中得到证实，在任何场合下，他们都使用"法国教会"，"法国教义"，"法国宗教"等语言表达，刻意把"法国"突出出来，说明他们心目中法国保护的重要性。吸引他们的不是基督教的信仰，而是天主教；也不是随随便便的一个天主教，而只是法国天主教。[19]

传教活动空间的利益争夺　综观两教派在华冲突的总体情况，传教活动空间的利益争夺也是两教派冲突的原因之一。随着新教和天主教为争取教外群众入教而扩大本教会的规模，天主教、新教常常发生冲突。如"湖北蒲圻县属羊楼峒地方，向有天主教设堂传教，入教者须缴教费，其后福音教继至，不收教费，人遂相率改投福音，天主教不允，因而大起冲突"。[20]又如赣南地区早年基本上只有天主教，后来新教自广东传入后，"一时入教者极盛，天主教民因妒成仇，而耶稣取收从教之人又太滥杂，难保内无匪类"，于是双方极易因小事就激发成两教派冲突。[21]

两教派的冲突人员主要以教民为主，偶有传教士卷入。绝大多数教派冲突都是由教民挑起，并由教民互相冲突所致，一般不涉及传教士。据粗略统计，由传教士直接挑起或有传教士参与的只有两起。一起是1906年的江西奉新教派冲突，因为奉新地方的天主教传教士安汝东屡屡戏谑耶稣教传教士梅占春，攻击梅的布道是"胡言乱语"，长此以往，遂致两教派冲突。另一起是1908年的江西宁都教派冲突，系由当地天主教徒揪打德国耶稣教邵牧师而起。"[22]

两教派传教士对教派冲突的处理

19世纪末20世纪初新教徒与天主教徒之间的冲突，对于两教派教会来说往往是两败俱伤，也给基督教在华传教事业带来了负面的影响。因此，新教

19　W.Ashmore, "Outrages on the American Baptist Mission at Kho-Khoi," I *CR*, Vol. 27(Aug 1896), p.373.

20　《东方杂志·宗教》，1907年第9期，第35页。

21　《申报》，1909年7月18号，第二张。

22　杨大春：《晚清天主教会与耶稣教会的冲突》，《史学月刊》，2003年第2期，第55～61页。

传教士希望设法避免和防范教派冲突，来树立基督教在中国人心目中的正面形象，以推进基督教在中国的传教事业。

湖北苏格兰新教传教士丁慰宁提出的建议是通过新教传教士之间结成的联盟解决目前新教与天主教之间的困难。[23]还有一名年长的、有经验的新教传教士提议通过耐心和冷静来处理两教派教徒之间的冲突。[24]美国新教公理会传教士山嘉利指出，在一些地方，中国新教徒与天主教徒与外国传教士协商，他们之间达成了"不保护无赖"也不在彼此的传教工作中设置障碍的一致意见。山嘉利希望中国各处的传教士和教徒都能达成这样一种协议。[25]

事实上，由清政府在地方上创设的有新教传教士与天主教传教士参与的这样的调解两教派冲突的机构逐步建立起来，如1902年，法国、美国驻华外交代表和两广总督陶模签订了一个中美法《广东教务章程》，章程第二条规定："传道人及教主，不得彼此或与教民或他教之人互起大小争端。设有争论之事，两造应请绅耆善为调处妥结。倘欠公平，两造可将实在情形，禀控于县官。若县官办理不公，或判断未能平允，则各将全案原委实情，详细报知各该管教士，以凭秉公详慎查核，和衷会商，妥为持平办结。倘有两造争端，非因教务而起，教士仍应不允预闻。凡相类之案，均当坚持不为干预。教士及帮理人等应遵正理，极力扶持中国公道。"[26]《章程》的签订虽然未能避免此后两教派教派冲突的发生，[27]但是却加强了清政府对传教士和教徒行为的约束，促进了两教派传教士在解决教派冲突中的合作，对两教派关系的调和起到了一定的积极作用。后来此章程被转发于全国各地。[28]

1902年广东汕头发生两教派冲突时，新教与天主教传教士也达成协议，让中国官员自主地处理这场冲突。[29]1908湖北枣阳发生两教派冲突后，两教

23 W. Deans, "Present Difficulties with Catholics," *CR*, Vol. 33(Sep 1902), pp.481-482.

24 "Editorial comment," *CR*, Vol. 33(Nov 1902), pp.580-581.

25 山嘉利，美国公理会教士，1862年来华，先到上海，次年转天津。初协助柏亨利传教和办学，继则深入农村，在静海、宝坻、武清等地传教和办学。在华四十余年。C. A. Stanley, "The New Conditions in China," *CR*, Vol. 35(Jun 1904), pp.294-295.

26 王铁崖：《中外旧约章汇编》（第二册），北京：生活读书新知三联书店，1959年，第147～148页。

27 义和团运动后十年全国各地仍发生了几十起教派冲突。

28 杨大春：《晚清政府基督教政府初探》，北京：金城出版社，2004年，第69页。

29 Wm. Ashmore, "A Politico Ecclesiastical Case in Canton Province," *CR*, Vol. 33(Mar 1902), pp. 133-137.

派传教士在与当地官府的商议下"设立会议公所，订定章程，两教派各选教董一人，首士二人，专理民教相争及两教派交涉之事。"后来湖北蒲圻两教派民冲突时，即仿照枣阳办法订立《两教和约》以解决冲突。[30]总而言之，会议公所与章程的建立符合了中国政府与西方传教士实现和平传教的愿望，新教与天主教传教士通过这些机构部分避免了两教派之间的冲突，对于约束教民、调和教派矛盾起到了积极的效果。

　　然而，也有部分天主教传教士为两教派教徒的冲突行为辩护，认为冲突责任在于新教。当时天主教与新教之间的教派冲突在《中外日报》、《字林西报》等报纸上也屡见不鲜，但是天主教的报刊《汇报》却为之加以辩护：'近来华、洋日报屡以教士教民逞凶登诸报章，不分真伪，信口胡言，不知为何。岂欲摇惑人心，致中国不能重享太平耶？"[31]而且，也有天主教传教士认为两教派教徒冲突的责任在新教传教士，如美国监理会传教士潘慎文（Alvin P. Parker，1850～1924）就指出有天主教传教士在《汇报》中发表了一篇激烈攻击尼科尔斯（D. W. Nichols）的文章，尼科尔斯在江西传教，这名天主教传教士认为尼科尔斯应该为最近发生在江西的天主教徒和新教徒之间的冲突负责，也为在湖南省发生的反对基督教事件负责，但潘慎文相信尼科尔斯从来没去过湖南。[32]当1906年南昌教案发生时，与1870年天津教案发生时上海的新教传教士的态度不同，此时江西的新教传教士已对天主教不仅没有同情，反而他们还时常为上海的英文报刊提供对天主教不利的消息。因此，法国的《中法新汇报》也批评新教传教士，"近日江西有一耶稣教牧师，欲从乱党处寻求证据，以诬控王安之而谄媚南昌县，此事为自好者所不为，固有识者所最痛恨者也。"[33]

第三节　义和团运动对两教派在华传教事业的影响

　　19世纪末20世纪初，西方传教士在华经历了晚清反洋教运动的最高峰，即义和团运动，义和团运动一方面对在华传教事业造成了很大的冲击，"全国

30　《东方杂志》，1908年2期，第21～22页。

31　《交涉事》，《汇报》第304号，1902年8月21日。

32　A.P.Parker, "The Native Press in Shanghai: Our Relation to it and how we can utilize it," *CR*, Vol.32(Dec 1901), pp.583-584.

33　Bulletin: La Tragédie du Nantchang, *L'Echo de China*, 22 mars 1906,p.1.

基督教势力约被消弱三分之一"；[34]另一方面它对后来的中国教会也造成多重复杂的影响。义和团运动对新教与天主教在华传教事业的影响都很大，两教派传教士对义和团运动后的赔偿和反思并不尽相同，新教传教士对天主教传教士勒索赔款的做法并不赞成，由此也导致了新教传教士与天主教传教士的疏离。

义和团运动爆发的背景与原因

义和团运动的爆发不是偶然的，它是帝国主义侵略加剧和中国民族危机空前严重的必然结果，正如费正清所言，"任何国家的历史都是民族主义的"。[35]西方列强的侵略使中外民族矛盾激化，"一个长期与外部世界隔绝的民族和文化一旦被迫与世界各国接触，就会不可避免地发生冲突。"[36]1898年英国租借威海卫，同年德国租借胶州湾，把山东划作"势力范围"，随后列强以"租借"为名，强行在中国划分势力范围，致使中国到处都是列强的势力范围。在民族危机日益严重的大背景下，发端于山东西北部的反教会斗争最终酿成了一场声势浩大、震惊世界的义和团运动。

教会依靠政治权力进行扩张是义和团运动反对教会的原因之一。19世纪中叶西方传教士大批涌入中国本身就借助于不平等条约体系，他们在开展传教活动的过程中还不断得到本国政府提供的各种支持，同时也在本国政府的政治活动中扮演了开路先锋的角色，以致于传教工作与各国列强对中国的政治渗透不能截然分开。[37]比如，清政府1862年4月8日的谕令，免除了中国天主教徒迎神赛会的费用。然而，法国自认为有权力保护在华的所有罗马天主教传教士，同时，法国的保教权也同时延伸到了中国天主教徒身上。[38]再如，1890年前，鲁南和苏北的天主教徒并不多，但在19世纪最后十年，这里的天主教传教工作取得了快速进展，其主要原因就是传教士的政治干预。[39]

34 顾长声：《传教士与近代中国》，2004年，上海人民出版社，第206页。

35 [美]费正清著：《伟大的中国革命（1800～1985年）》，刘尊棋译，北京：世界知识出版社，2009年，第153页。

36 中华续行委办会调查特委会编：《1901～1920年中国基督教调查资料》（上卷），蔡咏春等译，北京：中国社会科学出版社，2007年，，第120页。

37 姚斌：《拳民形象在美国：义和团运动的跨国影响》，北京：世界知识出版社，第82页。

38 [德]狄德满著：《华北的暴力和恐慌：义和团运动前夕基督教传播和社会冲突》，江苏人民出版社，2011年，第157页。

39 [德]狄德满著：《华北的暴力和恐慌：义和团运动前夕基督教传播和社会冲突》，第168页。

义和团运动对在华传教事业的冲击

在义和团运动中，新教与天主教都受到了沉重打击，在义和团运动中，北京、天津、直隶、内蒙、东北地区及湖南、江西、四川等地都发生了反教活动，除教士和教徒被杀外，不少教堂和教民房屋也被烧毁，京津的天主教事业几乎不存在，直隶、山西、山东的天主教会受到沉重打击，内蒙、东北教会的损失也比较大，南方虽有东南互保，但天主教会仍不能完全幸免。[40]相比较而言，新教受害稍轻一些，由于天主教在华传教已近 300 年，他们的传教事业很稳固，天主教徒也多，新教入华比天主教要晚得多，在义和团运动所发生的中心——华北地区也只有 40 年，因此，被杀害的新教徒人数要比天主教徒人数少。[41]据不完全估计，天主教有主教 5 人，教士 48 人，教徒 18000余人被杀害；新教有教士 180 人（其中三分之一是内地会的教士），教徒 5000余人被杀害。[42]

尽管新教的损失没有天主教大，但在新教传教士看来，义和团运动对在华传教事业的影响仍是毁灭性的，1900 年 6 月 26 日，被围困在北京使馆的美国女传教士伊文思小姐（Miss J. G. Evans）在日记中描述道："多么可怕的一夜！ 12 点左右的时候，黑暗的力量扑向了我们——好像世界末日即将来临。……我们不断地祈祷！ 我们只能祈祷。……这经历太可怕了。……在黑暗中，我们趴在那里等待着末日降临。了弹在打开的窗外四处横飞！"[43]

在义和团运动的起源地，新教在山东地区并没有大的教案发生。西方传教士也对义和团运动中的反教会活动感到惊异，《义和团起源》一书的作者柏塞尔认为："通过研究伦敦会和异邦福音布道会的记录后，……我得出的结论证实了我的观点，即外国传教士一般认为同传教站附近发生的事没有密切的联系；当风暴袭击他们和他们的信徒时，他们感到十分震惊。"乐灵生也对义和团运动中的反教会活动感到惊讶，"义和团反抗西方侵略的暴动竟然把基督教也卷了进去"。[44]这种民族仇恨也连带着指向中国基督徒，尤其是 19 世纪末年，直隶和山东境内的黄河溃决和饥荒，当中国基督徒拒绝参与被认为是降

---

40 晏可佳：《中国天主教简史》，第 186～188 页。

41 [美]赖德烈著：《基督教在华传教史》，第 431、435 页。

42 顾卫民：《传教士与近代中国》，第 341～342 页。

43 姚斌：《拳民形象在美国》，第 277～278 页

44 中华续行委办会调查特委会编：《1901～1920 年中国基督教调查资料》（上卷），第 120 页。

低苦难的至关重要的活动时，这种憎恨也随之加剧，随之中国基督徒就成为这些自然灾害的替罪羊。[45]

两教派传教士对义和团运动的反思

尽管在华传教士对义和团运动中反教活动感到震惊，但在这些传教士本国特别是德国各界纷纷指责新教在华的传教活动，认为基督教传教，特别是新教传教士对在中国发生的义和团运动负有主要责任，[46]面对沉重打击和外界批评，不少传教士在为自己行为辩护的同时，也反省和检讨自身的传教方式和问题。

曾担任过德国驻华公使的巴兰德在《周报》上撰文批评新教传教士缺乏其天主教同行的"宽容态度"；《科伦报》也发表文章，详细介绍已被义和团杀害的德国驻华公使克林德对传教士的评论，主要是投靠传教士的中国人素质不高。归纳起来，德国各界对新教的指责主要有以下几点：1、新教传教士不了解中国国情、不懂中国语言；2、他们有"宗教狂热"；3、他们缺乏其天主教同行的宽容精神；4、批评中国传统文化，并利用政治权力进行传教行为；5、中国基督徒素质不高。[47]《汉堡新闻报》特别称赞天主教传教活动，"天主教徒比新教徒更懂得运用实用手段进行传教，因此取得了更大的成功。他们收养了许多被其贫穷的父母抛弃的儿童，特别是女孩，并且把这种慈善行为与他们所追求的最终目标有机地结合了起来，这就是，用他们的信仰来培养新的灵魂，同时将这些可怜的人从穷困和犯罪当中解救出来。此外，就其整体特征而言，天主教宗教比枯燥乏味的新教更适合亚洲人，特别是因为这里有多种多样的类型可供选择；传教士可以向中国人提供他自以为最好的类型……此外，天主教的一些外在的东西也特别适合中国人的口味，天主教徒也主动顺应汉人的习俗。在上海附近山上的天主教堂中，圣母玛利亚身穿中国人的服装，圣子基督头上扎着一条小辫。"[48]

---

45 [德]狄德满：《华北的暴力和恐慌：义和团运动前夕基督教传播和社会冲突》，第251～252页。

46 孙立新：《德国新教传教士论义和团运动爆发的原因》，《深圳大学学报（人文社会科学版）》，2012年第1期，第152～157页。

47 孙立新：《德国新教传教士论义和团运动爆发的原因》，《深圳大学学报（人文社会科学版）》，2012年第1期，第152～157页。

48 孙立新：《德国新教传教士论义和团运动爆发的原因》，《深圳大学学报（人文社会科学版）》，2012年第1期，第152～157页。

对于这种称赞天主教传教的言论，新教传教士给予了反驳，他们批评了天主教传教士宽容欧洲人的一些不良习惯，如暴饮暴食、酗酒和淫乱等的做法，也揭露了天主教传教士与法国世俗政权勾结、滥招信徒、包庇罪犯、干预诉讼、惩罚无辜百姓的劣迹。卡尔·茅斯愤怒地指出："天主教传教士最终通过法国政府获得了与中国官员平等的官阶。一般神父与县官同级别，主教则与省抚同级别。"叶道胜也声称"罗马教会自从进入中国起就没有停止把传教和政治搅合在一起，并且由此制造了许多令人不愉快的血案"。[49]

反驳的同时，新教传教士也正视自身存在的问题，他们也承认，基督教受条约的保护，颇涉政治嫌疑，受到大多数中国人的反对。为此，美国传教士明恩溥指出，"基督教要想在中国取得立足这地，必先得到人民的承认、景仰、赞成与接受"。他承认外界对传教士过分热衷于政治和诉讼的批评是"公正的"，教会必须对此加以反省。[50]不少新教传教士和各界人士仍认为新教与天主教应承担的责任是不一样的。新教牧师托马施基（Paul Thomaschki）在1900年11月26日传教大会上所作的一个题目为《中国之战与传教》的讲演中，犀利地分析传教与暴力的瓜葛。针对德国殖民组织指责传教活动亦即传教在中国的过失，托马施基冷静地说："传教活动的不幸、而不是它的过失，在于它被置于中国民众的锋利的长矛尖头。"他抨击安治泰主教在中国的传教思路，"传教与政治的纠葛，正是安治泰主教的传教思路所体现的悲哀的思想贫困。"在山东兴建三座教堂和六所天主教楼宇，以及署名和放逐有关中国官员，这些都是作为两位遇害天主教传教士的高额赔偿，并让安治泰主教"能够带着嘲讽的口吻说，现代殉道者是昂贵的基督教徒。"[51]显而易见，托马施基的讲演首先体现出新教和天主教在传教问题上的冲突，并认为风起云涌的反教斗争，包括义和拳运动，其原因与新教的传教活动无关。[52]

---

49 孙立新：《德国新教传教士论义和团运动爆发的原因》，《深圳大学学报（人文社会科学版）》，2012年第1期，第152～157页。

50 姚民权、罗伟虹：《中国基督教简史》，北京：宗教文化出版社，2000年，第130～133页。

51 方维规：《鸦片、传教与帝国主义政治——基督教布道理念在19世纪中国的困厄》，《跨越空间的文化：16～19世纪中西文化的相遇与调适》，北京：东方出版中心，2010年，转引自哈默尔：《世界传教与殖民主义——19世纪冲突中的布道理念》，慕尼黑：Kosel，1978年，第308页。

52 方维规：《鸦片、传教与帝国主义政治——基督教布道理念在19世纪中国的困厄》，《跨越空间的文化：16～19世纪中西文化的相遇与调适》，北京：东方出版

美国北长老会传教士纪力宝在一封家信中也表达了中国民众反对的主要是天主教，"在过去的几年中，迫害……直指……这个国家树敌颇多的天主教徒。我不清楚他们怎么招来了这么多的仇恨，但是百姓指责他们所犯下的各种不公行为。现在迫害开始了，百姓对他们采取致命的报复：焚烧房屋，杀害教徒，驱使后者背井离乡。"[53]

八国联军统帅瓦德西认为就将在华新教与天主教分别而论，他在1900年12月26日的"日记"中写道："余对于教会问题之研究，曾经不遗余力。据余所信，时人每将中国排外运动归咎于教会方面，实属完全错误。中国排外运动之所以发生，乃系由于华人渐渐自觉，外来新文化实与中国国情不适之故。……近年以来，瓜分中国之事，为世界各国报纸最喜讨论题目，复使中国上流阶级之自尊情感渐受刺激。最后更以欧洲商人时常为谋损害华人以图自利。此种阅历，又安能使华人永抱乐观。至于一二牧师，作事毫无忌惮，以及许多牧师，为人不知自爱，此固吾人不必加以否认疑惑者。……

对于教会方面，我们必须将天主旧教与耶稣新教分别而论。……天主教徒在此工作，业已二百五十年，所以彼辈已具有数代信教之中国教徒，以及中国神甫。有时全村之中，俱为天主教徒所居，更使天主教会这基，得以坚固。至于耶稣新教牧师，则必须从国籍上加以分别讨论。德国牧师殊不占重要位置。……美国方面，常有一种巨大错误，……即所委任之牧师，往往其人德性方面既不相称，职务方面亦未经训练，此辈常以服务教会为纯粹面包问题，凡认为可以赚钱之业务，无不兼营并进。此所以牧师地位因而为之降低，并使教会仇敌得以从事鼓动。余个人即曾亲眼见过此类牧师，彼等常以商人资格前来战地医院及军营中售卖物件。此外余更熟知许多牧师兼作他项营业，譬如买卖土地投机事业，实与所任职务全不相称。……彼辈之所以被人搜捕者，其原因由于牧师关系者极少，由于外人关系者实多也。中国人对于宗教一事，通常极能相容。……现在许多牧师业已归来从事工作；余甚希望彼等继续工作，怀抱勇气，一如既往。"[54]

中心，2010年，转引自福兰阁：《过去五十年的亚洲历史给了我们哪些教诲？》，第106页。

53 [德]狄德满：《华北的暴力和恐慌：义和团运动前夕基督教传播和社会冲突》，第.339页。

54 [德]瓦德西：《拳乱笔记》，《义和团》（中国近代史资料丛刊）第3册，第70～71页。

宓吉（Alexander Michie）长期在华活动，对基督教在华传教多有批判。1901 年 4 月 16 日，宓吉在香港的一所教堂发表了"传教士在中国成功的政治障碍"的演说，随后出版单行本。在演讲中，宓吉说，基督教义并不是引起中国人仇恨基督教的原因，引起中国人反对基督教会的的是它们所拥有的政治权利。在外国传教士保护教民问题上，宓吉公开指出天主教在这方面比较过分，新教虽然没有那样强烈，但是也有干涉中国司法的情况。[55]也有英国人认为罗马天主教传教士是罪魁祸首。[56]

就中国各界而言，一般来说，对新教与天主教的态度也是不一样的，中国各界也对新教反感，但是没有对天主教那么憎恶。曾国藩曾说："惟法国传教一节，屡滋事端。[……]虽西人之耶稣教，亦未尝多事，惟天主一教，屡滋事端。"[57]丁日昌也说："耶稣一教，安分守己，与民无争，尚无他冀。[……]惟百姓言及天主教，则异口同声，恨之入骨。"[58]郑观应对 19 世纪的耶稣教传教士和天主教传教士做了区分：大多数深入中国内地的天主教传教士"纵教民为奸恶，倚教士为护符，动辄挟制地方官枉法左袒，以屈抑良民"。"耶稣教与天主教不同，可以娶妻，可以为书院掌教，近有久于中国者，不忍坐视其困，多将中外利病著书救世，如林乐知、李提摩太、傅兰雅、艾约瑟、花之安等辈是也。"[59]

新教传教士反思的另外一点就是中国基督徒的素质不高。圣言会档案似乎表明，福若瑟在 1898 年 11 月曾急于解决薛田资教案，这是因为他揣度这可能是教民的问题。此事件不久后，薛田资这个街头事件的受害者，在出版的一份不起眼的小册子中写到："在街头的教民中，确有一部分不值得我们信赖且滥用我们名声的人。我这是从前任（日照县，中国天主教神甫夏文林）处得知后，便赶往那里训诫这些人，并把他们逐出教会。"[60]

---

55 李传斌，《基督教与近代中国的不平等条约》，湖南人民出版社，2011 年，第 138 页。

56 [英]杨国伦著：《美国对华政策（一八九五～一九〇二）》，刘存宽、张俊义译，北京：中国社会科学出版社，2001 年，第 246～247 页。

57 宝鋆纂修：《筹办夷务始末·同治朝》第 76 卷，第 40 页。

58 宝鋆纂修：《筹办夷务始末·同治朝》第 76 卷，第 32～33 页。

59 郑观应：《盛世危言·传教》，第 166 页。

60 薛田资：《一个传教士的中国经历》，第 78 页，转引自[德]狄德满：《华北的暴力和恐慌：义和团运动前夕基督教传播和社会冲突》，第 352 页。

新教传教士同样发现，他们在满堂峪的信徒也并非无可指责："在供文中，可以明显地看出学校的教书先生……和他的家人以及教会里的老教友合伙干了一些不明智的勾当，树立了敌人，而后者现在正准备报复。"在满堂峪同样也有皈依信徒的天主教传教士，言称在暴力发生之前，新教教民向老百姓索取了过重的赔偿。总而言之，1898年11月达成的新教协议，规定何家楼村民归还盗走的财物并重建一所教会学校，而教民们则摆上一桌和睦菜，"因为两者并非都没有过错"。[61]

在赔偿方面新教与天主教的要求也不一样，比如在山西，当新教教会的赔偿问题在相当短的时间内得以满意解决的时候，而罗马天主教会却对此提出大不相同的要求。"应该记得，他们的生命财产损失要比新教徒们严重得多。但是无论他们损失有多大，也难以认为他们提出的要求是正确的。在最初一次和署理巡抚会谈中，他们提出了下面的要求：

1、就在太原府内，他们要求将巡抚衙门或一座称作令德堂的大学堂交出来作为他们的住宅，以代替那已经被毁的教堂及毗连房屋。他们进而索取武备学堂或是兵工厂的房产。

2、在城外，他们要求将两个集镇切实地交给他们。原来的居民应腾出他们的住房，因为他们都同义和团运动有很深的牵连，第一处是什贴，太原府东边约九十里远的一个非常重要的集镇。扼守着山西、陕西、甘肃到北京的公路，所有东西来往的车辆都要在此换掉车轴，因为在这里宽轨变为窄轨。因此，这就很容易看出这是一个战略要地，任何人，或任何一伙人占有该地，也就实际上控制了所有通往西边获鹿和固关通道的交通。

第二处是晋祠。离太原府西南五十里远的地方。因为当地拥有充足而甘冽的泉水而闻名，那里有许多有关那些泉水起源的传说。它的附近矗立着一座辉煌的寺庙，夏天它是许多富人的避暑盛地。泉水是公共财产，被仔细地加以利用，灌溉着周围大片种着稻子的土地。晋祠稻在全省享有盛名。毫无疑问，巡抚是极不愿把这两个地方交给他们的。

3、赔款一千万两。"

当这些要求提出来后，巡抚宁愿丢官也不愿答应天主教传教士的要求。[62]

---

61 [德]狄德满著：《华北的暴力和恐慌：义和团运动前夕基督教传播和社会冲突》，第352页。

62 [英]E·H·爱德华滋著：《义和团运动时期的山西传教士》，李喜所、郭亚平等译，南开大学出版社，1986年，第85～87页。

即使在反思义和团运动爆发的原因时部分新教传教士对天主教多有指责，但当他们都是受攻击的对象时，有些新教传教士也向天主教传教士表达慰问和友谊。在 1901 年 5 月义和团之乱结束后，中国东北的新教教会向同区的罗马天主教会发了一封吊唁信，对于天主教会方被杀害的许多外国和中国成员表达哀悼之情，"我们冒昧致信，对于过往一年中贵教会所遭受的坎坷和不幸，谨衷心表达慰问。我们永不会忘记，当七年前我们一位成员去世时，收到的首份慰问信是由贵教会所发出……东北全境陷入无穷灾难之际，基督的信念更加得以见证，智慧而正义的吉隆主教（Bishop Guillion）、高贵的皮尔·伊蒙特（Pere Emonet）、受人爱戴的修女圣克鲁瓦（Sister St. Croix），还有那些不可计数的为了耶稣基督而倒下的人们。他们的离去使我们痛失良友，我们将铭记他们，他们的英雄事迹和对基督教的虔诚将永远激励我们。"[63]

第四节 在华两教派传教士走向疏离

19 世纪末随着新教传教范围的扩大，新教与天主教之间的竞争也日趋激烈，两教派教士对于赋予传教士政治地位的政治特权看法也不一致。随着两教派之间的冲突日益增多，天主教在干预诉讼袒护天主教徒方面的做法受到新教传教士的强烈批评，尤其是义和团运动之后新教传教士对天主教传教士干预诉讼引发义和团运动以及在义和团运动后勒索赔款的行为感到十分不满，在 1907 年新教的全国传教士大会上，将新教与天主教区分开来逐渐成为新教传教士共同的主张。

两教派传教士对待《地方官接待主教教士事宜》的不同态度

1899 年，清政府总理衙门颁发《地方官接待主教教士事宜》，决定以后"分别教中品秩，如总主教或主教其品位既与督抚相同，应准其请见督抚。摄位司铎大司铎准其请见司道。其余司铎准其请见府厅州县各官。自督抚司道府厅州县各官亦按照品秩以礼相答。"[64] 关于新教传教士的权利，清政府总理衙门也作了如下解释："中国于该两教并无轩轾，所有耶稣教中人愿否援照此案办理，均听其便。本衙门前次知照各省所谓耶稣教一律办理者，原为推广接

---

63 [英]奥尼尔著：《闯关东的爱尔兰人：一位传教士在乱世中国的生涯：1897～1942》，牟京良译，北京：生活·读书·新知三联书店，2013 年，第 192～193 页。

64 朱寿朋：《光绪朝东华录》第 4 册，总第 4327 页。

待起见。如耶稣教士愿行援照，虽无司铎等名，尽可按照向来地方官接待该教士礼节，比较此次奏定章程办理。无庸再与英使另商，以归简便。"[65]面对清政府的规定新教传教士与天主教传教士采取了不同的做法，新教传教士不接受这样的政治身份和社会地位，英国政府还正式拒绝承认法国政府对于英籍天主教传教士的管辖权。[66]

新教传教士对待《地方官接待主教教士事宜》的态度与天主教传教士是不同的，他们不仅不接受这样的政治身份和社会地位，同时，对天主教传教士接受政治地位的做法也持反对态度。在新教传教士看来，开展传教活动应该依据上帝赋予的方式方法，不应该与政治等外部势力联系在一起，开展传教活动应只限于宗教范围内，应注重传教活动的实际效果。因此，多数新教传教士在此问题上表现出了与天主教严重的分歧。

1900年1月《教务杂志》的社论认为，没有几个新教传教士认为他们也应该拥有这种特权，绝大多数新教传教士认为这对传教事业来说将是一种危害而不是一种帮助，对于中国基督徒来说是一种持续的危险的来源。[67]

1900年2月查尔斯（Chas. E. Cornford）在《教务杂志》专门论述政治地位的一篇文章中也说：

> 在外国传教士（指新教传教士）中已经在实践上对这样一个问题达成一致意见，即不接受这种政治地位。[68]

新教传教士罗约翰（John Ross）也写一篇文章专门探讨这个问题，他认为：

> 新教传教士认为，天主教传教士的政治特权是从中国政府那里敲诈来的，新教传教士应该了解天主教传教士的这种行为模式所导致的后果，新教传教士应去避免而不是模仿天主教传教士的这种做法。[69]

新教传教士亨特（Remfry Hunt）也批评天主教传教士接受这种政治地位的做法，"别管这些天主教传教士，他们当然使用这种新赋予的权利以他们惯常的、傲慢的方式，通过使用它们来吸引、掌握改变信仰者。"他认为新教传

---

65 《教务教案档》第6辑，台北：中央研究院近代史研究所，第1362页。

66 [美]赖德烈著：《基督教在华传教史》，第425页。

67 "Editorial Comment, "*CR*, Vol. 31(Jan 1900), p.49.

68 Chas. E. Cornford, "Political Status, Etc." *CR*, Vol. 31(Feb 1900), pp.95-96.

69 DR. John Ross, "The Status of Missionaries," *CR*, Vol. 31(May 1900), pp.238-244.

教士不应该参与过多与传教活动无关的事情。[70]这种差异影响了新教传教士对天主教的认识与评价。赖德烈评价说，"从一开始，这道诏书就招致了人们的批评，特别是新教的批评。……新教传教士们不喜欢罗马公教的政治角色，并且大多数人不赞成为新教获取特权的作法。"[71]

1903 年，英国的《时报》(*Times*) 谈到在华传教士问题时，也指出"同样的特权与政治地位也给予了新教传教士，但是新教传教士还没有利用它。"1903 年《教务杂志》的社论也指出，说新教传教士强烈地、公开地拒绝这些特权可能更加准确。《时报》说，"这个方法无论从哪一点来看都是错误的。"新教传教士完全同意他的看法。[72]这种差异影响了新教传教士对天主教的认知与评价。

义和团运动之后，除了新教与天主教之间的教派冲突急剧增加之外，中国官绅士民反对基督教的民教冲突实际上有增无减，1905 年，吕海寰奏报："近年各省教案棘手，动辄酿成交涉"。[73]据统计，19 世纪后半叶发生的教案有 400 余起，20 世纪初发生的教案就有 100 多起，[74]可见民教之间的冲突有增无减。

新教与天主教传教士之间的疏离

在基督教海外传播过程中，西方传教士与所传之国双方信任关系的建立非常重要。然而，在短暂的时间里，不平等条约可以为西方传教士的传教活动提供合法性基础，可能取得一定的传教效果。从长远来看，西方传教士及中国教徒依靠政治特权为所欲为的行为也使在华基督教失去了基本的信誉。由于新教与天主教相比涉及的教案较少，为减少天主教涉及的教案给基督教在华传教事业带来的负面影响，从而保持基督教的正面形象及良好声誉，新教传教士开始认识到要采取与天主教划清界限并逐渐疏远天主教的方式来解决这个问题。新教传教士以疏离天主教的实际表现来重建自身信誉，借此缓解中国人对基督教的敌意与反感，以利于更有效地传播基督教。因此，19 世纪末 20 世纪初，新教传教士对天主教传教士采取了疏远的原则，既不与天主

70　WM. Remfry Hunt, "Missionary Hierarchy," *CR*, Vol. 31(Jan 1900) , pp.41-42.

71　[美]赖德烈著：《基督教在华传教史》，第 425 页。

72　"Editorial comment," *CR*, Vol. 34(Dec 1903), pp.620-621.

73　朱寿朋：《光绪朝东华录》，总第 5349 页。

74　程为坤：《义和团运动后的教案和清政府的对策》,《贵州文史丛刊》，第 55～60 页

教传教士发生冲突，也不对天主教传教士怀有敌意，而是在传教过程中客观地向中国政府及中国人陈述两教派的教派差异，希望能被作为两种不同的宗教来区别对待。

1901 年 10 月，《教务杂志》的社论寄语新教传教士应注意到这样一个事实：即新教与天主教之间在传教方法上的差异在加大，天主教寻求世俗权力的精神符合天主教一贯的做法。[75]同年，新教传教士史雅各（Jacob Speicher）就在《教务杂志》上发表了《传教士与地方官员的关系》一文，对新教、天主教传教士与地方官员的关系作了很好的分析，文章重点指出了新教和天主教传教士与地方官员关系的不同基础，并呼吁中国政府对新教与天主教传教士因他们对政治的不同立场而区别对待。[76]

1902 年，美国新教浸礼会真神堂传教士耶士谟（William Ashmore, 1824～1909）也有类似的言论，他指出，新教、天主教、东正教有共同的名字"基督教"，但实际上他们是三种不同的宗教，不应该被混淆在一起，特别是新教与天主教。[77]他首先指出正是由于新教与天主教的相似性，清政府和中国民众就没有看清两教派的差异。其次天主教在晚清给清政府带来的麻烦促使清政府同样反对新教的教导，耶士谟最后指出，新教与天主教之间有相似之处，也有一些东西完全不一样，事实上新教教徒和天主教徒从来不在一起进行崇拜活动。[78]

在 1907 年的在华新教传教士全国大会上，在汕头传教的英国新教长老会传教士汲约翰（John.C.Gibson, 1849～1919）在第一个专题报告《中国的教会》中专门提到了在华新教传教士对待天主教的态度问题。他声称：

> 无论我们感到多少遗憾，面对一个异教世界我们在中国对待罗马天主教的态度只能是完全的疏离。[79]

当时新教在中国许多地方获得了好名声，这完全是依据新教自身的良好表现，新教的传教理念与天主教的完全不一样。汲约翰认为与天主教传教士

---

75 "Editorial Comment," *CR*, Vol. 32(Oct 1901), p526.

76 Jacob Speicher, "The Relation of the Missionary to the Magistrates," *CR*, Vol.32(Aug 1901), p.395.

77 William Ashmore, "Bill of Natural Rights of every Human Being; Native and Foreigner Alike," *CR*, Vol.33(Nov 1902), p.540.

78 Wm.Ashmore, "The Jesus Teaching and the Civil Government as viewed from a Chinese Standpoint," *CR*, Vol.33(Apr 1902), pp.175-176.

79 *China Centenary Missionary Conference*, Held at Shanghai, April 25 to May 8,1907, p.29.

疏离并不意味着对天主教传教士充满敌意。汲约翰的报告中提到了他与一位天主教传教士之间的友好交往，他把这位天主教传教士视为朋友，在圣诞节期间这位天主教传教士给他赠送贺卡，他承认：

　　　　我们与罗马天主教会之间存在重大的差异，没有调和的可能。[80]

　　然而，如果新教与天主教传教士个人之间能够保持相对友好的关系，这对基督教在华传教事业是大有裨益的。报告对天主教教义与天主教传教士之间进行了区分，汲约翰认为天主教传教士是个复杂的群体，有些天主教传教士是不能接近的，但与有些天主教传教士是可以保持友好关系的，在解决两教派教徒争端时是可以与这些传教士合作的。但是，天主教义与新教教义之间的差异是本质的、核心的和重要的。新教是对天主教教义的"错误"而发动的一场伟大的复兴，对于天主教的有些教义，汲约翰认为新教是"完全拒绝和否认的"，因此，汲约翰认为新教传教士应告诉中国新教教徒要疏远天主教的原因，在报告的最后，汲约翰指出了希望，即不仅

　　要在舆论上获得胜利，而且要在生活实践，即：

　　　　能够带领他们建立起他们的教会，不是通过舆论上的胜利，而是通过圣洁的生活和与上帝的亲密关系。[81]

　　美国新教北长老会传教士路崇德（James W.Lowrie，1856～1930）在报告教会布道工作中提到了天主教会和新教教会关系问题。新教与天主教已经共同在中国传教百余年，但由于天主教过于强调世俗的权力，在中国引起了教案的频频发生，因此，"天主教和新教应该在有思想的中国人心中得到明确的区分"。[82]

　　狄考文（Calvin W.Mateer，1836～1908）是一位在山东登州传教多年的美国新教北长老会传教士，他在《传教士与民众问题》的报告中讲述了新教与天主教关系问题。义和团运动之后，天主教徒与新教徒之间的冲突比较突出，新教传教士对于这个问题也非常重视。狄考文在报告中声称：因为天主教会通过干预民间诉讼来传教，因为天主教传教士支持无原则的天主教徒反对新

80　*China Centenary Missionary Conference*, Held at Shanghai, April 25 to May 8,1907, p.29.

81　*China Centenary Missionary Conference*, Held at Shanghai, April 25 to May 8,1907, p.29.

82　*China Centenary Missionary Conference*, Held at Shanghai, April 25 to May 8,1907, p.100.

教徒，所以才引发反对基督教的教案和两教派之间的冲突。他也承认"所谓的基督教徒在异教的官员面前互相控告是一种羞辱"，但是他又希望天主教和新教传教士一致同意把这些问题交给中国官员去解决，[83]这显示了新教传教士尊重晚清政府对基督教的主权。事实上义和团运动之后，在一些地方两教派发生冲突后，两教派传教士能够听凭中国官员处理教派冲突。如1905年，江西万载发生了天主教与新教之间的冲突，冲突发生后，"两教神甫牧师已将两教民革出，并不干预其事。悉由地方官秉公究办。"[84]然而，在狄考文看来，这还不是解决两教派冲突问题最好的办法，他认为"更好的是让我们私下地尽我们的努力来解决这样的问题，通过一些耐心的忍耐和友好的协商，这类事件就能得到解决，但愿这样的方式能够经常被用到。"[85]

狄考文发言中着力强调的另外一点就是新教不能再为天主教的错误来承担责任了。由于天主教包揽词讼的做法，中国人才会厌恶基督教，从而爆发反对基督教的运动，狄考文认为新教在很大程度上受到了牵连。他指出："作为新教传教士，我们不能再与天主教传教士置于同一条船上。时间已经到了我们必须批判他们的方法，并请求中国政府区别对待，以独立的方式处理不同的事务。两教派传教士都认为自己是对的。让每个教派的方法在中国政府面前按照自己的功过来说话，不对对方的错误负责，这既合理又公平。"[86]英国伦敦会传教士富士德（Arnold Foster，1846～1919）在他公开的评论中也明确地提出了这个显著的差异。他认为这样做对天主教传教士是公正的，当他们说天主教与新教的方法是完全不一样的时候，他们仅仅在陈述一个事实。[87]1907年大会针对一些重要问题都通过了相关决议，在大会通过的关于"传教士问题"的六条决议中，第六条的第三点就是关于新教与天主教关系的，"即罗马天主教和新教本质上是不一样的，在教义上和实践（礼仪）上都是如此，特别请求在所有的诉讼事件中或要求保护的事情中，这两个教会应该被认真地做出区分。每个教会应该按照它自己的功过来对待。"大会认为这样做对天主教是公平的，他们认为罗马天主教也应有同样的诉求。[88]

---

83 *China Centenary Missionary Conference*, Held at Shanghai, April 25 to May 8,1907, pp.346-348.

84 《申报》，1905年6月7号，第一张。

85 *China Centenary Missionary Conference*, pp.346-348.

86 *China Centenary Missionary Conference*, pp.346-348.

87 *China Centenary Missionary Conference*, p.724.

88 *China Centenary Missionary Conference*, p.723.

自欧洲宗教改革以来，新教与天主教在欧洲展开了激烈的斗争，来华后新教与天主教仍互不宽容，来华天主教视新教为异端，出书反对新教，不准中国天主教徒阅读新教著作。随着新教与天主教在全国范围内广泛接触，双方的差异和摩擦日益凸显，因此，两教派之间的冲突也成为不可避免。但是，新教传教士也尝试减少这种冲突并为此努力。由于这种努力并未能阻止全国范围内两教派冲突及民教冲突的发生，新教传教士为重建自身信誉而决定疏远天主教。事实表明，这一历史时期，全国各地民教冲突与两教派冲突的增多是造成新教与天主教关系疏远的一个主要原因。进入民国以后，随着民教冲突及两教派冲突的减少，加之普世教会运动的影响，新教与天主教的关系有了改善，两教派在实际传教活动中实现了有限的交流与合作，这为基督教在华传教事业产生了积极的影响。

截至19世纪末，中国各地反教事件已多达400余起，1890年之后，新教与天主教之间的教派冲突也日益增多，新教传教士对天主教传教士干预诉讼的做法越来越难以认同，义和团运动的爆发进一步促使新教传教士对天主教这种传教方法进行反思。作为基督教在华传教的共同代表，在新教传教士看来，天主教传教士的这种做法已使基督教的名声受到羞辱，因此，新教传教士决定通过疏远天主教来重建新教信誉。也就是说，新教传教士与天主教传教士疏离的主要原因就是天主教传教士干预诉讼的做法，因此，民国时期随着罗马教廷对天主教传教士参与诉讼的做法加以限制或禁止，新教传教士对天主教传教士的态度也逐步发生了转变，两教派关系也随之有所改善，新教传教士扩大了对天主教的关注范围，直至发展到与之实现了有限的交流与合作。

1907年，曾任英国驻华公使的萨道义（Sir Ernest M.Satow，1843～1929）在英国伦敦的一次会议上对在华两教派传教士关系表达了自己的看法，"我很高兴地认为，在中国大部分地区，新教和天主教传教士之间的关系是友好的，相对来说争论是比较少的，在任何情况下，宽容别人似乎是我们的责任。"[89]即便发生了义和团运动之后，在东北的爱尔兰新教传教士向天主教传教士表达慰问和友谊的做法，在爱尔兰也不大会被接受。[90]对此，陶飞亚也持相同的看

89 Bertram Wolferstan, *The Catholic Church in China, from 1860 to 1907*,London and Edinburgh:Sands & Company.1909,.introduction.p.35.

90 ［英］奥尼尔著：牟京良译：《闯关东的爱尔兰人：一位传教士在乱世中国的生涯：1897～1942》，北京：生活·读书·新知三联书店，2013年，第192～193页。

法，"实际上当传教士一到中国后，'同为异国传教人'的身份认同，使得在传教士祖国造成彼此分离的教派分歧就变得无关紧要。信仰同样宗教负有同样使命的欧美传教士在中国相遇反而会多出一分"他乡遇同人"的亲切感。"
91

---

91 陶飞亚："《教务杂志》研究"，载李灵，陈建明主编：《基督教文字传媒与中国近代社会》，上海人民出版社，2013 年，第 412 页。

第六章　民国时期在华两教派传教士之间的关系（1912～1941）

　　1912 年 1 月 1 日中华民国成立，中国社会发生了巨大变化，3 月 11 日公布的《中华民国临时约法》宣布实行信仰自由的宗教政策，具体规定如下："中华民国人民一律平等，无种族、阶级、宗教之区别"，人民享有"人身、居住、财产、言论、出版、集会、结社、宗教等自由"，这些规定使基督教的合法地位得到法律保障。在处理国家与宗教关系的问题上，中华民国政府奉行"政教分离"政策：即各宗教一律处于平等地位，宗教不得干预政治，国家保护宗教信仰自由。宽松的宗教政策得到了教会人士的广泛认可与支持，也为基督教在华传教事业产生了重要而深远的影响。[1]宗教信仰自由载于《中华民国临时约法》之中，新的宗教政策为基督教在中国的传播带来了新的契机，基督教在华传教事业进入了蓬勃发展时期。

　　可以说，民国时期政教的彻底分离是两教派关系实现真正宽容的重要一步和必要前提。5 月 9 日，孙中山《在广州耶稣教联合会欢迎会的演说》中说："以今日而上溯前半年，其境地大有天渊之别。盖前则专制束缚，今则恢复自由。我兄弟姊妹，对于教会则为信徒，对于国家，则是国民。专制国之政治在于上，共和国之政治在乎民。将来国家政治之得矣，前途之安危，结果之良否，皆惟我国民是赖。岂可如前清时代之以奴隶自居,而放弃其根本乎？且前清之对于教会，不能自由信仰，自立传教，只藉条约之保护而已。

1　姚民权、罗伟虹：《中国基督教简史》，北京：宗教文化出版社，2000 年，第 130 页。

今则完全独立，自由信仰。为基督徒者，正宜发扬基督之教理，同负国家之责任，使政治、宗教同达完美之目的。兄弟怅触旧怀，百感交集，非一二言所能尽。惟望此后勉力前进，同担责任，得享宗教之幸福。是兄弟所祷祝者也！"[2]

民国时期，西方传教士也因民国政府在政教关系上的这种开明的态度，对于教会的前途也持一种乐观的态度。1912 年《教务杂志》发表的乐灵山和费启鸿（George F. Fitch，1845～1923 年）合撰的"元旦"社论指出："过去的一年，对中国来说意义是重大的，进步的波涛汹涌到前所未有的高度……这场革命不仅是政治动乱的表现，也是道德觉醒的标志。……因为 1911 年将以新中国的出现而载入中国的史册。斗争确实尚未过去，但是反动主义和中古思潮，现在已经处于守势，它们的地盘正在迅速缩小。新中国终于掌权了！展望未来，我们比以往更有信心，光明必将战胜黑暗，正义必将支配强权。"[3]

同为异国传教人在华从事共同的传教事业，长期处于一种疏远状态显然对各自从事的传教事业不利，所以新教与天主教传教士面对清末两教派的冲突对传教事业所带来的不利影响，各自也对自身的行为进行了反省。特别是义和团运动使基督教在华传教事业受到沉重打击，无论是新教还是天主教传教士，都对各自以往的行为进行了反省和检讨，尤其是在干预诉讼等方面。另外，传教士参与八国联军在华行动也招致外界批评，传教士对此也予以认可，美国新教圣公会传教士卜舫济（Francis L.H. Pott，1864～1947）在回应这种批评时就承认两教派传教士参与这种政治干涉都是有罪过的。[4]在义和团运动之后，天主教的传教理念也逐步发生了改变，罗马天主教会再次重申，禁止天主教传教士干预教徒之间的民间诉讼，可以说天主教这一行为的转变，为消除新教传教士与天主教传教士之间的隔阂，乃至日后的交流合作迈出了重要一步。英国著名来华外交官庄士敦（R.E.Johnston，1874～1938）敏锐地观察到两教派传教士希望和睦相处的主观意愿，他说，"事实上，最热心的和最有智慧的传教士也在尽力培养双方的良好关系，避免不必要的冲突，按照

---

2 张华："试论民国时期信教自由与现代中国政教关系的发轫"，《南京晓庄学院学报》，2015 年第 1 期，第 105～110 页。

3 张华："试论民国时期信教自由与现代中国政教关系的发轫"，《南京晓庄学院学报》，2015 年第 1 期，第 105～110 页。

4 Francis L. H. Pott, *The Outbreak in China:its Causes*, New York: James Pott & Company, 1900. p.111.

'待人宽容，和平共存'的原则活动，在异教徒面前展示一个（如果不是真实的也是表面的）一个联合的、和谐一致的形象。"[5]

与此同时，1910 年，在英国爱丁堡新教召开的"普世宣教会议"提出了传教的新理念，就是要求新教各宗派联合起来传教，尽管大会重点在于新教内不同宗派之间的合作，但在大会讨论中已有传教士提出与天主教也有必要展开合作的问题。在这一历史时期，新教传教士在理性承认教派差异的基础上尽可能淡化两教派之间客观存在的差异，并开始逐步关注天主教在华传教事业，以及天主教在社会事业如文化教育、文字出版、医疗慈善等方面所做的贡献。此外，两教派传教士还以《教务杂志》为交流平台客观理性地在教义方面展开交流，旨在消除误解增进相互理解，这也为后来新教与天主教和睦相处，并实现在争取信教自由和社会关怀事业中实现合作奠定了良好基础。

第一节　在华新教传教士对天主教传教事业的关注

新教与天主教传教士在华活动的分歧与异同，这与他们两教派的教义分歧、历史渊源、文化传统及入华社会背景所导致的不同属性有关。进入民国时期，尽管分歧与差异仍然存在，但新教传教士在保持自我的同时，也有意淡化两教派的分歧与差异。转而新教传教士对天主教在华传教活动所取得的成就以及在传教过程中开展的社会事业给予极大的关注与认可。

20 世纪 20 年代之前，新教传教士对天主教在华传教事业和社会事业是缺乏关注的。1907 年 9 月，《教务杂志》社论记载，新教传教士此前对天主教在华传教理念、传教活动、传教方式方法都过于忽视。[6]直到 1920 年，中华续行委办会统计 1901～1920 年中国基督教事业时，新教传教士承认，"中国基督教会对人数多达两千五百到三千名天主教外国男女传教士所完成的重要工作尚缺乏了解。"[7]

于是，进入 20 世纪 20 年代后，新教传教士开始逐渐增加对天主教的关注度，主要表现在天主教在华传教活动的最新动向、天主教与中国政府的政教关系、天主教开展的各项社会事业等方面，新教传教士都开始及时给予相

5　R. F. Johnston, *Letters to A Missionary*, London: Watts ＆Co., 1918, p.XIX.

6　"Teachings of the Holy Spirit," *CR*, Vol.38(Sep 1907), pp.515-516.

7　中华续行委办会调查特委会编：《1901～1920 年中国基督教调查资料》，蔡咏春等译，北京：中国社会科学出版社，2007 年，第 1055 页。

关报道，这反映了新教传教士对天主教传教活动持有了一种崭新的姿态。新教传教士对天主教的关注范围也较为广泛，表现形式也较为多样，除了直接报道天主教传教士开展的传教活动、创办的教育、文化、社会等事业外，新教传教士还在《教务杂志》上大量转载天主教杂志的文章以期增进对天主教在华活动的及时了解。新教传教士转载的天主教期刊主要来源于两个，第一个是梵蒂冈的《信仰通讯》（*Fides* Service），这是罗马天主教的官方杂志；第二个是创立于香港的《磐石》月刊（*The Rock*）。[8]除此之外， 1913 年，美国著名基督新教活动家穆德（John Raleigh Mott,1865～1955）在新教团体中发起成立"中华续行委办会"，旨在促进基督教在中国传教事业的发展，1918 年该组织下设"特别调查委员会"，历时三年多的时间完成中国各地基督教事业的实际调查，1922 年以中文和英文同时出版调查结果《1901～1920 年中国基督教调查资料》（以下简称《调查资料》）。[9]《调查资料》专辟一章探讨在华天主教会和东正教会的传教工作。新教传教士此次开展的调查活动，把天主教在华传教情况都统计在内的做法，充分表明新教传教士对天主教在华开展传教的成果有了某种程度的认同。

传教事业

传教事业始终是新教传教士最为关注的内容，不同的是，以往新教传教士由于对天主教传教工作存在一定程度的误解，因此不完全相信天主教会的统计数据等传教活动的效果。随着新教传教士态度的转变，新教传教士开始大量全面报道天主教在华传教活动的各个方面，新教传教士逐渐认可天主教在中国传教取得的成绩，同时也认识到天主教较为完备的组织机构中也存在着一定的缺陷。

20 世纪 20、30 年代，在华天主教会获得了很大的发展，教徒人数从 1907 年的 100 万增加到 1921 年的 200 余万，可见在二十年间，教徒人数增加了近

---

8 《磐石》月刊于 1920 年 10 月由一位天主教徒鲍文中校(Francis J. Bowen) 创立。在他主持下《磐石》月刊维持了差不多五年，直至 1925 年 5 月才告停刊。一年多之后，恩理觉主教(Bishop Valtorta) 邀请爱尔兰籍耶稣会士到香港并负责重新发行《磐石》月刊。这份杂志于是在 1928 年 1 月复刊，并持续至 1941 年 12 月。香港华南总修院参考书目录，[2011-11-15] http://books.chinacath.org/files/article/html/0/160/8074.html。

9 中华续行委办会调查特委会编：《1901～1920 年中国基督教调查资料》，第 1055页。

两倍，在这二十年间，天主教传教士人数和中国籍神职人员人数也增加了近500 名。[10]从 1900 年以后，来华的天主教修会也比以前增加了近一倍，20 世纪 20 年代，来华天主教修会已达 20 多个，来华天主教女修会也比以前有所增加。[11]天主教的组织系统比较严密，1622 年，罗马教廷成立了传信部（Congregation of the Propaganda），负责罗马天主教在全世界的传教工作，传信部是最高权力机构，它以教皇的名义指挥天主教的传教活动。罗马教皇是罗马天主教的领导中心，1900 年前，在华天主教虽然国籍不同，各修会基本上是以罗马教廷为中心，即以法国为"保教国"，同时也接受各自政府的管理控制；1900 年之后，罗马教廷加强了对中国天主教的直接控制，而与此同时每个修会仍然会受派遣国的管理，后来虽然利用了一些中国籍的神甫担任一定的领导工作，但组织系统并未有较大的改变。[12]

据《调查资料》记载，天主教会在全中国广泛地派驻了自己的代表，建立了教堂。其中，直隶、江苏、山东、四川、湖北和蒙古的教会实力相对强大是应该特别注意的。天主教徒的总人数将近二百五十万人，还有三十多万望教者准备领受洗礼。[13]王治心在《中国基督教史纲》中也指出天主教徒人数增加迅速，在 1900 年前，须经三十年人数才能增加一倍；而从 1900 至 1912 年，只经过 11 年便已增加了一倍。1918 年后，其增加的速度较为缓慢。1918 年的统计为 1，963，639 人，到 1924 年加到 2，244，366 人，只增加了 14.3%。[14]据《1922 年全国基督教大会》统计，1919 年，据报道超过 250，000 人受洗，在这个数字之外，在 9 个单独的省份的 117，701 名婴儿在临死前受洗，11，943 名成年人（在 6 个省份）在同样的情况下受洗，这样，平均在每一年有将近 100，000 名成年人和 50，000 名婴儿受洗。[15]除教徒人数外，新教传教士对天主教会建立的神学院、天主教传教士被土匪绑架情况、受难的天主教传教士情况都进行了报道。[16]他们曾在报道了一名女天主教徒殉道的事迹之后，

10　[意]德礼贤著：《中国天主教传教史》，（台）商务印书馆，1983 年，第 93～94 页。

11　[意]德礼贤著：《中国天主教传教史》，第 97～98 页。

12　顾长声：《传教士与近代中国》，上海人民出版社，2004 年，第 247 页。

13　中华续行委办会调查特委会编：《1901～1920 年中国基督教调查资料》，第 1055～1069 页。

14　王治心：《中国基督教史纲》，第 209～213 页。

15　*The National Christian Conference*, held in Shanghai, Tuesday, May 2, to Thursday, May 11, 1922,p.131-132.

16　"Recent Roman Catholic Events," *CR*, Vol. 61 (Nov 1930), p.735.

承认中国的新教徒是基督教信仰结出的种子，中国的天主教徒亦如此，因此，天主教传教士的传教成果同样卓有成效。[17]民国时期天主教徒人数始终多于新教教徒人数，新教传教士通过对天主教徒人数的统计增进了对天主教传教事业的了解，也对新教在华开展传教活动是一种督促和促进。

新教传教士在《调查资料》中指出了天主教的合一的限度，虽然天主教有罗马中心的统一领导，但是天主教在华的各个不同机构不大关心彼此的工作范围，他们在工作上都具有相当程度的独立性，也就是说，在华天主教各个机构与罗马教廷之间是垂直的隶属关系，但在华天主教各个机构之间并无横向的密切联系。[18]在传信部的控制下，各主教区或主教代牧区相继成立并开始工作，不过，各个不同的传教组织之间很少或根本没有什么协作关系，教堂之间也很少了解彼此的工作情况。[19]1922 年中国新教全国基督教大会也指出，罗马的传信部是罗马天主教的主要权威，它以教皇的名义指导所有天主教传教士的活动。当时一共有 13 个修会或修会团体在中国传教，他们的传教区域包括中国各个省份。[20]

新教传教士还介绍了天主教的书籍，主要有：1、《天主教：一个国家的威胁》，该书作者为一名罗马天主教神父，该神父后来离开了罗马天主教，并对罗马天主教大肆攻击，评论者甚至认为这些指责几乎是难以置信的。[21]2、《1913 年日历》，作者把天主教的日历推荐给新教所有的学校和图书馆，认为新教在中国的每一个机构都应该有一本这样的日历，因为它包含大量的信息，天文的、气象的、历史的、统计学的、科学的信息。此外，作者对 1903～1912 天主教神职人员的人数也很有兴趣。[22]3、《1914 年日历》，作者再一次向新教的所有学校推荐天主教的日历，作者认为大家都应对此重视起来。[23]4、《1917 年天主教修会年鉴》，这个在法国出现的年鉴，注意到了新教的著作和传教行

---

17 *CR*, Vol.61(Aug 1930), pp.535-536.

18 中华续行委办会调查特委会编：《1901～1920 年中国基督教调查资料》，第 1052～1054 页。

19 中华续行委办会调查特委会编：《1901～1920 年中国基督教调查资料》，第 1055～1069 页。

20 *The National Christian Conference*, held in Shanghai, Tuesday, May 2, to Thursday, May 11, 1922, p.123.

21 "Our Book Table," *CR*, Vol. 44 (Dec 1913), p.773.

22 "Our Book Table," *CR*, Vol. 44 (Mar 1913), pp.175-176.

23 "Our Book Table," *CR*, Vol. 45 (Jan 1914), p.51.

为，书中包括新教与东正教的统计数字。[24] 5、《1918 年日历》，新教传教士高度赞扬这本日历，认为这是绝对必要的有关天文、气象的书籍，它也包括截止 1917 年 6 月中国的政治、教育大事，还有园艺学和植物学的纪录，还有罗马天主教在中国和日本的数据。[25] 6、《传教士问题》，作者为一名传教士大学的校长，认为天主教传教士的成功比新教传教士多，新教传教士应向天主教传教士学习，评论者认为这本书在英国圣公会圈子外流传并不广泛。[26] 7、《玛利诺会中国传教士书信集》，这本在美国纽约出版的书摘自美国玛利诺会传教士在中国的书信和日记，大体描述了 1921～1924 年间这群美国天主教传教士在中国的生活和传教经历。[27]

民国时期新教传教士开始广泛关注天主教在华传教活动，并对其传教事业多个方面进行及时宣传报道，主要形式有及时报道天主教日常传教工作动态、大量转载天主教所开展的社会事业具体情况等。新教传教士对天主教的这些关注行为也是新教开展传教活动的现实需要，这是因为天主教传教活动中的经验和教训对新教都有可能形成参考和借鉴。

文化教育事业

天主教会历来就有重视和发展教育的传统，天主教会在中国也注重通过创办教育事业来教诲民众。从 19 世纪下半叶开始，在华天主教会开始建立其教育体系，天主教会所办的学校分为招收天主教徒子弟的普通学校和为教会培养神职人员的修院两类。20 世纪在华天主教继续注重对天主教徒的教育，与新教类似，天主教也将兴办教育视为一种间接传教方法，中国天主教徒徐若瑟 1933 年在《圣教杂志》中指出当通过兴办教育来传教，举办学校的目的本身不是宣传基督教，但是如果通过开办学校而培养了天主教人才，这些人才能在社会中发挥自己的影响力，从而引起人们对天主教的关注，这就可以间接地传播基督教信仰。而且如果天主教学校办得好，能够吸引教外子弟来求学，则天主教的思想便能对教外子弟产生潜移默化的影响，更进一步地，教外子弟的思想又能对他们的父母产生影响，从而使得教外人能够有了解和认识天主教的机会，这样，天主教会之外的人对

24　"Our Book Table," *CR*, Vol. 48 (Aug 1917), p.537.
25　"Our Book Table," *CR*, Vol. 49 (Jul 1918), p.483.
26　"Our Book Table," *CR*, Vol. 53 (Jan 1922), p.59.
27　"Our Book Table," *CR*, Vol. 59 (May 1928), pp.318-319.

于"公教的真相得能了解，由了解而研究，而尊敬，这岂不是一个很好的间接的传教方法吗"？[28]

1937 年中国天主教徒杨福爵明确指出"兴教育以广教务"的口号，他认为天主教如果要在中国广泛传播开来，天主教传教士就要仿效明末清初天主教传教士利玛窦、汤若望的精神和方法，借助于学术研究或教育事业来传播基督教，天主教传教士在教授科学知识之余，也将天主教道理传授给学生，这样本身为天主教徒的学生，其信仰便可以巩固，即使教外学生，明白了天主教的教理之后，也会对天主教持一种友好的态度。他最后还指出在教会学校中使天主教思想得以广传的方式，如设立天主教图书馆、举办天主教教理讲座和公开的演讲等。[29]

20 世纪上半叶，中国天主教在注重对天主教徒的基础教育的同时，开始着手天主教高等教育的提升和完善，各地教会纷纷作出了一定的努力。如 1908 年，内蒙古中部地区的专科学校开始教授西方科目；同年，武昌的一所天主教专科学校也开始教授英语和法语。[30]直到 20 世纪 20 年代，中国天主教已有了 3 所大学，但是，与新教 13 所大学相比，天主教高等教育的规模远远不如新教。赖德烈在《中国基督教传教史》中写道："在新社会中，没有公教徒有能力进入国会或省部级政府部门任职"[31]，这反映了中国天主教徒与新教徒相比在学识和能力上的总体不足。分析其原因，一是由于天主教的传教经费主要用于传播信仰和维持教务，用于兴办教育的经费不足；二是由于中国天主教徒自身的文化水平不高，这些都限制了天主教在高等教育方面的进一步发展。[32]

传教士依托在华创办的教育事业传播基督教，在增进中国民众对基督教了解的同时，也推动了近代中国教育事业的发展，从而确立了基督教在中国社会中的良好声誉。晚清时期天主教在通过教育事业来扩大基督教的影响方

---

28 徐宗泽：《广设学校以提高教友社会上的地位》，《圣教杂志》1933 年第 5 期，第 260 页。

29 杨福爵：《兴学校以广教务》，《公教进行旬刊》第 9 卷第 10 期，1937 年 4 月 7 日，转引自李楚材编著：《帝国主义侵华教育史资料——教会教育》，北京：教育科学出版社，1987 年，第 65～66 页。

30 晏可佳：《中国天主教简史》，第 204 页。

31 [美]赖德烈著：《基督教在华传教史》，第 617 页。

32 晏可佳：《中国天主教简史》，第 207 页。

面始终不如新教，进入民国以来，天主教在文化教育方面也积极投入，并收到了良好的社会效果，新教传教士看到了这一点，对此也给予了充分肯定。

在《调查资料》中，新教传教士注意到了天主教教育工作的全面性和系统性。他们对天主教的高等教育、宗教教育、职业教育、在华外籍人员子女的教育工作都进行了报道，在他们看来，天主教的高等教育中所谓"College"的学制是不规范的，天主教对此没有一个统一的标准，如"师范学校"、"修院"、"专科学校"都广泛使用了"College"，而新教与天主教会中"College"的含义可能是不一样的。新教传教士特别注意到了天主教宗教教育和职业教育的发达，他们指出，天主教会除了由神父直接负责教义学校的宗教教育管理之外，天主教会也在孤儿院、医院及养老院里进行宗教教育。天主教会在孤儿院里进行的职业教育效果明显，由于负责培训的天主教神甫和修女大都受过专门的职业训练，这些经过职业培训的孤儿都能掌握一技之长，很容易地在社会上立足。[33]王治心也充分肯定了天主教教育工作的成绩。他认为天主教的教育事业从 1850 年创办"徐汇公学"之后就处于不断的发展中，天主教的各类学校不断增多，学生人数增加的速度更快，不仅有在中国学习的，还有不少在罗马留学，因此，"其教育发达的情形，可见一斑。"[34]

我们从《调查资料》注意到有些天主教会在中国所办的学校水平非常高，这方面也得到了新教传教士的充分认可，新教传教士在《调查资料》中对天主教教育事业评价颇高："那些从事教育工作的天主教传教士中许多人都具有很深的学术造诣，在科学研究方面也有高质量的成就"，特别是"有些天主教会为中国人开办的学校是具有很高的学术水平的"，这类学校有上海徐家汇圣依纳爵公学（College of St. Ignace de Zikawei）、圣方济各沙勿略学院（College of St.Francis Xavier ），震旦大学等，这些学校对在华基督教教育工作做出了积极的贡献。[35]

新教传教士对罗马天主教大学、天主教的高级研究机构、天主教对教育改革的态度等都给予了重点关注。1929 年 11 月，北京天主教辅仁大学的新校

---

33 中华续行委办会调查特委会编：《1901～1920 中国基督教事业统计》，第 1055～1069 页。

34 王治心：《中国基督教史纲》，上海古籍出版社，2004 年，第 209～213 页。

35 中华续行委办会调查特委会编：《1901～1920 年中国基督教调查资料》，第 1271～1273 页。

舍举行奠基礼，罗马教皇派往中国的代表刚恒毅主教发表了演讲，《教务杂志》也进行了报道，报道的内容包括这所大学的建立机构，并指出建立具有较高水平为中国复兴能做出积极贡献的明确目标。[36]1930 年的《教务杂志》还报道了天主教的一个学术组织，即中国北方的天主教知识分子组织的一个名为"朋友之间的相互学习"的协会，指出它的目的在于促进更高级的学习，所有的天主教教徒都可以成为协会的成员，这个中心在北京每个天主教教会都有分支机构。[37]1928 年，有新教传教士对基督教教育事业进行了反思，认为新教传教士应该思考天主教传教士提出的关于教育存在的问题。[38]

此时的新教传教士已能客观、理性地认识和评价天主教。肯定之余，新教传教士也总结了天主教教育工作的不足之处，主要体现在四个方面：第一，与中国天主教徒总数相比，接受教会学校教育的中国天主教徒人数较少，20世纪 20 年代初，中国天主教徒约为 200 万人，在教会学校接受教育的天主教徒只有约 15 万人。第二，从事教育工作的中国天主教神职人员人数较少，他们所受的培训也不够，不能满足中国广大天主教徒的需要。第三，天主教的教会学校之间彼此的协作或配合比较少。[39]时任上海圣约翰大学校长的卜舫济，指出天主教会的教育工作起步晚是其教会学校数量少的原因。[40]在新教传教士眼中，制约天主教会的教育工作的因素有两个：一是缺乏资金。由于教育事业需要大规模的财政支持，天主教的派遣国法国、德国等国很少捐赠大笔款项专门用于教育事业，这样，有些天主教修会从事教育工作的经费就只能依靠满足传教工作之外剩余的经费，这样的经费自然不能满足天主教会教育工作的需要。二是中国天主教会中能讲英语的教育人员少。由于大部分天主教传教士来自欧洲大陆国家，他们的英语讲得并不流利。因此，天主教在吸引和使青年人留在天主教教会学校中就比较困难。第四，天主教会在全国的教育工作没有一个统一的标准，与新教相比，天主教在中国所从事的高等教育的工作不够全面，天主教会所提供的关于教育工作的统计数字不完整，

---

36 *CR*, Vol.61(Feb 1930), p.132.

37 *CR*, Vol.61(Apr 1930), p.261.

38 *CR*, Vol.59(Apr 1928), pp.258-259.

39 中华续行委办会调查特委会编：《1901～1920 年中国基督教调查资料》，第 1271～1273 页。

40 F. L. Hawks Pott, Early Christian Education in China, *CR*, Vol.72(Jun 1941), pp.291-296.

提供的有关学校程度、教学质量报告含义也比较模糊。因此只依据天主教会提供的数字就很难对天主教会的高等教育形成一个准确的概念。除了教育质量之外，新教传教士也认为相对于中国天主教徒的人数，天主教会所从事的高等教育工作还不能满足全体天主教徒的需要。[41]

文字出版事业

关于文字出版事业，天主教自 1879 年创办《益闻录》之后，就持续在华出版发行了多种中外文报刊，除了介绍宗教内容之外，还积极传播西方科学技术和文化。特别是 20 世纪以来，天主教在华文字出版事业获得了很大的发展。民国时期在华天主教会较为重视文字出版事业，1935 年 9 月，第二任罗马教廷驻华宗座代表蔡宁（Archbishop Mario Zanin）总主教，在上海全国公教进行会代表大会开幕式上致词中表达了对天主教新闻出版事业的重视："新闻事业为公教进行的呼吸，如无公教新闻事业，则公教不能活动，正如人无呼吸即死。"一些出席代表大会的代表也表示："如不注重公教新闻事业，难望得到传信圆满结果。"[42]因此，民国时期天主教的文字出版事业有了较好的发展，刊物种类比以前增多，宗教性内容有所加强，世俗性内容相对减弱。

民国时期，新教传教士对天主教自入华以来的文字出版事业有了比较积极的评价，一方面，新教传教士对天主教在华创办刊物的数目、内容进行详细报道，以期全面了解、掌握天主教在华文字出版事业状况；另一方面，新教传教士认为所有的新教传教士都应该认真阅读天主教传教士出版的护教类著作和"虔敬类"书籍，认为这对新教的传教事业也是有益的。[43]1928 年 9 月，《教务杂志》的书目一栏介绍了天主教传教士出版的《为天主教会辩护》，认为新教反对的不是它的结论，而是它的前提，认为它除对天主教徒有用之外，也对新教有用。[44]

新教传教士首先注意到了天主教印书馆的增多，指出当时天主教主要的印书馆主要有十三家：1、香港纳匝肋静院活版；2、上海徐家汇土山湾印书

41 中华续行委办会调查特委会编：《1901～1920 年中国基督教调查资料》，第 1271～1273 页。

42 《益华报》1937 年 1 月 10 日，北京：国家图书馆藏。

43 中华续行委办会调查特委会编：《1901～1920 年中国基督教调查资料》，第 1271～1273 页。

44 "Our Book Table," CR, Vol. 59(Sep 1928), p.594.

馆；3、北京北堂遣使会印字馆；4、直隶献县张庄天主堂印书馆；5、山东兖州天主堂印书馆；6、四川重庆圣家书局；7、澳门无玷始胎印书馆；8、热河西湾子天主堂印书馆；9、湖北武昌天主堂印书馆；10、福建福州天主堂印书馆；11、山东济南天主堂印书馆；12、直隶正定府天主堂印书馆；13、湖北宜昌天主堂印书馆。发行中心最主要的还是上海土山湾印书馆，其次是重庆的圣家印书馆。在上海第一次主教会议的鼓励之下，天主教会于 1928 年在北京设立了一个中枢机关，由宗座驻华代表直接监督，其名称为"中华公教教育联合会"。该委员会还发行一种月刊，其中文名为《中华公教教育联合会丛刊》，用以指导各地的教会教育和文字出版事业。[45]

除了关注天主教在华出版机构之外，新教传教士还在传教方面利用天主教在传播宗教信仰方面的出版物，明末清初天主教传教士参与了修订历法工作，富有成果。清朝中叶以来，耶稣会在上海建立的徐家汇天文台继续在修订历法方面发挥着作用，新教传教士对天主教在这方面的贡献颇为肯定，并非常乐意利用他们的研究成果。《教务杂志》1914 年 1 月的一篇书评向所有的教会学校推荐天主教会出版的年鉴，认为"每所学校和大学的图书馆都应该有一本这样的书"。[46]1922 年中华续行委办会在对中国基督教传教情况进行调查时也肯定了天主教的文字出版工作对新教的借鉴意义。他们认为"罗马天主教在华传教事业一直是以拥有自己的学者而著称的"，从天主教入华以来，天主教传教士就开始从事文字工作，有些著作已经有 300 多年的历史了，至今仍在出版，有些从事汉学研究的天主教传教士如 Father Dore' 和 Father Wieger 甚至在国际上都很有声望。[47]

新教传教士认为他们从天主教会出版的护教著作中受益颇多，而天主教会出版的"虔敬书"类书籍也为他们提供了丰富的精神食粮。因此，新教传教士应该认真阅读并研究这些天主教书籍：

> 各印书馆出版的"虔敬书"类的书籍也是值得研究和极有意义的。没有一个新教徒不是怀着沾沾自喜的心情来阅读这些书的，它们是天主教会的信仰和崇拜的证明，不管他愿意与否，天主教会乃

---

45 中华续行委办会调查特委会编：《1901～1920 年中国基督教调查资料》，第 1271～1273 页。

46 "Our Book Table," *CR*, Vol.45(Jan 1914), p.51.

47 中华续行委办会调查特委会编：《1901～1920 年中国基督教调查资料》，第 1271～1273 页。

是他的母教会，在欧洲整个黑暗时期为他保存了有关他的信仰的文献以及对圣主奉献的准则。这类书籍数量最多，为人类灵魂的宗教需要提供了丰富的精神食粮，这是我们的罗马朋友心地坚贞的一个明证。尽管天主教会与新教之间分歧很大，但在这方面他们却有共同的基础。即使某些标题本身对一位信奉新教的人来说是令人不愉快的，即使这类文章的大部分是不可能具有他所需要的基础、背景和内容，但由于两派都期望一个上帝和一个上帝与人类之间的中保，他们就不可能在心灵上完全分开，没有比我们所提及的这批中文书籍更好的证明了，要详细介绍这些著作会花费过多的篇幅，我们只能说，没有对这些书进行研究的人就不应该对天主教会在华的文字工作横加指责。[48]

新教传教士认识到在特定的历史环境之下，文字出版事业是不可或缺的，它将为基督教在华传播创造一个良好的前提，所以，新教传教士对天主教的文字出版事业给予了关注与认同。但是，新教传教士在对天主教文字出版事业肯定的同时，也指出了其不足之处，即一方面，天主教出版的著作中更多是对圣徒生平的介绍，而不是翻译《圣经》。另一方面，明末清初天主教的著作中，科学方面的著作多于宗教方面的著作，如就利玛窦而言，他的绝大部分著作都是科学和数学方面的，明显的宗教著作只有少数几本。这有以下两点原因，一是对欧洲反动思潮的一种反作用，这种反作用对同时代的利玛窦的生活产生了极大的影响；二是在利玛窦看来，如果能在传播天主教的同时，从事科学研究工作向中国人介绍西方的史地和科学知识，则可以开阔中国人的视野，使中国人破除蔑视西方文明的心理，为天主教在华顺利传播创造良好的社会环境。[49]

医疗慈善救济事业

天主教将医疗慈善救济事业作为加大在华传教活动影响的一个重要组成部分，天主教会从事的医疗慈善活动可以分为三个方面：第一，创办孤儿院和育婴堂，1920 年，天主教在华创办的孤儿院总数超过 150 所，1930 年，这些孤儿院总数已达 375 所。1935 年，天主教在上海创办的规模最大的圣母院育婴

---

48 中华续行委办会调查特委会编：《1901～1920 年中国基督教调查资料》，第 1256 页。

49 中华续行委办会调查特委会编：《1901～1920 年中国基督教调查资料》，第 1052～1054 页。

堂中，其收容过的婴儿已达 17000 多名。第二，设立医院、诊所和养老院。进入民国时期，在华天主教会在原有医院的基础上又新开了许多医院和诊所。1929 年，天主教在南昌开设了法国妇幼医院，1935 年，天主教在上海开设普慈疗养院。1920 年，天主教在全国创办的养老院已达 37 所，1930 年，全国养老院已达 232 所。第三，开展救济事业。每逢中国发生较大的自然灾害或战乱时，天主教就会组织救济团体从事赈灾活动，以此来扩大天主教会的影响。[50] 例如在中国抗战期间，在广西传教的玛利诺外方传教士就通过设立避难所、收容所等方式救助了大量流离失所的难民，也吸引了不少人加入天主教。[51]

新教传教士对天主教的医疗慈善救济活动进行了关注和报道，他们注意到所有的天主教修会都特别强调孤儿院。20 世纪 20 年代，全国天主教孤儿院总数为 150 余所，主要集中在直隶、江苏、浙江、广东、蒙古等省份。这些孤儿院共收养 17000 多名孤儿，其中以女孩子居多。除了孤儿院之外，新教传教士也对天主教会所办的养老院进行了关注与报道。新教传教士观察到，天主教会在十个省内就有三十七所养老院，平均每所养老院收容三十五人。天主教会对孤儿的教养功绩很大，天主教的孤儿院不但规模宏大，且治理完善，新教传教士承认在这方面天主教比新教成就显著。[52]

20 世纪初，天主教教会的医疗卫生事业确实有了很大的发展，教会医院的数量大大增加了，规模也大大扩展了，尤其在医学教育方面取得很大的成就。在救灾救难方面，天主教也有很大的贡献，如 1931 年华北水灾时，罗马教皇及中国天主教徒发起了赈灾会，募得 20 余万元的赈款。[53] 新教传教士认为从事医疗慈善事业与社会服务事业是接近中国民众的一个便捷途径，这有助于消除中国民众的排外心理，并获得他们对基督教的理解与尊重。所以新教传教士十分关注天主教会对于社会服务工作的功绩，承认这些大规模、有组织的赈济活动，拓展了天主教会慈善事业的内容，扩大了天主教会在中国民众中的影响，为以后传教提供了极大的便利。[54]

---

50 晏可佳：《中国天主教简史》，第 201～202 页。

51 庾裕良、陈仁华、吴国强：《天主教基督教在广西资料汇编》，广西民族出版社，1985 年，第 329 页。

52 王治心：《中国基督教史纲》，第 209～213 页。

53 王治心：《中国基督教史纲》，第 209～213 页。

54 石莹：《近代中国教会慈善事业研究》，湖南师范大学硕士学位论文，2009 年，第 65 页。

新教传教士对天主教赈灾社会事业的关注，对新教自身的社会救济事业也是一种促进和提高，新教传教士意识到通过参与社会公益事业可以架起与中国民众沟通的桥梁，消除他们对基督教的冷漠，以期为传教事业创造良好的社会环境。正如马礼逊指出的，"以具体的行动进行传教将会引起中国民众的注意，使他们关注福音的启示"。[55]同时新教传教士也对天主教教徒参与中国禁烟运动，以及天主教会与政府在农业方面的合作进行关注与报道。[56]

第二节　在华天主教传教士对新教的态度

新教借鉴历史上来华天主教的经验并汲取教训，开始理性看待历史上的天主教的成功做法，不再是与同时期在华天主教的批评指责，说明新教对同时代在华天主教在主观上有去除两者之间的张力、消除关系隔阂的意愿，对两教派来说都应说是去除对立走向合作与对话的机遇期。此时个别天主教传教士已经与新教传教士展开教义上的交流，在共同面临的一些事情上也实现了合作，但从整体上看，天主教传教士对新教的态度在此阶段变化不大。原因为天主教会具有自上而下统一的组织，罗马天主教会直至1962~1965年梵蒂冈第二届大公会议召开之前，对新教的态度一直较为保守。因此，在华天主教传教士对新教的态度也没有实质性的转变。

学习新教的成功经验

20世纪最初二三十年中，基督教在华传教事业一般来说有了显著的进展，但新教与天主教的社会影响力是不一样的，面对这种反差，部分天主教传教士也试图分析新教影响力超过天主教的原因，在客观分析现状的同时也学习新教的成功经验。1918年，法国耶稣会传教士刘钦明在致罗马教廷传信部的信中分析了新教社会影响力超过天主教的原因：第一、新教"拥有雄厚的经济力量，成立了几个专科学校，在学校里组织了青年学生联合会，他们还拥有大量的印刷、出版工具，他们出版了《圣经》和其它教会书籍，大批地销售在全国各地。"第二、鉴于中国教育体系的改革，新教"供应了学校一批科学教科书和一些英文译本名著。"基于此，新教在城市中"与知识分子和资产

---

55 Charles Gutzlaff, *Chinese Medical Mission*, Nisbet LCO, 1958, p.2.
56 "Work and Workers," *CR*, Vol. 66(Dec 1935), p.762.

阶级取得了联系，他们在中国的声势是我天主教望尘莫及的。"[57]第三，"通过青年联合会及教育事业，耶稣教在大城市内占有了优势。"新教在华传教事业所获得的成绩，说明了新教传教士的方法正确。因此，为发展天主教在华势力，天主教应该向新教学习。[58]

随着民国时期中国民族主义情绪的高涨，基督教在华传教事业面临的新的社会环境日趋复杂，一些中国新教徒也加入了反帝救国的行列，部分中国天主教徒也参与了爱国活动。1919 年 6 月 17 日，广州代牧光若瀚[59]在以宗座巡阅使身份发表的《致直隶司铎书》中批评天主教会内部的改革思潮和爱国行动："汝曹不可受训于俗人，因有人痴心梦想，以为既已推倒中国旧政府之秩序，君主政体，既改为共和政体，则以为圣教会之体制，亦宜同似之改革，谬念妄想，莫此若也。"光若瀚也严厉指责了部分中国天主教徒在报刊上发表文章宣传爱国思想的行为："汝曹不可受训于报章。即为天主公教人创立之报章，亦不能不屡次无智识，不忠信，不确切，或杂谬道，以致妄随私意。散布诸多诱引阅者之件也。"除了这些以外，新教徒的爱国行动对天主教徒的影响又成为天主教传教士着力批评中国天主教徒的一点："汝曹不可受训于誓反教人。彼等于基利斯督之真道，尚不能互相同意统一，千方百计，激动人心，且亦屡次危乱治安，使已之声誉权利，逐渐增加也。"[60]天主教传教士认为：天主教只能训诲万民，而不能受训于人。当部分新教传教士和中国新教徒对于社会的挑战作出积极的响应时，部分中国天主教徒受其影响也从事爱国运动，这表明，民国以来面对新的复杂的社会环境和尖锐的挑战，新教徒与天主教徒在对社会挑战的回应上表现出了趋同和彼此之间的呼应，天主教传教士的严厉指责也表明了天主教传教士与中国天主教徒之间的矛盾与隔阂。

对新教教义持不认可态度

然而，对天主教而言，新教更多的仍是天主教的对手，1919 年，部分北京天主教徒在回答罗马教廷为了解中国天主教和新教传教活动设计的调查问题中，表达了应如何应对新教日益扩大的社会影响力，当罗马教皇问道："誓

---

57 解成编著：《基督教在华传播系年：河北卷》，天津：天津古籍出版社，2008，第418 页。

58 解成编著：《基督教在华传播系年：河北卷》，第 419 页。

59 光若瀚（Jean Baptiste Maric de Guebriant），法国巴黎外方传教士。

60 《光大巡阅使致直隶司铎书》，《圣教杂志》，1920 年第 4 期，第 170～171 页。

反教如何传布？[61]其重要处何在？何以大奏功效？应如何防制之？"北京天主教徒在《北京教友上教宗书》的答复则为："誓反教颇能迎合现今社会，结交官长，征集会友，广立学堂，培养科学适用之人才，重要之点其在斯欤？似不宜徒托空言，'彼无天主圣宠，传教终无大益'；换言之，即听其下地狱可也。"[62]

1930 年，薛劲萱在《公教周刊》中发表《天主教与裂教之传教观》一文，指出了新教传教事业兴旺发展的原因，同时仍视新教为裂教，认为新教已经没有基督教真理，还有许多错谬之处，认为只要天主教注重传教方法，天主教徒会比新教徒更加虔诚坚信，"试考吾天主教，来华传道，历时最久。而裂教（即耶教）后此而来，不知几百年矣。即以吾闽论之，而天主教亦早开教。究竟各地之传教状况，由外面观察，裂教似颇发达，而吾天主教，似更冷淡。然而吾天主教，实为耶稣亲立之教，由宗徒传下。而裂教不过袭吾天主教余唾，真理已失，诸多错谬。仅几百年，而传教似更得法。推其原因，裂教之人，长于交际，而吾教太事孤寂，而失诱导之功。彼则教育发达，学校林立，而我则教育幼稚，子弟失学，而辅助神长传教之人员亦缺少。宗教教育之常识，此二者之缺点，昭昭在人耳目，无庸掩饰，所以传教未能发达，职如故耳。惟是我教尚有今日之现状者，专赖乎道理之真，圣宠之厚，不然则传教前途，不堪设想。彼裂教虽具有传教之常识，教育之发达，其教友尚不能坚信者，实因圣宠之绝无，真道之遗失，有以致之耳。然则吾侪即有圣宠之在望，真道之门径，是诚厚幸。何不努力前进，讲求传教常识，扩充教育，殊为可惜，有传教之责者，请垂鉴焉。"[63]直到 1949 年，《益世周刊》的一篇文章仍认为天主教是真正的基督教，耶稣教教义有错误，耶稣教还是人所创立，作者并不认同耶稣教的教义。[64]

由此可见，此时期在华天主教传教士对新教的态度与新教传教士对天主教的态度相比仍有差异。尽管部分天主教传教士也尝试过为促进天主教与新教之间的相互理解而进行努力，如 1930 年，《教务杂志》的书评介绍了一本天主教出版的书，书中的文章既有来自新教杂志如《教务杂志》的，也有对

---

61 誓反教指基督新教。

62 顾卫民：《中国天主教编年史》，第 452 页。

63 薛劲萱：《特约撰述：天主教与裂教之传教观》，《公教周刊》，1930（55），第 5 页。

64 《天主教与耶稣教有何区别》，《益世周刊》，1949 年第 2 期，第 19 页。

新教传教士的书籍进行评论的文章，该书的目的之一就是为了促进新教与天主教的相互理解。该书是一个发行量为 10 本的月刊，是关于天主教会在中国的情况或对天主教有影响的文章、声明和文件的集子。这些集子用 4 种语言写成，拉丁文、法文、英文和中文，题目的覆盖范围也广泛，文章不断地全部或部分地在新教杂志上重印。这个杂志在促进天主教和新教的相互理解方面起到一个真实的推动作用。[65]但是，纵观天主教传教士对新教的态度的整个历程和原因我们可以看到，天主教最终对在华新教不宽容的态度，对基督教在华传播事业的发展是没有益处的。

第三节　在华两教派传教士在教义上的相互交流

同一宗教不同教派之间如果能够以客观、理性的态度来互相对待，将有助于不同教派之间的对话与合作，也有助于增进不同教派之间的交流与交往。民国时期，新教传教士对天主教的评价趋于客观理性，一方面以《教务杂志》为媒介平台，邀请天主教传教士撰写文章，宣传天主教在华开展传教活动有关信息；另一方面，新教与天主教传教士对教义理解存在差异情况广泛深入地展开交流。尽管民国时期新教与天主教之间较多地仍以各自独立传教为主，但新教与天主教传教士之间的这种有限交流已经打破两教派之间彼此隔离的状态，具有一定积极意义。

1913 年，法国天主教耶稣会传教士史式徽（J.De La Servière）在《教务杂志》上发表长篇文章，阐述天主教在华传教工作，新教传教士在《教务杂志》中刊发天主教传教士文章旨在通过这种方式增进相互了解、认知，以及对其在华开展传教活动的帮助与支持。此后天主教传教士的文章多是向新教传教士解释天主教的教义的，如教皇权威及教皇"永无谬误"论。意大利天主教耶稣会传教士德礼贤（Pasquael M d'Elia，1890～1963）[66]多次在《教务杂志》上发表文章与新教传教士探讨关于教义的理解与认知。1929 年 5 月，德礼贤在《一名天主教徒的回答》中指出有些天主教教义是新教所理解的天

---

65 "Our Book Table," *CR*, Vol. 61(Jan 1930), pp.53-54.
66 德礼贤（Pasquael M d'Elia，1890～1963），意大利耶稣会传教士，著名汉学家，曾任意大利罗马大学汉语和中国文学的客座教授，其著作有《第一种中文基督教学说的汉字历史》、《利玛窦神父的中文地球仪》、《1583～1640 年中国基督教艺术的起源》。

主教教义，而不是真正的天主教教义。[67] 1930 年 9 月，德礼贤又在《来自天主教的回应——天主教教会一贯正确吗？》解释了天主教教会并不是一贯正确的，认为没有一个教会是没有缺点的，[68]这样的平和而理性的对话与交流是有益于促进双方消除分歧与隔阂的，并不断增进彼此间的相互理解与信任。

新教与天主教之间的交流主体广泛

民国时期，新教与天主教之间的交流主体广泛，涉及新教的各个教派、传教士个人及中国基督徒，在传教士中不仅包括天主教神父，也包括罗马天主教皇驻华代表等。1928 年 11 月，中国新教徒章方（Djang Fang）在《教务杂志》上发表了《明日的中国教会》一文，文中提到了新教教会过于强调新教与天主教之间的宗派差异，他指出，"根据天主教教义，教皇是圣彼得的直接继承人，圣彼得很明确地被上帝委任为牧师，他在地上的权威超过所有其他人，他获得了圣徒和圣人的荣誉，因此能够施行拯救。"谈到新教时，作者认为，"在新教没有像在天主教教义中与之类似的牧师的阶层，每个个人都平等地站在上帝的宝座前，耶稣基督是上帝和人之间唯一的中介，一劳永逸地既作为牧师，也作为先知。救赎绝对在上帝的手中掌握，只有在因信称义的情况下人才能得到救赎。"[69] 1929 年，意大利天主教耶稣会传教士德礼贤就在《教务杂志》上发表文章与之进行探讨，德礼贤首先对章方的观点表示极大的惊讶，并认为这种对天主教教义的理解是新教概念中的天主教教义，他批评作者没有读过天主教的教义问答手册，也没有读过天主教的神学书籍，接下来他对新教自认为的天主教教义一一进行了回应：一是"只有耶稣基督才是上帝与人之间唯一的中保"；二是只有上帝才有救赎权；三是不是罗马教皇而是罗马教会被赋予荣誉，罗马教皇作为教会的首脑，并没有赦罪的权柄，他只能对教徒在教会中的罪进行临时的惩罚。"[70]

在天主教与近代中国政治的关系中，天主教对"三民主义"的态度成为新教传教士关注的重点，新教与天主教传教士在这个问题上展开了初步的探讨与对话。在新教传教士报道了天主教关于"三民主义"的态度与立场后，

67　Pascal M. D'Elia, "A Catholic Reply," *CR*, Vol.60(Jan 1929), p.55.
68　Pascal M. D'Elia, "A Catholic Reply: Is the Catholic Church Infallible?" *CR*, Vol.61(Sep 1930), pp.570-574.
69　Djang Fang, "The Chinese Church of To-Morrow", *CR*, Vol.59(Nov 1928), p.684.
70　M. D'Elia, "A Catholic Reply,"*CR*, Vol.60(Jan 1929), p.55.

天主教传教士向《教务杂志》投稿，进一步解释天主教对待"三民主义"的态度，强调天主教学校应该与国民政府保持一致，但是，无论在什么情况下，他们都应该保证天主教教义的完整性。1929 年 6 月，《教务杂志》报导了"三民主义"在天主教学校的执行情况，即孙中山的"三民主义"在中国的天主教学校已成为学校思想指导的一部分，在过去几年里尽管天主教会同情中国的学生运动，但是，"中国罗马天主教会的成员将被命令遵守国民政府"。[71]1929年 8 月，刚恒毅在《教务杂志》上发表文章，解释天主教对"三民主义"的态度。刚恒毅声称解释的目的是"为了避免被误解"，他指出，"我们，和所有天主教传教士认识到这样一个事实，孙博士的'三民主义'是从事我们学校开展工作的一个必要的思想，我们认识到孙博士的前述原则与天主教教义是不相冲突的。"刚恒毅指出，天主教学校不能教授唯物论，关于天主教与中国的复兴，刚恒毅也阐述了罗马教皇对天主教传教士的要求，即"天主教传教士应该对中国的和平、繁荣和进步有所贡献"，此外，天主教会承认合法政权，并对之表示尊重和服从。[72]

新教与天主教传教士之间的交流是平等和理性的

罗马教皇庇护十一世关于基督教教育有一个有世界性影响的通谕，德礼贤将之称为"基督教教育的大宪章"，《教务杂志》编者对其十分重视，分两次在《教务杂志》上刊登，并认为它值得新教传教士仔细地阅读和思考。1930年 8 月，《教务杂志》编者专门撰写一篇社论，在社论中编者提出了新教传教士不能认同的地方："我们作为新教徒，很难接受关于罗马教会或其它任何一个教会的主张，即'神自己以神圣的性质与教会分享，通过特殊的权利保证她免于犯错误的自由'，对这一主张我们持怀疑态度，所有人类的机构，无论是个人或是社会，由于缺乏这种神圣性，他们都会犯错，即使他们凭神的力量在寻求更高级的真理时受神灵启示，他们也会犯错。"[73]尽管德礼贤不认同新教传教士的观点，并对此社论感到深深的遗憾，他仍对此进行回应，但他承认，他的回应不是以一种冲突的方式，而是一种公开声明，其目的是使天主教会在这个重要问题上的观点更加清晰，"作为我们感到遗憾的同时，也希

---

71 "'Three principles'in Catholic Schools," *CR,* Vol.60(Jun 1929), p.402.
72 Celso Constantini, "Catholics and 'Three Principles,'" *CR*,Vol.60 (Aug 1929), pp.535-536.
73 "The Church of Rome and Christian Education,"*CR*, Vol.61 (Aug 1930), pp.473-475.

望以诚意与新教传教士展开交流。"德礼贤依据天主教教义对上述问题进行了详细的叙述，应当说明的是，德礼贤关于罗马教皇谕令的文章是应《教务杂志》主编之邀写的，这也显示出新教传教士渴望与天主教传教士交流的意愿。[74]1928年，基督教新教传教士史密斯（Elleroy M. Smith）对新教和天主教传教士关于教育的两篇文章进行了思考，认为新教传教士也应该思考天主教传教士提出的关于基督教教育中的校外学生宿舍的问题。[75]值得注意的是，天主教传教士的文章发表在美国著名的《大西洋月刊》（*the Atlantic Monthly*）上，这同样显示出天主教传教士也主动愿意与新教传教士交流思想的意愿。

新教与天主教之间的交流内容非常广泛

1933年，上海中华基督教青年会全国协会城市部干事兼中华基督教男青年会首席干事鲍乃德[76]在《教务杂志》上发表《共产主义的宗教》一文，对耶稣会与宗教裁判所的关系进行指责，[77]德礼贤随后就为耶稣会进行辩护，他认为耶稣会从创立之日起就与宗教裁判所没什么关系，关于"只要目的正确，可以不择手段"的说法，新教传教士一直认为这是耶稣会的观点，而天主教传教士也一直在给予反驳。为证明自己是客观的，德礼贤引用一位非基督徒的著作来证明自己的观点，"声称耶稣会认为只要目的正确就可以不择手段的观点是错误的。"[78]1928年9月，《教务杂志》的书目一栏介绍一本天主教传教士出版的《为天主教辩护》，1941年的《教会联合——罗马天主教的态度》一文意在通过与罗马天主教著名传教士的谈话，澄清新教与天主教之间关于许多问题的分歧与误解，并阐明天主教对待圣餐和教会联合的态度。该文认为，"因为各种各样的原因，当然，除了一些观念上的真正差异，在罗马天主教和其它教会之间存在的分歧居多为误解。"[79]作者首先指出就这个主题，作者已与中国的天主教的著名传教士有过多次谈话。接着作者具体地谈论了新

74　Paschal M. D'Elia, "Jesuits and Inquisition,"*CR*, Vol.64 (Jul 1933),p. 469.

75　Elleroy M. Smith, "Hostels,"*CR*, Vol.64 (Apr 1933),pp. 258-259.

76　鲍乃德（Eugene Epperson Barnett，1888～1970），美国传教士，1910年来中国后在杭州建立基督教青年会，并担任总干事，后在中华基督教青年会中先后任干事、副总干事、总干事。

77　Eugene E. Barnett, "The Religion of Communism," *CR*, Vol.64 (Jun 1933), pp.341-349.

78　Paschal M.D'Elia, "Jesuits and Inquisition," *CR*, Vol.64 (Jul 1933), p.469.

79　G.Frances S. Gray, "Church Union—the Roman Catholic Attitude," *CR*, Vol.72(Jun 1941), pp.316-322.

教与天主教存在分歧的几个主题。首先，关于天主教对待《圣经》的态度，尽管在 16 世纪罗马天主教烧死一些把《圣经》翻译为英语和其它语言的人，这似乎意味着罗马天主教不希望天主教徒阅读《圣经》，然而在作者看来这是一个误解。天主教事实上是鼓励基督徒阅读《圣经》的，但是，天主教希望基督徒阅读经过罗马教会解释的《圣经》。谈到天主教的《圣经》中译本时，该作者也对天主教没有完整的《圣经》中译本表示出了理解："虽然到目前为止没有通常使用的罗马天主教的《圣经》的中译本，但是有许多解释《圣经》的中文著作。"与此同时，该作者也认同天主教认为教徒不能随意阅读《圣经》的观点。之前，新教徒认为每个人都能轻松地理解《圣经》的正确意思，但是，现在该作者认识到，在没有牧师指导的情况下，教徒并不能准确地理解《圣经》的原义。[80]回顾清末新教与天主教之间的论辩，当时新教传教士认为天主教不让教徒阅读《圣经》是不对的，[81]此时新教传教士对天主教传教士表现出了宽容和理解。

其次，罗马天主教列了一个长长的书单，教徒被禁止阅读这些书籍，即使涉及宗教与神学的书籍，没有得到罗马天主教教会权威许可，天主教徒也不可以阅读。因为，在他们看来，天主教会与教徒相比，经验丰富，具有更高的智慧。所以，教会能够比教徒个人更好的决定哪些书有价值，哪些书没有价值。以前多数新教传教士对罗马天主教的禁书目录是不能认同的，现在作者承认教徒在阅读《圣经》时需要更好的指导。[82]

再次，关于圣餐，新教和天主教的理解和做法是有差异的，新教传教士不认同天主教规定教徒每年至少领一次圣餐的做法，新教传教士认为天主教徒是出于敬畏才来领受圣餐，天主教徒是由于害怕而不敢不领受圣餐。但是，该作者注意到了天主教的变化，现在天主教继续力劝人们经常领受圣餐，但不是对教徒做出硬性规定，而是天主教谆谆教导教徒，因为面包和酒经过祝圣之后就成为基督的身体和血，所以教徒要经常领受圣餐。[83]

---

80 G. Frances S.Gray, "Church Union—The Roman Catholic Attitude," *CR*, Vol.72(Jun 1941), pp.316-322.

81 [美]倪维思：《两教辨正》序，第 145 页。

82 G. Frances S.Gray, "Church Union—The Roman Catholic Attitude," *CR*, Vol.72(Jun 1941), pp.316-322.

83 G. Frances S.Gray, "Church Union—The Roman Catholic Attitude," *CR*, Vol.72(Jun 1941), pp.316-322.

最后，关于天主教会对教会联合的态度，该作者认为，尽管天主教会声称只有一个真正的教会，即罗马天主教会，而天主教并不承认其它教会如圣公会、长老会等教会是真正的教会。但是，该作者指出，天主教"并没有否认我们都是基督徒"。天主教持有这样的观点是因为天主教会授受奥古斯丁"教会之外无拯救"的观点。该作者澄清许多新教徒认为的天主教的观点：即只有罗马天主教徒能被拯救，或许一些罗马天主教徒也这样想。但在作者看来，这不是罗马天主教会的真正的教导，确实他们接受奥古斯丁的观点，并且他们不认为其它教会是真正的教会，但是，他们对于教徒的灵魂和身体是加以区分的，他们承认教会之外的许多人比教会之内的人好许多。

关于天主教对教会联合的态度，该作者也明确指出，罗马教会也非常渴望与基督教其它教派的联合。1438 年，罗马天主教有几次与东正教教会联合的努力。17 世纪，著名的哲学家莱布尼茨与一位罗马天主教主教在英诺森十一世时代准备合作一篇论文，尽管英诺森十一世的态度是友好的，但是，谈判最终破裂了，而莱布尼茨一生都在致力于天主教与新教的联合。1717 年，一位法国天主教神学家与巴黎主教达成了一致，准备将法国天主教会与英国圣公会联合，然而，这个计划由于罗马天主教过分强调教皇的权威而最终失败了。从 1921 到 1926 年，英国圣公会和罗马天主教神学家之间关于两个教会可能团结在一起的条件进行了多次会谈，他们认为早在 11 世纪和 16 世纪，教会的分裂主要是由于双方的误解造成的，其原因是个人的或是政治的或是与语言有关的，而不是关于真正宗教差异的问题。教皇庇护十一世建立了好几个委员会来研究教会分裂的原因，希望未来基督教的三大教派之间能实现联合。在美国，许多罗马天主教徒保持一个东方周，在这一周他们特意研究东正教的习俗和信仰。在比利时，本尼迪克修道士的主要关怀就是为基督教国家的联合工作，特别是罗马天主教与圣公会和东正教的联合。[84]

尽管基督教有许多不同的教派，但各教派对基督教义等重要宗教内容的理解认同方向是基本一致的，核心一致性主要表现在坚持一神论、只有上帝是全能的造物主、《圣经》的权威性等，这些相同的宗教思想构成了新教与天主教内在的凝聚力，这种凝聚力所内含的对基督教重大教义的认同贯穿于两教派传教士的思想与行为中，也使他们在华百余年的共同传教期间能实现阶段性和平相处，甚至形成交流与合作。

---

84 G. Frances S.Gray, "Church Union—The Roman Catholic Attitude,"*CR*, Vol.72(Jun 1941), pp.316-322.

晚清时期部分天主教传教士纵容包庇不良天主教徒，并介入中国天主教徒的诉讼的做法，除引发众多的民教冲突之外，也使得新教传教士眼中天主教的形象日益走低，以致新教传教士在1907年最终决定与天主教传教士疏远。民国时期天主教传教士收敛了其参与教民诉讼的行为，天主教中所谓"打官司教"的情况比晚清有所减少。[85] 民国时期《中华民国临时约法》规定 "宗教信仰自由"，民国政府奉行 "政教分离" 政策，这些因素共同促进了天主教传教士放弃了干预诉讼袒护教徒的做法，新教传教士对待天主教的态度也随之改变，在民国时期与天主教传教士实现了教义上的有限交流。

事实表明，民国时期，部分新教传教士对与天主教传教士的交流表现出了积极性与主动性，这既与新教传教士渴望增进对天主教的了解有关，也出自新教传教士对天主教在华传教事业的基本肯定，这样的交流无疑具有一定的积极意义。然而，必须指出的是，这样的交流在民国新教与天主教传教士的关系中并不占据多数。有宗教学者指出，不同宗教之间的对话必须面对彼此之间客观存在的差异，必须建立在互相尊重彼此的尊严、理智和宗教自由之上，这种对话必须是劝说性的、邀请性的，而不是为了改变其信仰的。[86] 民国时期部分天主教传教士对新教传教士仍持保守的态度，这阻碍了双方通过交流的方式来消除彼此之间的偏见和不信任，这也意味着民国时期新教与天主教的交流具有一定的限度。

第四节　在华新教与天主教之间的有限合作

中华民国时期，面对逐渐高涨的民族主义，在华传教活动面临新的较为复杂的社会环境以及遭遇新的挑战，在这种情况下，新教与天主教传教士都通过积极参与社会公共事务来影响社会和提高基督教的声誉等，当面临共同的社会压力时，新教与天主教之间合作的愿望也不断加强。尽管事实上新教与天主教在布道事业、教会教育事业、教会医疗事业中未实现有效的合作，双方仅在反对立孔教为国教与赈灾事业中实现一定程度的合作，但这种有限的合作对于打破两教派长期以来彼此隔离的状态，为两教派之间实现真正的相互理解、相互包容具有一定的积极意义。

---

85 晏可佳：《中国天主教简史》，第198页。

86 [美]保罗·尼特著：《宗教对话模式》，第51页。

在华新教与天主教面临中国民族主义运动的冲击时，往往会将内部的分歧搁置起来，新教与天主教的传教政策逐步趋同，他们共同应对民族主义运动对基督教在华传教事业的挑战，并根据环境变化作出自我调整，谋求在华传教事业的存续与发展。20 世纪新教在中国开始了自立与本色化运动，中国教徒建立了一些自立教会。天主教在这方面的成就不如新教明显，但也朝基督教的本地化方向在努力。国民革命时期，部分新教徒与天主教徒都尝试调和基督教义与三民主义关系；南京国民政府成立后，两教派传教士主观上有与政府合作的意愿，实践中也通过一些行动加强了教会的社会服务功能，这些做法在一定程度上提高了基督教的社会声誉，也使新教与天主教的关系有所改善。

两教派教徒在争取信仰自由中的合作

1912 年，康有为、沈曾植等人在上海发起孔教会，谋求在国会中立孔教为国教。[87]基督教团体强烈反对立孔教为国教，新教与天主教在这个问题上达成一致意见，并采取了联合行动。首先，北京的新教教徒成立了北京信教自由不定国教请愿团，他们首先对孔教方面的意见提出了以下几点批评："孔学是否宗教；中国历史向无宗教；国教为各国已摒弃之主义；国教与信仰自由绝不相容；定孔教为国教损于风俗人心和思想自由。"[88]天主教会随即响应北京新教教徒的活动，也批驳孔教会的请愿书，认为国家"于国内所有之教，只可一律待遇，决无消极积极之可言"。定孔教为国教，规定学校必须拜孔读经，"此乃强从他教人民无入学校之权，因此无任官考试之权，因此无选举及被选举之权，因此不能一律平等而有宗教之区别"。[89] 随后，中华佛教总会、中华道教总会也发表请愿书，反对立孔教为国教。[90]

1913 年 11 月 27 日，中国五大宗教基督新教、天主教、伊斯兰教、佛教、道教代表联合在一起，成立"宗教联合请愿团"，以"请愿信教自由，不定国

87　顾卫民：《基督教与近代中国社会》，上海人民出版社，1996 年，第 358 页。

88　《发起请愿信教自由不定国教通告书》，《大公报》（天津）1913 年 9 月 5 日，第三张。

89　《拟天主教全体公民请愿信教自由不定国教上参众两院书》，《大公报》（天津）1913 年 9 月 24 日，25 日、26 日、27 日，第一张。

90　《中华佛教总会请愿规定信教自由书》，《大公报》，1913 年 11 月 2 日，第一张；《北京白云观道教总会上书参众两院请愿信教自由书》，《大公报》，1913 年 11 月 10 日，第一张。

教，并防杜一切妨碍各教平等之法律”为宗旨，[91]该请愿团采取了一系列行动，如发电请愿、派人谒见总统和国务总理等等，这些行动都取得了一定的效果。

当1914年袁世凯向政府会议提出祭天祀孔两案并获得通过时，各教联合请愿团又联合上书，要求宗教信仰自由，他们在请愿书中指出：

> 政府大政方针，竟宣言以孔教为风化之本，是不啻向各教人民，宣示其有主张孔教为国教之决心矣。虽其宣言中，有一面既尊重人民信教自由一语，然亦如孔教会请愿书，明定孔教为国教，并许人信教自由之同一欺人耳。[92]

> 伏思学校之设，原系专为国民教育。校中学生，各教皆有。如于开学首日，或孔子生日，定为祀典，则各校学生，均须遵行，殊与各宗教大有阻碍。诚以天主、耶、回等教教规，除敬拜造物真宰外，不祀别神，若强使拜孔，岂非将各宗教家之青年士子，置于国民教育之外乎？况同为民国，同负义务，徒以无关政治之一念信仰，不得受国家普通之教育，于法理上，殊不合宜。夫天非不可祭，孔非不能祀，第祭天祀孔，应从人民个人之自由。考之文明各国，万无定为典章，强迫祭祀之理。为此恳请贵会，详慎讨论，主持公道，予吾人以完满之信教自由，则各教幸甚，大局幸甚！[93]

在种种反对之声的压力下，立孔教为国教的提议被政府会议否定，信教自由的权利得到承认，但祭天祀孔案却得以通过，当然，这与信仰自由不定国教请愿团的最终目标尚有一定的差距，但正如有些新教徒所强调的：“今虽宪法未成，而国是已定，想未来之国会，不定孔教为国教，与人民以信仰自由，亦意中之事，免拜孔之束缚，得信仰之自由”，[94]因此，信仰自由不定国教请愿团自此解散，民国初期关于信教自由问题的争论也暂时告一段落。

1916年黎元洪继袁世凯任大总统之后，他恢复了约法并召集国会，对1913年的宪法草案进行了重新审议，于是，立国教与信教自由问题也再次被提出讨论，新教、天主教及其它宗教团体也再一次团结在一起，组成信教自由会，

---

91 《近世·本国之部》，《圣教杂志》1914年第1期，第35页；《各教联合请愿团简单》，《圣教杂志》1914年第1期，第22页。

92 《各教联合请愿团上大总统书》，《圣教杂志》，1914年第3期，第115～116页。

93 《各教联合请愿团上政治会议书》，《圣教杂志》，1914年第3期，第118页。

94 陈春生：《基督教对于最近时局之概论》，中华续行委办会编：《中华基督教会年鉴》第一期，1914年，第12页。

他们在争取信教自由中也再次实现了合作。1916 年 11 月，信教自由会正式成立，大家一致推举新教徒徐谦为会长，该会以"永久保持中华民国人民，在宪法上有完全信教自由"为宗旨，定名为"信教自由会"。由于"各宗教团体的主张并不完全一致，办事很难统一进行。"因此，基督教（指基督新教）方面就有人提议各宗教团体分头进行，每周举行一次大会，以保持行动一致。各方面赞同后，信教自由会即分为三部分进行：总机关设于公园，称为"信教自由总会"；天主教方面，称为"信教自由会公教部"；基督新教方面则称为"信教自由会基督教之部"；其它宗教团体则构成第三部。[95]

新教与天主教在社会救济中的合作

新教徒与天主教徒的之间关系趋向缓和，新教传教士对此也看在眼里。中华民国建立初期，针对个别传教士仍担心两教派教徒走得太近会带来不利影响的想法，《教务杂志》主编即在 1913 年第 9 期的社论中指出，新教在教义和教徒等方面应与天主教加以区分，主编认为两教派教徒内心都怀有彼此友好的意愿，在救灾布道中证明他们是可以在一起合作的，因此目前不用担心他们走得太近。[96]

不仅是两教派教徒，新教与天主教传教士在民国时期的社会救济中也实现了合作。随着近代中国社会的变革与进步，传统制度逐步衰落和瓦解，适应近代社会需要的各种制度开始确立起来。在社会转型过程出现的社会问题，加之民国以后各种自然灾害与战事人祸的发生，导致从主流社会分流出的难民、灾民、其它贫困者等弱势群体增加。一般地说，社会救济包括两个方面：社会慈善救济和政府救济，社会慈善救济是"由社会中的慈善组织、机构或者个人依靠个人或社会捐助积累起来的资金实行对于社会弱者的物质与精神的救助"，"政府救济则是政府以其作为社会的管理者与治理者而依靠国家税收积累的资金对于社会弱者实行的按需分配的紧急救助。"[97]基督教的社会救济活动可以纳入社会慈善救济范围，这本身也是其传教活动的重要内容，无论是新教还是天主教的社会救济活动，除帮助灾民度过难关之外，也提高了基督教的社会声望。

---

95 陈铁生：《信教自由会述略》，《中华基督教会年鉴》第四期，第 204 页。

96 "Protestants and Catholics," *CR,* Vol.44(Sep 1913), pp.526-527.

97 姚建宗：《从社会救济、社会福利到法律权利》，《中国社会科学报》，2009 年 7 月 7 日第 006 版。

民国时期新教与天主教在赈灾事业中实现了合作，这对于新教与天主教双方来说都是难能可贵的，也对基督教在华传教事业具有一定的积极意义。早在 1911 年，在安徽的一次赈灾活动中，外国人和中国人之间、新教徒与天主教徒之间、基督徒与非基督徒都团结起来实现了合作。一位新教传教士认为这是他与天主教关系最好的时候，并且他还把这次饥荒看作对天主教工作有更广泛了解和同情的机会，同时也能够致力于帮助天主教传教士理解多数新教传教士对天主教的态度。这位新教传教士认为两教派之间应当维持这种友好的状态，而不应该彼此对立或互相怀疑和不信任，这位新教传教士因此反思新教以前对天主教的态度，"如果我们一开始就采取类似的政策，天主教和新教教徒之间的困难就会少些。如果新教与天主教能够这样团结，他们之间就会和谐相处，而不是对抗对立。"[98]1912 年 2 月《教务杂志》的社论再次指出，新教和天主教传教士在灾荒中共同工作，"他们的心已经以兄弟之爱联结在一起"。新教传教士也向天主教会赠送救济物资，安徽的天主教传教士 Perrin 在感谢新教教会送给他们的救济物资时说，"当我告诉我的教徒这些钱是新教赠送的，他们都非常惊讶，但是别介意，他们将会逐步理解基督教的慈善意味着什么"。这位天主教神父认为上帝也让他们在赈灾中学习宽容与合作，因为对新教与天主教来说，"对耶稣基督和同胞的爱和奉献"是一致的。[99]

1922 年出版的《调查资料》也高度赞扬新教与天主教在赈灾中的合作，20 世纪前 20 年中国的灾荒比较多，如 1907 年的灾荒、1910～1912 年的安徽灾荒、1917～1918 年的浙江灾荒和 1920～1921 年华北的灾荒，因此，赈灾在基督教会各项工作中比较突出。在每次灾荒中，基督徒和其它宗教人士都积极主动地办理赈灾工作，每次赈灾活动结束之后，各个宗教团体合作都得到加强，"特别值得一提的是在赈灾事业中，基督教有机会与天主教进行了合作。自 20 世纪初期中国天主教与基督教分道扬镳以来，这是唯一的合作事业，在工作中大家消除教会门户之见，共同协作。"[100]赈灾活动除使灾民受益之外，由于传教才是教会的最终目的，因此，每次赈灾活动结束之后，基督徒的人数也随之增加。新教与天主教从长期的隔离状态走向宽容与合作，共同的赈

---

98 "Interesting Famine Fruits," *CR*, Vol.42(May 1911), p.251.
99 "Famines and the Church," *CR*, Vol.43(Feb 1912), p.61.
100 中华续行委办会调查特委会编：《1901～1920 年中国基督教调查资料》，第 96～97 页。

灾活动不仅增加了两个教会之间的感情，而且也赢得了外界人士的信任，扩大了基督教会的社会影响。

中国抗日战争时期，基督新教与天主教都成立了各种救济机构，救护伤员、收容难民，在后方的救护、物质援助等方面发挥了重要作用。在这种战时救济中，新教与天主教传教士之间产生了一种更加友好的精神，两教派传教士也在救治伤员中团结在一起进行合作。1938 年，加拿大传教士布鲁斯·柯普兰（Bruce Copland）说，"关于战争服务最重要的事情之一就是它使教会的所有成员团结在一起。天主教修女有两组护士在服务伤员，她们在一位新教医生的指导下工作，所有参与服务的成员尽他们所能的互相帮助。"布鲁斯·柯普兰注意到一位浸信会女传教士和一些天主教修女一起照顾一位受伤严重的伤员。[101]天主教团体也承认"救济工作的一个间接结果就是在两教派传教士之间产生了一种更加友好的精神"。[102]1939 年在湖北，英国循道公会和天主教会在湖北设立了难民营，为几百逃难的人提供物质上的帮助，德国天主教会和美国新教教会也在湖北救济难民时实现合作。[103]1930 年代，美国浸信会传教士 Glarabel Isdell 在传教工作中与天主教会、美国圣公会和中国内地会实现了合作，他说："我认为他们都是我的好朋友，我认识到了他们的价值和他们对在华传教工作所做的贡献。"[104]新教与天主教传教士之间的差异与分歧依然存在，但是共同的目标加深了双方的理解，使新教与天主教在动荡不安的民国时期共生共存，共同扩大基督教在社会上的影响。

中华民国建立后，尽管两教派之间的分歧依然存在，但一方面，随着《中华民国临时约法》从法理上对公民信教自由权利的肯定，新教与天主教都争相扩展教会的规模，限制传教士和教会参与政治上的活动，追求改善基督教的社会形象；另一方面，防范和面对自 19 世纪沿袭下来的民族主义情绪成为两教派特别关注的共同问题；再者，1910 年在英格兰爱丁堡召开的世界宣教士大会（World Missionary Conference）是新教普世教会运动的开端，也是在

---

101 "Recent Activities of the Catholic Church in China," *CR*, Vol.69(Jul-Aug 1938), pp.390
-394.

102 "Recent Activities of the Catholic Church in China," *CR*, Vol.69(Jul-Aug 1938), pp.390
-394.

103 John S.Barr, "Christian Activities in War-Torn China," *CR*, Vol.70(Mar 1939), pp.158
-191.

104 Wayne Flynt and Gerald W.Berkley, *Taking Christianity to China:Alabama missionaries in the middle kingdom,1850-1950*,Tuscaloosa and London, the University of Alabama,1997.p.249.

华新教对天主教态度转向理解宽容的一个转折点。在大会讨论中，有新教传教士认为与罗马天主教会展开合作是必要与可能的。[105]也有些新教传教士认为以往新教忽略了天主教会的工作是不正确的，并认为基督教各个教派都应联合起来的思想是此次大会的一重大贡献。[106]新教传教理念发生的这种变化，促使新教传教士对天主教态度逐渐转向理解，也为新教与天主教之间在民国时期的有限合作提供了一种可能。

因此，两教派传教士关系出现了缓和，尤其是新教传教士表现得更为主动。1920 年代，新教展开大规模的中国基督教事业调查统计时，曾多次邀请天主教传教士参加，在遭到天主教传教士拒绝后，又将搜集的中国天主教资料寄给他们，请他们核对资料中有关天主教徒人数等数据的准确性。民国时期《教务杂志》主编乐灵生（Frank Joseph Rawlinson，1871 - 1937）也多次邀请天主教传教士在《教务杂志》上发表文章，以期增进对中国天主教的了解。但是我们也看到，新教与天主教之间的交流与合作毕竟是有限的，且不说两教派在基督教教义层面的理解、对话的路程还相当漫长，两教派在参与解决社会问题上的共同行动还非常有限，直至两教派传教士都撤离中国大陆，这种情形仍没有实质性的改变。

---

105 W. Nelson Bitton, "Report of the Proceedings of the World Missionary Conference in Edinburgh，"*CR*, Vol.41(Aug 1910)，p.543.

106 A.H.Smith, "Impressions of the World Missionary Conference，"*CR*, Vol.41(Sep 1910)，p.606.

第七章　基督教的本色化：在华两教派传教士的共识

19世纪部分新教和天主教传教士开始倡导基督教的本色化，到20世纪前期，基督教本色化运动已经成为中国基督教发展的主要趋势，中国基督徒和中国教会在基督教本色化过程中开始扮演了重要角色，但西方传教士和传教团体在中国基督教本色化理论和实践中的探索也不可忽视。在传教过程中，一些新教与天主教传教士在基督教的本色化问题上逐渐达成共同的认识，实现中国本土教会的建立也成为他们的共同愿望，为此他们也进行了漫长的致力于基督教本色化的努力。

第一节　非基督教运动对在华传教事业的冲击

在近代两次大规模的反基督教运动——义和团运动和非基督教运动中，新教与天主教都受到了沉重打击。这些反教运动也促使两教派传教士对传教事业进行反思，并通过本色化运动摆脱教会困境，改正教会自身存在的不足。在义和团运动中，内蒙、东北地区、山西等省都发生了反教活动，一些新教、天主教传教士和教徒被杀，一些教堂和教徒房屋被毁。相较而言，天主教比新教受的打击更大，被杀的天主教传教士有40余名，被杀或因食物缺少而死的天主教徒约超过了3万人，华北的天主教会受到沉重打击，损失惨重。据赖德烈分析，这是因为罗马天主教传教士参与诉讼的行为而招致了中国人的反感，"义和拳对于罗马公教的仇恨似乎甚于对新教的仇恨"。[1]

1　[美]赖德烈著：《基督教在华传教史》，第431页。

1920 年代的非基督教运动是一次以知识分子和青年学生为主体，以宣传科学理性、反对迷信的方式激发民众民族意识的对基督教的批判运动。[2]非基督教运动大体可分为两个时期，第一个时期从 1922 年 3 月至 8 月，以在北京清华大学召开的"世界基督教学生同盟"第 11 届大会为导火线，后来进一步扩展到全国范围，这一时期的运动致力于讨论、排斥、抨击宗教和基督教，以知识分子和青年学生为主；第二时期从 1924 年 4 月广州圣三一学校学潮至 1927 年"北伐"结束，这一时期运动重心集中在反对帝国主义、收回教会学校教育权、反对不平等条约。[3]

非基督教运动对在华传教事业的冲击与挑战

这长达 6 年的非基督教运动对基督教在华发展产生了深远的影响，与义和团运动相比，非基督教运动是在思想上对基督教产生了极大的冲击，同时也对基督教的在华传教事业、教育事业、社会声誉等形成了一定挑战。然而，非基督教运动对基督教的发展也有积极影响的一面，它促使具有爱国思想的中国基督徒对基督教在华传教事业进行深刻反思，包括西方传教士在中国教会中应有的地位和作用、中国基督徒在教会中应承担的责任与角色、以及客观评价基督教在华社会事业中的价值与贡献等，从而对基督教在中国的本色化进程起到了一定的推动作用。[4]

传教士对这种挑战的回应

新教与天主教在非基督教运动中的境遇是不同的，天主教遭受的冲击与挑战与新教相比要小得多，天主教对非基督教运动的回应相应地也较少。其原因在于：第一，新教与天主教在中国近代历史上的传教路线有差异。清末以来，新教的传教活动主要集中于城市，而中国的城市往往是民族主义运动

---

2 非基督教运动爆发于 1922 年，历时 6 年，是中国知识分子和青年学生在科学主义、社会主义、民主主义等社会思潮影响下，对基督教发起的猛烈进攻，对宗教尤其是基督教形成了巨大冲击，在这场运动中，基督教成为众矢的，受到社会的公开谴责和攻击，陷于十分尴尬的处境。参见姚民权、罗伟虹：《中国基督教简史》，北京：宗教文化出版社，2000 年，第 161～167 页。

3 刘国鹏：《刚恒毅与中国天主教的本地化》，北京：社会科学文献出版社，2011 年，第 173 页。

4 姚民权、罗伟虹：《中国基督教简史》，第 167～169 页。

的中心，再加上新教本身也具有深厚的资本主义色彩，新教便难以脱去与外国资本主义的联系，这便使它成为民族主义运动中的主要目标。而多数天主教传教士以乡村为中心开展传教活动，远离民族主义运动的中心，客观上受到的冲击较小。[5]第二，天主教的教育事业在规模、范围和社会影响上小于新教。一方面对基督教的攻击主要针对高等学校，而天主教创办的高等学校没有新教的多；[6]另一方面两教教派的教会学校对学生宗教活动的要求也是不一样的，天主教所办的学校中对非教徒学生一般不会硬性要求他们参加学校的宗教活动，而在新教学校里，非教徒学生和基督徒一样被要求学习宗教课程和参加学校的宗教活动，这就引起了非教徒学生的反对，这也影响了两教教派在非基督教运动中的不同遭遇。[7]第三，由于非基督教运动与共产国际有联系，即"1922 年在全国迅速引起巨大反响的非基督教运动，不是一次自发的运动，而是在俄共（布）与共产国际远东局、青年国际的直接领导下，由中国共产党发起并领导，也包括国民党等组织成员参与的政治斗争。"[8]而新教在青年学生中影响是较为广泛的，创建伊始的中国共产党，如果要在青年学生中展开大规模的政治运动，与新教争夺青年学生便不可避免。[9]而且，由于共产国际将不断发展的中国基督教会及其事业，视为中国人走俄国革命道路的一个巨大阻碍，中国共产党也认为基督教会给动员青年参加革命带来消极影响，因此发动非基督教运动可以"打击西方在华宗教势力，削弱西方的影响，唤起中国青年的民族主义情绪，最重要的可以在青年学生中扩大党的影响"。[10]

　　20 世纪前期，基督教在华发展进入了一个新的历史阶段，新教和天主教也都把追求基督教的本色化作为这一历史时期的主要目标。从实际情况看，这一时期中国自立教会逐渐增多，中国教会神职人员和中国教徒的人数日益

5　杨天宏：《二十世纪初基督教传教事业的发展变化与非基督教运动的发生》，《四川师范大学学报》，1993 年第 4 期，第 103~111 页。

6　[美]赖德烈：《基督教在华传教史》，第 623~624 页。

7　杨天宏：《二十世纪初基督教传教事业的发展变化与非基督教运动的发生》，《四川师范大学学报》，1993 年第 4 期，第 103~111 页。

8　陶飞亚：《边缘的历史——基督教与近代中国》，上海古籍出版社，2005 年，第 73 页。

9　刘国鹏：《刚恒毅与中国天主教的本地化》，第 173 页。

10　陶飞亚：《边缘的历史——基督教与近代中国》，第 79 页。

增长，同时他们在教会中的地位也逐步在提高。尽管事实上西方传教士仍掌握着教会绝对领导权，但教会权势从西方传教士向中国教会神职人员的转移却是一个历史趋势。在中国基督教会寻求本色化的历程当中，中国新教徒和天主教徒担当了主要的作用，他们致力于对基督教本色化的追求和努力也取得了重要的成就。但我们必须承认，在这个过程当中，西方传教士的作用也不可忽视，新教传教士与天主教传教士在基督教的本色化方面都起到了倡导和推动的作用。

第二节　新教、天主教传教士与基督教的本色化运动

新教传教士与基督教的本色化运动

新教早期的教会自立运动源于 19 世纪，到 20 世纪一些新教传教士本着自立、自养、自传的理念从事教会本色化的实践并产生了一定的规模和影响。早在 1805 年的印度，威廉·卡莱（William Carey，1761～1834）就谈到本土传道员和牧师（"native preachers"）传播福音的必要。1826 年，伦敦布道会即伦敦会（London Missionary Society）的主要支持者，约翰·A·詹姆斯（John A. James，1796～1880），在 1841 年在该会年度报告发表的题目为《论在异国培养本土传道员》（"On Raising Up a Native Ministry Among the Heathen"）的文章中提醒读者：耶稣的门徒就把传道任务交给了本土人，这样，福音才可能"本土化"，基督教机构才能获得"自养、自传的能量"。1855 年安德森带着基督传教使命巡游了印度。一年后的 1856 年，美国公理会正式采用了安德森对本土传道团体和本土独立教会的政策。然后在 1869 年，安德森——现在被称为"美国国外传教理论的伟大创始人"——发表了演讲集，总结他一生的工作。在这些演讲集中，他不断地回到"自治、自养和自传"的本土教会观点上来。他补充说："总是要达到的主要目标就是自力更生和有效的教会——完全本土化的教会。"或者"主要的目标是去培植和发展自立有效的教会，教徒完全来自本土的教会。每个教会本身都是完整的，其牧师和信徒应是同一种族的"。[11]

亨利·维（Henry Venn，1796～1873），从 1841 年到 1872 年长期担任大英教会（Church Missionary Society）的主要秘书。作为"19 世纪最有影响的传教

---

11 [美]任达：《近代中国与基督教（1840～1911）：初探外国传教团追求建立中国自治、自养、自传的本土教会》，《近代中国与世界》（第三卷），第 551～552 页。

人物之一"，他在 1851 年写的一篇文章中说：从教会史来看，传教的最终目标是建立由本土传道员领导下的，基于自养体制之上的本土教会。应该记住的是，传教的成功主要取决于本土传道员和牧师的培养和定位。这就像一个好听的词语所说的，这叫"传教的寿终正寝"。当一位传教士的周围都是一些训练有素的教徒，而且所有的传教任务都可以转移到本土传道员、牧师手中时。他就逐渐从监督这些牧师的任务中解脱出来，然而不被觉察地消失，把传教任务转移到稳定的基督教区中。之后，传教士及其传教机构应该转移到"以外的地区"。[12]

中国内地会英国新教传教士戴德生无论在思想上还是在实践上，都极为重视本地传道人的作用。戴德生认为，"我们一贯的工作本身目的，乃尽量扶助及发展中国信徒的恩赐，引导他们通晓及热爱神的话，使他们可以趁早自立。"[13]戴德生始终追求的就是中国教徒能独自负担起传播基督教的责任，他一直认为外国传教士就是"建屋时搭的台架，屋子建成后愈早拆掉愈好；或者愈早搬到别的地方愈好，以便在别处做同样的工作。愈早建立，愈快迁拆，愈对未有福音传到的地方有更多好处。"[14]关于外国传教士与中国的基督教传播者之间的关系，戴德生也愿意"与中国人合一，愿意接受最低的地位。"[15]因此，培养本地牧师也就成为戴德生非常关注的事情，戴德生希望中国内地会的工作尽可能由中国的基督教传播者来负责。

1907 年新教入华百年大会在上海召开时，主要会议内容就包括中国教会的自养、自治和自传的讨论议题。经大会讨论，关于中国教会大会通过了 10 项决议，其中第 4 项决议规定，在华新教传教士应向派遣他们的本国差会提出两项建议："第一，传教士决定他们在中国建立的教会有权依据他们自己对于真理与责任的观点将其自身组织为独立教会，传教士代表在其领导团体中应得的地位应作出适当的安排，直到中国教会能够实现完全的自养和自治，差会应当批准传教士作出的上述决定。第二，差会应该避免声称对这些中国教会有永久的精神或行政控制。"[16]

---

12 [美]任达：《近代中国与基督教（1840~1911）：初探外国传教团追求建立中国自治、自养、自传的本土教会》，《近代中国与世界》（第三卷），第 552 页。

13 [英]戴存义夫妇著：《内地会创始人戴德生传》下卷，第 48 页。

14 [英]史蒂亚著：《戴德生——挚爱中华》，第 181 页。

15 [英]戴存义夫妇著：《内地会创始人戴德生传》下卷，第 49 页。

16 *Records of China Centenary Missionary Conference. Shanghai*, Centenary Conference Committee, 1907, p.410.

这也表明，20 世纪早期多数新教传教士对中国自立教会的建立是持积极态度的。1908 年，美国新教归正会秘书科勃（Henry N.Gobb）在《教务杂志》上发表文章指出了基督教海外传教活动的最终目的："显然，在每个区域设立具有完全的自治、自养和自传能力的本色化教会，这是每一个基督教传教士海外活动的终极目标。"[17]

20 世纪新教的本色化运包括"合一运动"和建立"本色教会"两个方面。20 世纪初，在新教自立教会已有一定的规模和影响的基础上，新教传教士和西方差会采取行动致力于中国基督教会的"合一运动"。[18]事实上，在中国的门户被打开以后，基督教新教各个教派纷纷来到中国传播基督教，但他们之间缺乏团结，而是以各自的方式传教。学者王治心在《中国基督教史纲》指出，新教来华的差会和传教团体不仅数量多达 130 多个，而且同一个宗派内还有不同国家之间的分别，例如长老宗，还有英国、美国、加拿大等国之分。[19]许多宗派之间还还存在教义差异，中国基督徒也很难分辩不同宗派之间的区别，这影响了差会的传教开展工作。

新教传教士觉得西方各个差会之间不仅不能彼此合作，还互相猜疑、互相批评，这不利于基督教在中国的传播。因此，20 世纪初以来，新教传教士即致力于打破宗派壁垒，努力追求基督教不同宗派之间的"合一"，从而来消除或减弱中国人对基督教教义存在的困惑与不解。从 1905 年开始，长老宗、圣公会、信义会等新教各主要教会都成立了各自教会的联合会，除了各宗派的联合之外，新教还通过一些超宗派的团体促进不同宗派的接触和合作，从而为各宗派的合一也起到了间接的促进作用。[20]

1922 年 5 月，在中国活动的新教差会在上海组织召开了"全国基督教大会"，出席大会的一共有 1000 多人，代表在华的 70 多个差会，其中华籍神职人员占到半数。会议对传教、教育、出版、慈善、妇女等问题都进行了讨论，大会重点提出了建立"本色教会"的主张，"总的意思就是教会以前是以差会为中心，凡事都要听差会的调遣，这次大会的目标就是由全国下手，把教会由差会手里挪到教会手里，百事要听教会的调遣。"[21]

---

17 Henry N.Gobb, "The Independence of the Native Church," *CR*, Vol. 39 (Mar. 1908), p.172.

18 顾卫民：《基督教与近代中国社会》，第 467 页。

19 王治心：《中国基督教史纲》，第 152 页。

20 顾卫民：《基督教与近代中国社会》，第 467～468 页。

21 《中华归主》，第 18 期，1922 年 1 月 10 日，第 2 页。

天主教传教士与基督教的本色化运动

1919 年，五四运动发生后，中国的天主教会也出现了自立的倾向，天津的天主教徒首先成立了公教救国团，发表宣言号召天主教徒"奋发风云，誓保国土，……为全国之一助"，[22]天主教为应付中国民族主义的觉醒，决定采取天主教"中国化"的措施。因此，20 世纪 20 年代以后中国天主教内出现的本土化趋势，与同一时期基督教新教的本色运动一样，都是强调摆脱帝国主义对教会的影响。20 世纪初，部分中国天主教会人士和西方传教士先从基层推动这一运动，然后梵蒂冈罗马教廷在经过对传教方式的反思之后，决定推动中国天主教本地化的运动。[23]

1919 年，罗马教皇本笃十五世发布《夫至大》通谕，要在华天主教传教士尽量培养和使用中国籍的神职人员，他认为：

> 凡管领一区传教者，其重要先务，当就所在民族，族人之充圣职神司者而陶养之，建设之。

他还指出了使用中国籍神职人员在传教方面的优势：

> 因本地司铎与本地人民，世籍、天资、感觉与心思，皆自相投合，则其能以信德渐摩本地人心，当何等惊奇耶？且较其它一切人等稔知何法可令输诚服教，加以地方上又可随便进出，往往为外国司铎，欲置足而不能者矣。[24]

1922 年，罗马教廷为推动中国天主教本地化运动，决定派遣刚恒毅为教廷首任驻华专使来华，1924 年 5 月 15 日，刚恒毅受教皇委托正式在上海主持召开了中国天主教历史上第一次全国主教会议，参加会议的有 44 位各教区的负责人，这次会议的主题是要求建立一个"正常的、自由的和中国化"的天主教会。[25]1926 年 12 月，六名中国主教在罗马由教皇亲自祝圣，[26]1933 年 6 月，又有三名中国籍主教在罗马由教皇祝圣，中国天主教神职人员的比例在不断增加，如 1932 年，遣使会在华南的七个教区中，外籍传教士为 115 人，

---

22 《益世报》，1919 年 6 月 11 日。

23 顾卫民：《基督教与近代中国社会》，第 474 页。

24 朱维铮主编：《马相伯集》，复旦大学出版社，1996 年，第 384～397 页。

25 《中国公会议开幕盛礼》，《圣教杂志》，1924 年第 7 期，第 34 页。

26 《教宗庇护第十一御亲祝圣六位华籍主教纪盛》，《圣教杂志》，1926 年第 12 期，第 530 页。

中国籍神职人员则为 196 人。天主教在中国的教区也了明显的增加，所有这些对于推动天主教在中国的本地化显然具有重要的意义。[27]

第三节　异中有同：对新教、天主教本色化运动的比较

20 世纪前期，新教的"本色化运动"和天主教的"中国化"在具体的运作方式上有所不同。新教没有一个统一的教会组织，其"本色化运动"是新教各教派共同合作进行的，而天主教的"中国化"运动是天主教会自上而下进行的改革，新教的"本色化运动"比天主教的"中国化"影响程度大等，这是两者的差异。但由于两者面临的外部环境相同，两者海外传教活动的最终目的相同，新教的"本色化运动"与天主教的"中国化"又有着共同的表现，这也表明，当面临共同的压力时，同在异国传教的新教与天主教传教士为了共同的传教目标，会在传教方法上形成共识，就是基督教必须摆脱被中国人视为"外国宗教"的形象，实现基督教在中国的本色化。

两教派传教士持有相同的传教理念

首先，新教传教士与天主教传教士持有相同的传教理念，就是最终实现基督教的本色化。基督教在世界各地传教的过程，实际上也是基督教与各地文化进行融合，建立本色教会的一个过程。基督教自产生时起，从本质上说，就是一个差传性的宗教，因为在《新约圣经·马太福音》里耶稣曾教导其门徒"要使万民作我的门徒，奉父子圣灵的名，给他们施洗"。[28]

据国外学者的研究，基督教有传教本土化的传统。西方社会产生传教本土思想的最初文本是和里高利教皇给阿柏特·梅利突斯的训导。梅利突斯是康特拜瑞的奥古斯丁的传教同事，佛斯曾将该训导称作传教本土化的《大宪章》。这一宪章的主要内容是："告知奥古斯丁，他不应破坏诸神的庙宇，更确切地说，不要破坏这些庙宇中的神像。在用圣水洗净它们之后，让他们把神坛和对德的圣物放在那里……看到他们敬仰的地方没有遭到破坏，人们将会更容易从心中去除错误，赞美和敬仰真的上帝，因为他们来到熟悉而亲切的地方……他们祭献和吃掉的动物，不再是对魔鬼的奉品，而是为了上帝的荣耀，他们将把上帝当作万物的创造者而感激上帝。"1658 年，教皇亚历山大七世给

---

27 顾卫民：《基督教与近代中国社会》，第 442～444 页。
28 王美秀：《中国基督教史话》，北京：社会科学文献出版社，2011 年，第 37 页。

东方传教团寄了一份重要的《宪法》，它要求传教士必须拥有丰富的语言知识，以便使用当地人的日常用语和本地方言完成传教职责。1659 年，传信部也发布了一个文件，支持基督教的本土化与本地化。由此可见，"本土化决非只是一种历史现象和传教的需要，它其实有自己深远的教义基础。本土化不只是一种策略性的手段，不仅仅只是方便和妥协，而是基督精神本质所要求的"。[29]

基督教要想融入所传入国家的文化，只有实现本色化和建立本地教会，除此之外没有别的方法和途径，部分新教与天主教传教士在传教过程中都认识到了这一点。1841 年，在非洲传教的英国新教圣公会传教士亨利·韦恩（Henry Venn）较早提出了在本地教会中培养和使用当地神职人员这一提议，后来，他进一步将这种提议主张逐步发展为自养、自治、自传的三自传教理念。阐发类似观点的还有美国新教美部会负责人拉福士·安德森（Rufus Anderson）。1840～1870 年间，在亨利·韦恩和拉福士·安德森的倡导和影响之下，这种传教策略逐步为更多的新教传教士所接受。[30]1900 年，在美国纽约举行的普世传教大会上，世界各地的传教团体对于本地教会应实现自养的问题达成了共识。[31]

在中国晚清时期，已有一些新教传教士在中国传教过程中也进行了类似的思考和探索，在教会的自传、自治、自养方面做出过尝试，如 1840 年代郭实腊在华南地区进行的由中国教徒管理的"福汉会"的实践，1860 年代闽南新教长老会进行教会自养的努力等等。[32]1844 年，普鲁士新教传教士郭士立设立福汉会，专门雇佣华人散发基督教宣传品。19 世纪 50、60 年代，英国新教长老会传教士宾维廉（William C. Burns）提倡并组织建立本地教会。美国新教北长老会传教士倪维思（John L. Nevius）和英国新教浸礼会传教士仲钧安（Alfred G. Jones）也主张中国教会实现自养。[33]但总的来说，整个晚清时期

---

29 [意]柯毅霖："本土化：晚明来华耶稣会士的传教方法"，《浙江大学学报》，1999 年第 1 期，第 18～24 页。

30 C. Peter Williams, *The Ideal of The Self-Governing Church: A Study in Victorian Missionary Strategy*, Leiden; New York; E. J. Brill, 1990, pp.1-4.

31 *Ecumenical Missionary Conference, New York, 1900, Vol . II*, New York :American Tract Society, 1900, p.323.

32 许声炎：《闽南长老会自立自养历史》；周之德：《闽南伦敦会自养之历史》，《中华基督教会年鉴》第 1 期，1914 年，第 31～36 页。

33 张化：《基督教早期"三自"的历史考察》，载朱维铮主编：《基督教与近代文化》，上海：上海人民出版社，1994 年，第 141～142 页。

传教士对于"三自"教会问题还是讨论多于实践，不论在《教务杂志》，还是在 1877、1890 和 1907 的在华新教传教士全国大会中，中国教会的自养、自治以及本地牧师、本地助手的问题都是传教士探讨的主要话题。1877 年，新教第一次全国大会召开时，关于中国教会本土化的问题已经引起大家的关注。美国新教美以美会传教士保灵（Stephen L. Baldwin，1835～1902）首先就"本土教会的自养"问题作了发言，他指出如果中国教会依然只依靠外国资金供养，那所谓的本土教会就会受到猜疑，本土教会实现自养的时间越早越有利于教会的发展，而西方传教士的责任就是尽早帮助中国教会实现自养，他认为传教士对此应有一致的看法："这种主张现在已无人争议了，而且对此也不应有何争议。"[34] 在烟台传教的美国新教北长老会传教士郭显德（Hunter Corbett，1835～1920）则特别强调了培养本地中国神职人员的重要性，他指出传教士的主要工作是建立一个自治、自养的教会，但是，教会是不可能没有牧师的，因此，培养中国牧师的工作就显得极为重要。[35] 1907 年，在华新教第三次全国大会召开时，中国本土教会的自治、自养和自传问题已成为首要的议题了。英国新教长老会传教士汲约翰在大会的第一个专题发言指出，让中国教会"脱离外国教会的控制而独立"的时机已经逐渐成熟，在中国基督徒中"有许多具有高尚情操和道德的人，这些中国基督徒以极大的热情来见证基督的荣耀，他们也深深地爱着教会和同胞。"汲约翰认为这些中国基督徒"对其同胞和他们的宗教生活具有天然的认知"，因此，西方传教士"向他们请教也是妥当的"。[36] 尽管晚清时期传教士关于"三自教会"的讨论已经展开，也进行了一些实践，但整个中国教会仍处于差会和传教士的主导之下，中国基督徒人数虽有了增长，但在教会的发展中并未处于重要地位，教会在自立、自养方面进展也不大。

事实上，从 19 世纪开始，一些在华天主教传教士也在思考中国教会本土化的问题。1848 年，法国天主教遣使会传教士秦噶哔（1808～1853）在蒙古

---

34 S. L. Baldwin, "Self-support of the Native Church," *Records of the General Conference of the Protestant Missionaries of China, Shanghai May, 10-24, 1877*, Shanghai: Presbyterian Mission Press, 1877, pp.283-284.

35 H. Corbett, "The Native Pastorate," *Records of the General Conference of the Protestant Missionaries of China, Shanghai May, 10-24, 1877*, Shanghai: Presbyterian Mission Press, 1877, p.299.

36 *Records of China Centenary Missionary Conference , Shanghai*, Centenary Conference Committee, 1907.pp.8-11.

传教时，就在其《中国教会的一览》一书中提出了培养中国神职人员和建立本地教会的重要性，他指出天主教传教士不注重培养中国神职人员的事实，因而天主教会培养出来的中国神职人员就没有民族自尊心和自信心。面对传教过程中存在的这样的问题，他提出了自己的看法和解决办法，即要实现天主教的中国化："经验告诉我们，妥善地把一棵树从一个地方移到另一个地方，必须注意保护他的根、树干、枝干，然后移植到指定合适的地方。至于树叶、花朵、小树枝……在这种情形下必须剪掉。……经过一段时间，树根习惯新的土壤，开始生长，长枝、开花结果"。[37]20 世纪初，比利时天主教遣使会传教士雷鸣远（Vincent Lebbe，1877～1940）来华后即注意到了西方传教士和中国天主教徒之间的距离："在这里，事实上我们造成了一个外国身体的教会，天主教地区像一个小的殖民地，我们跟中国人民没有联系也无法联系，……在传教士与教友间有一道鸿沟，他们的生活、思想和感觉和我们都不相同。"[38]因此，雷鸣远倡导要改变教会的现状，由中国神职人员来管理教会。1913 年，Leo Desmet 在《天主教会在中国的组织和最近的传教工作》中也指出了天主教实现本地化的必要性，即只要中国天主教会继续依靠外国神职人员和外国资金来从事传教工作，天主教就会始终被中国人视为外国宗教，不能在中国扎根。事实上，所有真正关心教会发展的人都真诚的希望天主教会在中国能够实现由中国主教来管理、由中国籍牧师来主持教会各项礼仪以及由中国教徒负担教会的各项支出。[39]

1919 年，罗马教皇本笃十五世在《夫至大》通谕中，详细指出了本地神职人员培养的问题："诚以天主教既属至公，公则无一国民，无一邦族，可据为私有而令他族。可目为外来之客教。然则各国人民当然有居圣职神司者，为本籍人民等主诚之明师、救灵之先导而从顺之矣。以故不论何地，凡本籍铎曹治理颇敷，学术颇优，而于本位圣召亦足以相称，然后人谓其地传教之功业，已庆告成，教会之根基已经确定，是乃理所至当。"[40]罗马教廷第一任

37　[意]刚恒毅著：《在中国耕耘——刚恒毅枢机回忆录》（上），台北：天主教主徒会，1978 年，第 448～450 页。

38　陈方中：《民国初年中国天主教的本地化运动》，台湾国立政治大学硕士学位论文，1991 年，第 61～62 页。

39　Father Leo Ddsmet, "Organization and Recent Work of the Catholic Missions in China,"*The Journal of Race Development,* Vol. 3, No.4 (Apr. 1913).

40　朱维铮主编：《马相伯集》，第 384～397 页。

宗座代牧刚恒毅也主张天主教的本土化："传教士是耶稣基督的使徒。他并没有这样的职务，要把欧洲的文化，移植到传教地区去；他却应该使那些民族，有时也许有数千年光荣文化的，准备且合适于接受基督生活和习惯的因素，并加以吸收。凡是善良的文化，都很容易自然地与基督化的生活和习惯相合，且从它那里获得充足的能力，以确保人格的尊严和人类的福祉。当地的天主教徒，应该实在是天主家庭里的成员，是它神国里的人民；可是，他并不因此放弃自己的祖国，却仍是那个国家的人民。"[41]

在中国传教的过程中，一些新教与天主教传教士都不约而同地认识到了基督教在中国本土化的必要性，这也与基督教历史上使徒保罗的"为一切人而改变一切"的原则是一致的。但此时讨论多于实践，19 世纪后期中国各地的反教运动兴起和 20 世纪初期中国的民族主义情绪高涨，对基督教在华传教事业带来了一定的冲击，也迫使新教与天主教传教士改变传教方法和传教思维，加快了新教的"本色化运动"和天主教的"中国化"运动一直所倡导的理念付诸实践的步伐。

相同的目的

其次，新教的"本色化"与天主教的"中国化"的实践也是为了应对中国民族主义情绪高涨而采取的措施。19 末 20 世纪初，各地不断爆发的反教风潮和日渐觉醒的民族主义意识，为新教的"本色化"和天主教的"中国化"提供了外在的推动力。1925 年五卅运动爆发后，部分新教传教士同情中国人民的民族主义情感，主张疏远政治特权，建立本色化的中国教会。1925 年 7 月，湖南卫斯理公会在签署的声明中声称："我们作为西方传教士，是在基督爱的驱使下自愿来到中国传播基督教福音的，我们与帝国主义是没有关系的。我们渴望中国民众和教会成员的理解，因为我们并不从属于政府的机构，我们也没有政治利益上的追求，我们的目标只是为了传播基督教福音和上帝的爱，并在中国建立基督教会。在这样的追求目标驱使下，我们一直谨慎行事，避免受到政治力量的影响。"[42]

美国新教传教士司徒雷登（John Leighton Stuart，1876～1962）生在中国，因此他对于中国人的民族主义情绪更容易表示同情。1925 年 12 月，他发表《基

---

41 [意]刚恒毅著：《零落孤叶——刚恒毅枢机回忆录》，台北：天主教主徒会，1980 年，第 331 页。

42 "Hunan Wesleyan Mission Resolutions," *CR*, Vol.56(Aug 1925), p.517.

督教与民族主义》一文，对中国人的民族意识表示出了同情的理解，他在文中指出："随着目前中国人民自我意识的觉醒，他们理所当然地要反对任何消弱其追随者爱国热情的组织和信念。为了使我下面要讲的话不至于被误解，我首先声明我的立场和中国人民要求修改外国条约的立场是一致的，即一切不平等现象都应该被改正，一切不公正的利益都应该被取消。我承认这些要求是公正合理的，我也确信那些对此问题采取积极友好态度的国家和人民一样，从中取得真正的利益。"[43]在此基础上，他进一步希望基督教在中国能够为中国人的思想和生活所同化，从而实现基督教在中国的本色化。他说："基督教的神学和教义传统理论传到中国后，我长期以来一直希望中国教徒能够从一种新的视角来诠释基督教教义。目前中国正处在一个严峻考验时期，这可能会给中国教徒带来丰富的实践经验，我们期待着这个目标能早日实现。"[44]

乐灵生长期担任《教务杂志》主编，面对中国的民族主义意识，他也深表同情。1926 年，他甚至亲自向美国驻华公使马慕瑞（John V. A. MacMurray, 1881－1960）请愿要求废除美国对华的不平等条约，尽管遭到美国公使的拒绝，但作为一个西方传教士，他能够不偏不倚，站在中国人的立场上讲话，确实是难能可贵的。[45]同年，乐灵生还在《教务杂志》中发表文章，批评了在西方传教士中存在的白人种族主义，即西方人在道德上要优于中国人，他认为中国人在道德上与西方人是平等的。[46]在此基础上，乐灵生指出西方传教士的使命应该是："传教士自己应该投身于中国基督徒的团体之中。他不应该强迫它们发展一种西方的形式，而应贡献一种基督教的精神。让这种精神以一种纯粹的中国方式表达自己。"[47]

可以看到，20 世纪 20 年代以后，中国人民民族意识的觉醒，推动了西方差会和新教传教士对于基督教教义与中国文化结合可能性的探讨，从而使得新教传教士致力于建立"本色教会"的实践在中国教会和中国基督徒致力于

43 John L. Stuart, "Christianity and Nationalism, ""The Chinese Christian Student, New York, "*The Chinese Student's Christian Association in American.* December 1925.转引自顾卫民：《基督教与近代中国社会》，第 471 页。

44 Frank Rawlinson: *Naturalization of Christianity in China.* Shanghai. 1927. P287.

45 J. K. Faribanked, *The Missionary Enterprise in China and America,*Harvard University Press, 1974, p.22.

46 Frank Rawlinson, "China as Equal, " *CR*, Vol.57(Aug 1926),pp.575-590.

47 F. Rawlinson: , ,"The Chinese Church as Reveololed in the National Christian Council Held in Shanghai,"Mar2-11,1922. Shanghai, Oriental Press. 1922.p.248.转引自顾卫民：《基督教与近代中国社会》，第 473 页。

"本色运动"的努力之外，又构成了基督教新教"本色运动"又一重要内容。这也表明，基督教新教教会为回应社会剧变采取灵活的措施，积极进行教会的改革，这也彰显了传教士对其传教使命的自觉，从长远来看对于新教在华建立本色化教会，从而实现传教事业的顺利发展是有益处的。

20 世纪上半叶，中国天主教的本地化运动与中国民族主义意识的觉醒也有着直接的联系。一方面，一些觉醒的中国天主教徒不断向罗马教廷上书，倡导天主教的本地化。另一方面，尽管天主教会也对天主教徒的爱国行动进行了压制，但还是采取了一些本地化的措施，天主教会中中国籍神职人员比例有所增加。

最终结果的相似性

最后，尽管新教与天主教试图对本色化运动做可能性的尝试，但由于中国教会在没有西方差会资金供给的情况下，无法解决稳定的经济来源，同时，中国教会中的领导者还无法独立地承担教会的领导和管理责任，无法保证教会活动的有效开展，因而新教的"本色化"与天主教的"中国化"都未能取得最终的成功。中国教会的本色化思想自基督教传入中国以来就一直存在，起源于 20 世纪 20 年代的本色化运动将这种思想纳入充分的实践，20 世纪 20 年代中国民族主义觉醒，加速了差会向中国教会移交权力的进程，构成了基督教本色化运动的一个重要方面。然而，这种教会权势转移又是有限的，正如毕嘉乐在国民革命之后所指出的，"有许多成立很久而很发达的教会，将管理权由差会接收过来，自然是比较容易，有些已经是将近完成了。但是有许多偏僻而不发达的地方，差会还是不得不主持教会的一切。"[48]这是由于这种权力的转移和教会自立更多的是出于民族主义热情，中国教会和中国基督徒在组织上、经济上和宗教上对此准备并不充分，因此，当革命陷入低潮时，差会与教会致力于此的努力也似乎暂告停顿。[49]直到 1950 年初，"真正能做到自养、自治和自传的教会还是很少一部分，大部分教会无论在人事还是经济上还是要依靠传教士和差会的帮助。"[50]总而言之，西方传教士面对反对基督

48 中华续行委办会编订：《中华基督教会年鉴（第十一期）》（三），1931 年，第 1～2 页。

49 罗伟虹：《中国基督教自立运动》，卓新平、许志伟主编：《基督宗教研究》（第二辑），北京：社会科学文献出版社，2000 年，第 284～285 页。

50 刘家峰：《近代中国基督教运动中的差会与教会关系概论》，《宗教学研究》，2006 年第 3 期，第 111～117 页。

教的冲击时，他们在主观上对自身行为作出反思和调整，在一定程度上促进了教会事业的领导权从传教士向中国基督徒的转移，尽管没有完全实现基督教的本色化，但也为完全的中国教会的建立奠定了基础。

20 世纪 20 年代中国天主教会的发展进入了一个新的阶段，天主教会内部出现了本土化趋势，中国籍神职人员人数与上一世纪相比大大增加，其在教会中的影响力也有所提升，这是一个不争的事实。但是，教会的绝对领导权仍掌握在天主教传教士手中，他们仍然在教会中担当重要角色，天主教真正的中国化并未实现。

基督教与所传入国家的本土文化之间在经过相互影响、相互作用之后，逐步建立本地教会并实现本色化，这样更利于达到所传国家的民众皈依基督教信仰、遵从基督徒的生活方式的目的。部分新教与天主教传教士对基督教传播的这种目标也早有认知，尽管他们就此问题并未展开沟通、讨论、协商等，但两者对此问题却达成了较为一致的意见，即基督教应在中国实现本色化。

但是，传教士是一个复杂的群体，他们对本色化的态度不是一种声音，也有极少数传教士对本色化持抵触或不关心态度，这在一定程度上影响了传教士和传教团体向中国基督徒和中国教会移交权利的进程。此外，资金问题、中国教会领导人的领导能力和责任意识等因素都阻碍了本色化在中国的完全实现。尽管由于多种原因直至新中国建立之前，基督教在中国的本色化并未完全实现，然而，大多数新教与天主教传教士在中国基督教本色化方面能够具有大致相同的主观诉求及有限践行，再加上中国基督徒的积极努力配合，这些都共同推动了中国基督教教会的本色化发展。

结　语

　　宗教关系是不同宗教之间或同一宗教内部不同教派之间在交往过程中所建立起来的一种社会心理关系，它往往受到不同宗教派别的神学思想、价值理念、社会环境等多种因素的影响，近代基督教两大主流教派新教与天主教之间的关系亦是如此。纵观新教与天主教在欧洲及北美宗派关系，主流呈现出相互对立、彼此纷争、满是敌意……，可谓是同一宗教不同教派缺乏宗教宽容典型代表。

　　基督教作为具有西方政治、文化背景的宗教，蕴含着一种与中国传统文化不同的价值观，与中国固有的思想、信仰、风俗、习惯存在巨大的差异。近代基督教在中国社会的传播导致了中西文化之间的交流、冲突与融合，它作为一种有组织的社会实体与中国社会的思想意识、社会结构发生了长期的、错综复杂的关系，这皆由教派的教会和教徒的活动表现出来。

　　19世纪初，包括罗马天主教、新教、东正教在内的基督教各派教都开展对华传教活动。近代天主教与新教两教派在华共存的百余年间里，继续延续西方社会相互关系同时，受近代中国社会环境及基督教传播的内在需要和价值驱动的影响，出现了最具热心和最有智慧的传教群体，致力于改善双方的对立关系，并按照"相互宽容，互不干扰"的原则，宗教宽容、和谐共荣的宗派关系一度成为了他们致力追求的目标。与此同时，这两个教派也都在不断自我调适，来适应中国社会环境及社会发展的要求。在自我调适的过程中，两教派之间关系表现出与在西方社会不同的特征，在华两教派之间的关系既有对立、矛盾、争论、疏离等，也有宽容、同情、交流、合作等，在华两教派之间的关系较在西方社会中的关系更为错综复杂。

　　随着西学东渐，基督教对中国近代社会产生了深远影响，中国人对西方文化的接受和了解而日渐增多，在客观上推动了中西文化的交流。然而，新教与天主教两教派在华之间的互相纷争与摩擦冲突，影响了基督教社会形象，在一定程度上影响了双方的传教效果，不利于中国人接受基督教，对基督教在近代中国的传播产生了一定的消极影响。

　　本书依年代顺序，通过大量的中英文史料，以客观、中立的角度，透过近代来华新教传教士在不同历史阶段对于在华天主教传教士所持的态度和采取的策略，兼及天主教传教士对新教传教士的态度和应对策略，揭示其中的复杂关系及形成的主要因素，从而展现出了中国特有的宗教关系，丰富了学术界有关近代在华两教派关系的研究。然而，近代来华新教传教士与天主教传教士关系涉及的范围很广，涉及史料浩如烟海，纷繁复杂，历史时段跨越较长，这样本文的史料查阅运用势必还有很大的空间，这样本书可谓其结构和内容的粗浅以及形式上的缺陷是难免的和必然的。因此，本书对同一宗教不同教派传教士群体关系这一主题的研究属于尝试之作，我将会继续努力，以此作为后续研究的起点。

参考文献

（一）中文史料

1、《东方杂志》（1905～1908）

2、《申报》（1905～1909）

3、《圣教杂志》（1912～1938）

4、《万国公报》（1874～1883，1883～1907）

5、《中华基督教会年鉴》（1912～1916）

6、《中华基督教教育季刊》（1925～1941）

7、[英]艾莉莎·马礼逊（Eilza Morrison）编：《马礼逊回忆录》（Memories of the Life and Labors of Robert Morrison）（影印版），郑州：大象出版社，2008年。

8、[美]丁韪良：《花甲忆记——一位美国传教士眼中的晚清帝国》，广西师范大学出版社，2004年。

9、[英]额尔金、沃尔龙德著：《额尔金书信和日记选》，汪洪章、陈以侃译，上海：中西书局，2011年。

10、[美]雷孜智著：《千禧年的感召——美国第一位来华新教传教士裨治文传》，尹文涓译，广西师范大学出版社，2008年。

11、李问渔：《辨惑卮言》，上海慈母堂重印，1884年。

12、[清]魏家骅编：《教务纪略》，山东印书局，清光绪二十九年。

13、[英]李提摩太著：《亲历晚清四十五年——李提摩太在华回忆录》，李宪堂、侯林莉译，天津人民出版社，2005年。

14、[法]陆地爱著：《驳耶稣教》，陈若望译，上海土山湾印书馆，1922 年。

15、[美]倪维思：《两教辨正》，上海美华书馆民国铅印本，1913 年。

16、[英]苏慧廉著：《李提摩太在中国》，关志远等译，广西师范大学出版社，2007 年。

17、王铁崖：《中外旧约章汇编》，北京：三联书店，1957 年。

18、[德]卫礼贤著：《中国心灵》，王宇洁等译，北京：国际文化出版公司，1998 年。

19、[美]卫斐列著：《卫三畏的生平及书信——一位美国来华传教士的心路历程》，顾钧、江莉译，广西师范大学出版社，2004 年。

20、解成编著：《基督教在华传播系年：河北卷》，天津古籍出版社，2008 年。

21、《新旧约圣经》，中国基督教协会，1995 年。

22、张雅各布伯：《邪正理考》，上海土山湾印书馆民国铅印本，1907 年。

23、中华续行委办会调查特委会编：《1901～1920 年中国基督教调查资料》，蔡咏春等译，北京：中国社会科学出版社，2007 年。

24、中国第一历史档案馆、福建师范大学历史系合编：《清末教案》，北京：中华书局，1996 年。

25、《教务教案档》，台湾：中央研究院近代史研究所。

26、黄光域编：《基督教传行中国纪年（1807～1949）》，桂林：广西师范大学出版社，2017 年。

（二）中文著作

1、陈钦庄：《基督教简史》，北京：人民出版社，2008 年。

2、陈声柏主编：《宗教对话与和谐社会》，北京：中国社会科学出版社，2008 年。

3、程　啸：《晚清乡土意识》，北京：中国人民大学出版社，1990 年。

4、段　琦：《奋进的历程——中国基督教的本色化》，北京：商务印书馆，2004 年。

5、段德智：《宗教概论》，北京：人民出版社，2005 年。

6、葛兆光：《中国思想史》，上海：复旦大学出版社，1998 年。

7、葛壮：《宗教与近代上海社会的变迁》，上海书店出版社，1999 年。

8、顾卫民：《中国与罗马教廷关系史略》，北京：东方出版社，2000 年。

9、顾卫民：《中国天主教编年史》，上海辞书出版社，2003 年。

10、顾长声：《传教士与近代中国》，上海人民出版社，2004 年。

11、顾长声：《从马礼逊到司徒雷登——来华新教传教士评传》，上海人民出版社，2005 年。

12、顾长声：《马礼逊评传》，上海书店出版社，2006 年。

13、李向平：《信仰、革命与权力秩序——中国宗教社会学研究》，上海人民出版社，2006 年。

14、林治平：《基督教在中国本色化论文集》，北京：今日中国出版社，1998 年。

15、刘家峰：《离异与融会：中国基督徒与本色教会的兴起》，上海人民出版社，2005 年。

16、吕大吉：《宗教学通论新编》，北京：中国社会科学出版社，1998 年。

17、刘小枫：《走向十字架上的真——20 世纪基督教神学引论》，上海三联书店，1995 年。

18、牟钟鉴、张践：《中国宗教通史》，北京：社会科学文献出版社，2007 年。

19、苏　萍：《谣言与近代教案》，上海远东出版社，2001 年。

20、孙尚扬：《宗教社会学》，北京大学出版社，2007 年。

21、陶飞亚、刘天路：《基督教与近代山东社会》，山东大学出版社，1996 年。

22、陶飞亚：《中国的基督教乌托邦——耶稣家庭》，香港中文大学出版社，2004 年。

23、陶飞亚：《边缘的历史——基督教与近代中国》，上海古籍出版社，2005 年。

24、吴义雄：《在宗教与世俗之间——基督教新教传教士在华南沿海的早期活动研究》，广东教育出版社，2000 年。

25、王立诚：《美国文化渗透与近代中国教育：沪江大学的历史》，复旦大学出版社，2001 年。

26、王志成：《和平的渴望——当代宗教对话理论》，北京：宗教文化出版社，2003 年。

27、王治心：《中国基督教史纲》，上海古籍出版社，2007 年。

28、王美秀等：《基督教史》，江苏人民出版社，2008 年。

29、香港中文大学天主教研究中心：《天主教研究学报》，2011 年第二期，香港中文大学出版，2011 年。

30、谢俊美、严泉：《中外文化交流史话》，合肥：黄山书社，1997 年。

31、忻平：《1937：深重的灾难与历史的转折》，上海人民出版社，1999 年。

32、忻平：《从上海发现历史：现代化进程中的上海人及其社会生活（1929～1937）》，上海大学出版社，2009 年。

33、邢福增：《文化适应与中国基督徒（一八六○至一九一一年）》，香港：宣道出版社，1995 年。

34、徐宗泽：《中国天主教传教史概论》，上海书店出版社，2010 年。

35、晏可佳：《中国天主教简史》，北京：宗教文化出版社，2001 年。

36、杨大春：《晚清政府基督教政策初探》，杭州：金城出版社，2004 年。

37、姚民权、罗伟虹：《中国基督教简史》，北京：宗教文化出版社，2000 年。

38、张志刚：《走向神圣——现代宗教学的问题与方法》，北京：人民出版社，1995 年。

39、张志刚：《宗教学是什么》，北京大学出版社，2008 年。

40、张西平等：《本色之探：20 世纪中国基督教文化学术论集》，北京：中国广播电视出版社，1999 年。

41、章开沅：《传播与植根：基督教与中西文化交流论集》，广东人民出版社，2005 年。

42、赵林：《基督教思想文化的演进》，北京：人民出版社，2007 年。

43、周燮藩：《中国的基督教》，北京：商务印书馆，1997 年。

44、朱维铮主编：《马相伯集》，上海：复旦大学出版社，1996 年。

45、卓新平：《基督宗教论》，北京：社会科文献出版社，2000 年。

46、庄祖鲲：《契合与转化：基督教与中国传统文化之关系》，陕西师范大学出版社，2007 年。

47、王美秀：《中国基督教史话》，北京：社会科学文献出版社，2011 年。

48、刘志庆：《中国天主教教区沿革史》，北京：中国社会科学出版社，2017 年。

（三）译著

1、[英]埃里克·J·夏普著：《比较宗教学史》，上海人民出版社，1988 年。

2、[美]爱德华·W·萨义德著:《东方学》,王宇根译,北京:生活·读书·新知三联书店,2007 年。

3、[美]保罗·尼特著:《宗教对话模式》,王志成译,北京;中国人民大学出版社,2004 年。

4、[美]保罗·蒂利希著:《基督教思想史——从其犹太和希腊发端到存在主义》,尹大贻译,北京:东方出版社,2008 年。

5、[美]彼得·伯格等著:《世界的非世俗化:复兴的宗教及全球政治》,李骏康译,上海古籍出版社,2005 年。

6、[美]布鲁斯·雪莱著:《基督教会史》:北京大学出版社,2004 年。

7、[美]戴维·波普诺著:《社会学》,李强等译,北京:中国人民大学出版社,1999 年。

8、[美]房龙著:《宽容》,李强译,北京:光明日报出版社,2006 年。

9、[美]费正清,刘文京编:《剑桥中国晚清史(1800～1911 年)》,中国社会科学院历史研究所编译室译,北京:中国社会科学出版社,2007 年。

10、[美]费正清编:《剑桥中华民国史(1912～1949 年)》,刘敬坤等译,北京:中国社会科学出版社,2007 年。

11、[美]胡斯都·L·冈察雷斯著:《基督教思想史》,陈泽民等译,南京:译林出版社,2010 年。

12、刘小枫主编:《20 世纪西方宗教哲学文选》,杨德友,董友等译,上海三联书店,1991 年。

13、[英]罗 素著:《西方哲学史》,何兆武等译,北京:商务印书馆,2003 年。

14、[美]马 士著:《中国帝国对外关系史》,张汇文等译,上海书店出版社,2006 年。

15、[德]马克斯·韦伯著:《新教伦理与资本主义精神》,于晓,陈维纲等译,陕西师范大学出版社,2006 年。

16、[英]麦克斯·缪勒著:《宗教学导论》,上海人民出版社,1989 年。

17、[美]G.F.穆尔著:《基督教简史》,郭舜平等译,北京:商务印书馆,1996 年。

18、[美]杨庆堃著:《中国社会中的宗教——宗教的现代社会功能与其历史因素之研究》,范丽珠等译,上海人民出版社,2007 年。

19、[美]约翰·麦奎利著:《二十世纪宗教思想》,上海人民出版社,1989 年。

20、[英]约翰·麦克曼勒斯主编：《牛津基督教史》，张景龙等译，贵州人民出版社，1995年。

21、[美]施密特著：《基督教对文明的影响》，北京大学出版社，2004年。

22、[美]史景迁著：《胡若望的困惑之旅：18世纪中国天主教徒法国蒙难记》，吕玉新译，上海远东出版社，2006年。

23、[美]威利斯顿·沃尔克著：《基督教会史》，孙善玲、段琦、朱代强译，北京：中国社会科学出版社，1992年。

24、[法]卫青心著：《法国对华传教政策——清末五口通商和传教自由(1842～1856)》，黄庆华译，北京：中国社会科学出版社，1991年。

25、[法]谢和耐著：《中国和基督教：中国和欧洲文化之比较》，耿升译，海外汉学丛书，上海古籍出版社，1991年。

26、[加]许志伟著：《基督教神学思想导论》，北京：中国社会科学出版社，2001年。

27、[美]裴士锋著：《天国之秋》，黄中宪译，北京：社会科学文献出版社，2014年。

（四）中文论文

1、段德智：《试论宗教对话的层次性、基本中介与普遍模式——三论21世纪基督宗教的对话形态》，《武汉大学学报》（人文科学版），2002年第4期。

2、段琦：《当代中国基督教概况及所面临的问题》，《世界宗教研究》，2003年第3期。

3、何桂春：《明末至近代天主教和新教在华活动比较研究》，《福建师范大学学报》（哲学社会科学版），1991年第4期。

4、何光沪：《宗教对话问题及其解决设想》，《国外社会科学》，2002年第6期。

5、何光沪：《关于宗教对话的理论思考》，《浙江学刊》，2006年第4期。

6、刘素民：《宽容：宗教自由及宗教对话的前提》，《哲学动态》，2005年第11期。

7、刘家峰：《从差会到教会：诚静怡基督教本色化思想解析》，《世界宗教研究》，2006年第2期。

8、马进虎：《如何对待异己教派关系重大——伊斯兰教派问题纵横谈》，《青海社会科学》，1996年第6期。

9、莫法有：《基督教的中国化：历史和现实》，《复旦学报》，1999 年第 3 期。

10、苏国怡著，刘国鹏译：《梵二会议以降的天主教会与普世大公运动》，《维真学刊》，2008 年第 1 期。

11、孙　江：《作为他者的"洋教"——关于基督教与晚清社会关系的新阐释》，《江海学刊》，2008 年第 1 期。

12、唐　逸：《中国基督信仰本土化之类型》，《世界宗教研究》，1999 年第 2 期。

13、王美秀：《基督教的中国化及其难点》，《世界宗教研究》，1996 年第 1 期。

14、王立新：《19 世纪在华基督教的两种传教政策》，《历史研究》，1996 年第 3 期。

15、王晓朝：《论基督教的本土化》，《上海社会科学院学术季刊》，1998 年第 2 期。

16、王志成：《走向第二轴心时代：论跨文化宗教对话的可能性》，《世界宗教研究》，2004 年第 4 期。

17、王志成：《保罗·尼特论宗教对话模式》，《浙江学刊》，2003 年第 4 期。

18、王志成、思竹：《宗教多元论与宗教对话》，《浙江学刊》，2002 年第 4 期。

19、吴义雄：《华南循道会的本色化之路——以 20 世纪前期为中心的考察》，《宗教学研究》，2006 年第 3 期。

20、伍玉西：《梁发对基督教义的中国化诠释》，《广州社会主义学院学报》，2003 年第 3 期。

21、肖玉秋：《1917 年前俄国在华东正教传教士与天主教和新教传教士》，《世界历史》，2010 年第 5 期。

22、杨大春《晚清政府关于外国传教士护照政策概述》，《历史档案》，2004 年第 2 期。

23、张志刚《宗教对话的理论动向及其现实启发》，《西北民族大学学报》，2010 年第 5 期。

24、赵树好《清末天主教和耶稣教在华斗争初探》，《聊城师范学院学报》，1994 年第 2 期。

25、卓新平：《现代社会中宗教对话的困境与希望》，《中国宗教》，2005 年第 1 期。

26、朱晓红：《理性的信仰和宗教对话——从教宗讲话"引文事件"看天主教和伊斯兰教对话》，《维真学刊》，2007 年第 1 期。

（五）英文史料

1、*China Mission Year Book* . Shanghai,1918.

2、*China Mission Year Book* . Shanghai,1925.

3、*Records of the general conference of the Protestant missionaries of China, held at Shanghai, 1877.* （Shanghai : American Presbyterian Mission Press, 1877）

4、*Records of the general conference of the Protestant missionaries of China, held at Shanghai, May 7-20, 1890.* （Shanghai : American Presbyterian Mission Press, 1890）

5、*Records of the general conference of the Protestant missionaries of China, held at Shanghai, 1907.* （Shanghai : American Presbyterian Mission Press, 1907）

6、*The Chinese Repository* . Guangzhou, 1832～1851.

7、*The Chinese Recorder* . Shanghai,1867～1941.

8、*Missionary Herald,* Boston,vols. 24-56, 1828～1860.

（六）英文著作

1、Alexander Michie,*China and Christianity*,Boston, Knight and Millet,1900.

2、Alvyn.J.Austin,*Saving China—Canadian Missionaries in the Middle Kingdom, 1888～1959.* University of Toronto Press,1986.

3、Brian Stanley. *The Bible and the Flag： Protestant Missions and British Imperialism in the Nineteenth and Twentieth Centuries.* Leicester, England： Apollos, 1990.

4、D. E. Mungello, *The Great Encounter of China and the West, 1500～1800,* Third Edition. Lanham（Maryland,USA）:Rowman ＆ Littefield, March 2009.

5、Edmund S. Wehrle, *Britain. China and the Antimissionary Riots,1891～1900.* Minneapolis： University of Minnesota Press, 1966.

6、George B. Stevens and William F. Markwick, *The Life, Letters, and Journals of Peter Parker, M. D. Missionary, Physician, and Diplomatist, the Father of Medical Missions and Founder of the Ophthalmia Hospital in Canton,* Boston:Congregational Sunday-School and Publishing Society, 1896.

7、Gernet, Jacques. *China and the Christian Impact: A Conflict of Cultures.* Cambridge*:* Cambridge University Press, 1985.

8、James Hudson Taylor, *China's Spiritual Need and Claims,* London, Hutchings and Crowsley, Limited, 1884.

9、Jerome Ch'en. *China and the West: Society and Culture 1815 ~ 1937,* Hutchinson of London,1979.

10、Kenneth Scott Latourette, *A History of Christian Missions in China,* London, Society for Promoting Christian Knowledge, 1929.

11、Kathleen L.Lodwick.*Crusaders Against Opium: Protestant Missionaries in China,1874 ~ 1917,* The University Press of Kentucky, 2009.

12、Marshall Bromhall，*The China Empire: A General & Missionary Survey.* Morgan & Scott and China Inland Mission,1907.

13、Paul A.Cohen. *China and Christianity：The Missionary Movement and the Growth of Chinese Antiforeignism（1860 ~ 1870）.* Harvard University Press, 1963.

14、Sidney A.Forsythe, *An American Missionary Community in China, 1895 ~ 1905,* Cambridge,Mass:Harvard University Press.1971.

15、Stephen Uhalley Jr. and Xiaoxin Wu, *China and Christianity:Burdened Past, Hopeful Future.*Ricci Institute for Chinese and Western Cultural History, 2001.

16、Winston Crawley. *Partners across the Pacific: China and Southern Baptists：A Brief History .*Hong Kong: Chinese Baptist Press （International） Ltd., 1999.

17、Wayne Flynt and Gerald W.Berkley, *Taking Christianity to China:Alabama missionaries in the middle kingdom,1850 ~ 1950,*Tuscaloosa and London, the University of Alabama,1997.

18、Xi Lian, *Redeemed by Fire: The Rise of Popular Christianity in Modern China,* New Haven: Yale University Press,2010.

（七）英文论文

1、Beatrice Leung and Patricia Wittberg. "Catholic Religious Orders of Women in China: Adaptation and Power" , *Journal for the Scientific Study of Religion,* Vol. 43, No.1 （Mar., 2004）.

2、Father Leo Ddsmet, "Organization and Recent Work of the Catholic Missions in China, "*The Journal of Race Development,* Vol. 3, No.4 （Apr., 1913）.

3、H. M. Cole. "Origins of the French Protectorate Over Catholic Missions in China," *The American Journal of International Law*, Vol. 34, No. 3 （Jul., 1940）

4、Joseph C. Mckenna, S. J." Ethics and War: A Catholic View,.*The American Political Science Review*", Vol. 54, No. 3 （Sep., 1960）.

5、Michael Loewe, "Imperial China's Reactions to the Catholic Missions," *Numen*, Vol. 35,Fasc.2（Dec.,1988）.

6、Peter W.Fay. "The French Catholic Mission in China during the Opium War", *Modern Asian Studies,* Vol. 4, No.2 （1970）.

7、Paul A.Varg, "Motives in Protestant Missions, 1890～1970, *Church History,*Vol. 23, No.1（Mar., 1954）

8、Robert A. Ashworth. "The Survival of Christianity," *The Biblical World*, Vol. 54, No. 3 （May, 1920）.

9、Timothy C. Tennent. "The Challenge of Churchless Christianity: An Evangelical Assessment, " *International Bulletin of Missionary Research*, Vol. 29, No. 4, （Oct, 2005）.

后 记

北国春城长春四月的天气还有些寒意料峭，但春天的脚步已经不可阻挡。吉大校园随处可见的迎春花作为春的使者最先盛开；五月花广场周边的杏花也不干落后，如同朝霞般绚烂绽放；图书馆前丁香花紫嫩的花骨朵含苞待放……，花事如同人事，花开早晚，结果多少，全是风景；成果如何，成就多少，皆是人生。

本书最初是作为博士论文而写作的。2015年6月，经我的博士生导师上海大学陶飞亚教授推荐，论文被台湾花木兰文化事业有限公司列入出版计划。为了达到出版标准如期完成著作，我不得不从我有限的精力中挤出时间去完善修改论文。而我自知能力欠缺，没有系统的时间集中精力查阅中英文史料、静心阅读思考，对我完成论文的完善修改是一件极其艰难的事情。在此情况下，2016年10月我不得不申请延期至2018年9月出版。自博士论文完稿历经六年寒暑，数易其稿，拙作终于完成。可我却并没想象中的那般快乐，因为我深感自己的知识储备、史料积淀、史料运用与文字表达还有很大的提升空间。但我必须承认，不论是本书作为博士论文写作过程中，还是在本书列入出版计划修改过程中，都未敢稍懈，我的确是以非常真诚的态度从事写作的，同时，也始终受惠于许多师长和学友。

在本书即将付梓之际，首先，我要衷心地感谢我的博士生导师陶飞亚教授，我是在陶老师的引领下走上中国基督教史研究之路的，陶老师严谨的治学态度、敏锐的学术洞察力、开阔的视野，以及陶老师对我各方面的关心、支持和帮助，使我得以顺利完成学业，并激励着我继续开展相关主题的研究。同时，在我书稿完成时，在百忙之中欣然为本书作序，以嘉后学。

其次，在博士论文写作期间，感谢上海大学历史系刘义副教授、肖清和副教授、杨雄威副教授给予我热情的鼓励，帮助我树立信心，对我顺利完成论文写作提供的许多有益帮助，并为我提供许多重要的中英文历史参考资料；感谢上海大学杨卫华副教授、舒健博士、陈铃博士对论文内容进一步系统完善付出的时间与精力；感谢上海大学文学院吕佳航、耿向阳、王德硕、王皓、董飞飞、梁珊等学友为我收集论文资料及论文校对等提供的具体帮助。此外，我也要向多年来一直默默关心、支持我的家人致以感谢！

再次，感谢上海社会科学院葛壮研究员、华东师范大学谢俊美教授、复旦大学王立诚教授、上海师范大学顾卫民教授、上海政法学院王蔚教授评审论文提出的宝贵意见和建议。感谢上海档案馆、上海图书馆、上海大学图书馆、复旦大学图书馆、吉林大学图书馆、华中师范大学图书馆、美国耶鲁大学图书馆等单位在相关历史资料搜集给予的大力支持和帮助！

最后，感谢台湾花木兰文化事业有限公司将其列入出版计划，也感谢副总编辑杨嘉乐女士以认真负责的敬业精神为出版所付出的辛苦和劳累。

可以说，若没有这些师长、学友及家人的关心、帮助和支持，我不可能顺利完成本书的写作，在拙著出版之际，藉此谨向他们致以我真诚的感激和深深的谢意！

田燕妮

2018 年 4 月 15 日于吉林大学

附录一：宗教改革以来西方基督教新教与天主教关系

一、宗教改革以来欧洲新教与天主教关系

在基督教的历史上，异端是与正统相对立的一个概念，基督教发展的历史也是基督教中正统与异端不断对立、对抗的历史。16 世纪欧洲宗教改革之后，天主教尽管名义上承认新教，但仍对新教不宽容。罗马天主教会不实行宗教宽容政策，那么，新教的态度如何呢？在宗教改革时期及宗教改革以来，许多宗教改革家同罗马天主教的不宽容态度是一样的，他们持守一个共同的信念："历史上以教皇为首的，唯一的、普世的、'可见的'教会根本不是教会，因为它偏离了基督在告诉彼得他是基石，要在这块基石上建造他的教会时定意他们要遵行的道路。当时宗教改革人士的主导思想是：教会是不可见的，是上帝的恩典成就的一个群体，是一个奥秘的群体，只能在小规模的地方崇拜中'看到'"。我们只要看一看宗教改革的先驱马丁·路德对他所谓的女巫和术士（包括天主教徒和新教中与他神学见解不同的人）的态度就可知道，"我才不会同情他们，我会烧死他们，一个不留！"马丁·路德强调，"任何对话都是多余的。"总之，新教与天主教之间长期处于不宽容的状态。

自欧洲宗教改革以来新教与天主教之间互不宽容，宗教迫害与宗教战争不断出现，但是总的来说，宗教改革以来欧洲新教与天主教之间经历了一个从不宽容到宽容的过程。具体到不同的国家又有不同的表现，以新教信仰为主的国家如英国，长期以来敌视天主教；而以天主教信仰为主的国家如西班牙、法国等，则长期不给予新教以宗教自由权利。

1、德国新教与天主教关系

1517 年马丁·路德掀起宗教改革运动之后，德国各邦就出现了分化，一些邦仍然信仰天主教，但也有一些邦改信了路德教或加尔文教。1526 年，神圣罗马帝国在施佩尔会议上作出决议承认各个等级有权自行决定信仰问题。1530 年，信奉路德教的邦和自由市在向帝国皇帝递交阐述路德教教义的"奥格斯堡信纲"时遭到拒绝并受到谴责。于是，双方爆发了战争，由于几次交战之后双方并未分出胜负，1555 年罗马天主教不得不与新教签订"奥格斯堡和约"，和约规定："神圣罗马帝国境内各诸侯邦之间不得因宗教原因互相争斗；帝国会议承认天主教和路德教两派同时存在；凡领有教产的诸侯，如果改信路德教，即应放弃其职位、土地和俸禄。"[1]这份和约承认了路德教的合法地位，规定新教诸侯享有与天主教诸侯同等的权利，在德国宗教多元化历史发展过程中具有重要意义。

但是，接下来罗马天主教于 1545～1563 年举行的特兰特公会议巩固和加强了天主教会的地位，从而导致了反宗教改革运动兴起。[2]于是，1618～1648 年，德意志信奉路德教的诸侯与信奉天主教诸侯以及神圣罗马帝国皇帝之间爆发了三十年战争，最终以德皇的失败而告终，并于 1648 年签订了《威斯特伐利亚和约》，和约规定了德意志境内新教与旧教地位平等。也就是说，德意志境内三大教派天主教、路德教、加尔文教同样获得了信仰自由的权利。[3]

2、英国新教与天主教关系

英国原来是一个天主教国家，自从宗教改革之后成为一个新教国家，并以安立甘教为国教。于是，英国国内的天主教徒受到歧视甚至敌视，但是，随着英国天主教的发展和爱尔兰移民的增多以及英国民主政治的发展，英国的天主教徒逐渐获得了与国教徒平等的权利。

英国的新教与天主教关系，从其发展过程来看，大致可以分为两个时期：从宗教改革到 1829 年，新教与天主教关系的主要特征表现为天主教对新教的宗教迫害。宗教改革兴起后，英国教会先是断绝与罗马教廷的关系，接着关

---

1 董小川：《现代欧美国家宗教多元化的历史与现实》，上海三联书店，2008 年，第 72～73 页。
2 宗教研究中心编：《世界宗教总览》，北京：东方出版社，1993 年。
3 董小川：《现代欧美国家宗教多元化的历史与现实》，上海三联书店，2008 年，第 72～73 页。

闭所有修道院，随着《三十九条信纲》和《公祷书》、《讲道集》的颁布，英国国教会在 16 世纪逐步确立。从英国国教会的确立到 1829 年，英国的天主教徒没有公民权。1662 年，查理二世时期《1662 年教会统一法案》的颁布"对不信奉国教者采取严厉措施"，于是，"大量拒绝接受《公祷书》的教士遭免职。"[4]1689 年，英国通过了《宗教宽容法》，信教自由派教会的合法性在一定程度上得到了承认，但是罗马天主教会和极端的一论派教会仍没有得到宗教宽容，清教徒担任公职也存在着许多限制。[5]在这一时期，天主教长期为英国的"边缘宗教"，受到歧视，天主教徒被排除在多数公众生活的领域之外。

1829 年以来，随着天主教教徒公民权的恢复，英格兰、苏格兰的罗马天主教会逐渐恢复，事实上，从 18 世纪后期开始，随着爱尔兰向英格兰、威尔士移民的增多，天主教徒人数也逐渐增长。至 1829 年英国国王颁布法令解决对罗马天主教的限制后，天主教会得到迅速发展，到 1975 年，英国天主教会已有 5 个教省、19 个教区。天主教适合各年龄阶段的青年学校教育体制也得到建立，进入 20 世纪后，教会甚至还得到政府的经济资助。[6]但是，北爱尔兰的宗教情况就比较复杂，天主教和新教之间经常发生摩擦和矛盾。由于北爱尔兰政府历来由新教的联合党所控制，他们在各种机构中对天主教徒采取对立排斥方针，因此，北爱尔兰的天主教徒强烈要求与爱尔兰合并，这也成为北爱尔兰社会不稳定的一个重要因素。[7]

3、法国天主教与新教关系

在法国的宗教历史中，天主教长期占统治地位，并在长达 100 多年的时间里作为法国的国教。法国的新教徒以加尔文教（即归正派，或称改革派）和路德教为主，现在，法国新教归正派中主要有两个教派：卫理公会和公理会。1938 年，这两个教派合并成为当时除了天主教之外的法国第二大教派。

4 宗教研究中心编：《世界宗教总览》，北京：东方出版社，1993 年，第 771~772 页。

5 张训谋：《欧美政教关系研究》，北京：宗教文化出版社，2002 年，第 79 页。转引自刘义：《基督教会与民初宪法上的信教自由》，上海大学硕士学位论文，2005 年，第 20 页。

6 宗教研究中心编：《世界宗教总览》，北京：东方出版社，1993 年，第 775~776 页。

7 世界宗教研究所编：《各国宗教概况》，北京：中国社会科学出版社，1984 年，第 399 页。

除了归正派和路德派外，法国的新教教派还有"神召会"、福音浸礼派联合会、普利茅斯兄弟会、基督复临安息日会和救世军以及五旬节派等。[8]宗教改革之后新教传入法国，最初由于观点的差异天主教与新教之间经历了30年的宗教战争，1598年签订了《南特赦令》，在一定程度上给予法国新教以宗教宽容。但随着1685年路易十四废除了《南特赦令》，法国新教受到打击和限制，失去了与天主教徒同样的地位。直到18世纪法国大革命期间，新教的合法性得到承认。1905年，法国实行政教分离法，宗教信仰自由得到进一步保障。

路德教是欧洲宗教改革之后最早传入法国的新教派别，随后加尔文在法国创立了自己的新教教派。1559年，法国的各个加尔文教会在巴黎举行了全国性会议，一致确认了加尔文教信条，此后就形成了法国的新教派别——胡格诺派。1562年，胡格诺派与法国传统的天主教之间由于观点的对立而爆发了长达30年的战争，史称"胡格诺战争"。1598年4月13日，亨利四世在布列塔尼省的南特颁布了一个法令，给予胡格诺教徒以信仰自由。该法令规定："在宗教上，保证胡格诺信徒的信仰自由，允许他们在巴黎以外的任何地方举行公开的礼拜仪式；在政治上，给予他们与天主教徒一样的可以担任公职的权利，有权向国王进谏；在经济上，胡格诺派牧师的薪俸由国家支付，并免除一些义务；在军事上，允许胡格诺教徒保留他们自1597年控制的144个要塞，为期八年，戍守费用由国王支付。同时，敕令还规定，在恢复被迫中断了天主教活动的地区恢复天主教活动。"[9]这份法令的目的是为了平息法国的宗教战争，稳定国家秩序。从内容来看法令给予了胡格诺信徒以宗教信仰自由，但是天主教的活动也得以恢复。显然，法令主要还是从国家的角度来考虑宗教问题的。

1685年，法王路易十四宣布废除《南特赦令》，胡格诺教徒丧失了从《南特赦令》中得到的所有宗教信仰自由和权利，并受到大规模的宗教迫害。"法国归正宗教会有上千信徒为主殉道，有几百人放弃信仰，约有50万至80万胡格诺信徒逃到德国、荷兰、英国及美国，他们的离开使法国工商业遭受重大打击。这次迫害使法国归正宗教会几乎失去所有信徒……1724年，宗教迫

8　董小川：《现代欧美国家宗教多元化的历史与现实》，上海三联书店，2008年，第57～58页。

9　董小川：《现代欧美国家宗教多元化的历史与现实》，上海三联书店，2008年，第43页。

害再度以新的形式出现：参加复原派崇拜的男人被抓去当军舰厨房里的奴隶，女人终身监禁；不把儿女送进天主教学校就读的父母，课以重罚；凡是让复原派举行聚会的市镇，全体需缴罚款。胡格诺教徒于是纷纷逃亡国外。"[10]

但新教在法国仍有存留，在 18 世纪大革命时期，法国的新教徒恢复了在国内的宗教活动。1789 年的《人权宣言》明确规定，"公民有宗教信仰自由；非天主教教徒可担任政府公职。"1801 年拿破仑政府与罗马教廷签署《政教协定》，确认天主教为主要宗教。也正式承认路德教、加尔文教的合法地位。进入 19、20 世纪后，大量新兴的新教派别如"神召会"、福音浸礼派联合会进入法国。[11]

4、西班牙及其它欧洲国家的天主教与新教关系

西班牙位于南欧伊比利亚半岛，最主要的宗教信仰是天主教，曾经在很长时期内为西班牙国教，其信徒占全国人口的绝大多数，而新教信徒只占很小的比例。

1479 年，西班牙统一王国正式形成，1851 年，西班牙与梵蒂冈订约，天主教成为西班牙国教。1931 年，西班牙爆发民主革命，君主政体被推翻，新的共和政府实行政教分离。1953 年，西班牙天主教会的国教地位得以恢复。直到 1979 年，天主教才不再是西班牙国教。

19 世纪上半叶，一些新教教派前往西班牙传教，但都未成功，如 1836 年传入西班牙的普利茅斯弟兄会、1845 年的韦尔多派等，这些新教传教人及信徒被发现后往往被流放或处于刑罚。直到 1868 年西班牙才允许新教与其它宗教存在。1869 年，美国浸礼宗传入西班牙，1871 年，西班牙第一个新教组织福音派基督教会成立，1881 年，瑞典浸礼会传入西班牙，1921 年，美国南方浸信会也在西班牙传播浸礼宗信仰，除此之外，一些新的教派如基督复临安息日会、神召会也相继传入西班牙，[12]新教在西班牙得以发展。但是，由于天主教在西班牙长期的国教地位，新教长期被排斥。事实上，尽管 19 世纪下半叶以来信教自由原则已基本确立，但实践中一些教徒仍采取宗教不宽容态度。

---

10 董小川：《现代欧美国家宗教多元化的历史与现实》，上海三联书店，2008 年，第 43～44 页。

11 宗教研究中心编：《世界宗教总览》，北京：东方出版社 1993 年版，第 304 页。

12 宗教研究中心编：《世界宗教总览》，北京：东方出版社 1993 年版，第 693 页。

如尽管 19 世纪的西班牙曾几度出现过宗教得以自由发展的时期，其间新教教会得以建立，乔治·博罗也可到处分发圣经，但直至 20 世纪，普通西班牙人对新教徒仍然采取不宽容的态度。

二、美国新教对天主教的态度（从 19 世纪中期到 20 世纪中期）

罗马天主教进入美国之后，美国新教对天主教的态度经历了从敌视到接受的一个过程。最初，从殖民地时代起，罗马天主教徒就没有公民权，他们受到新教的迫害。美国独立之后，随着 19 世纪欧洲大批天主教移民的到来，新教徒继续反对天主教，与天主教之间的冲突也逐渐增多。20 世纪上半叶，美国新教与天主教关系仍处于紧张状态，但随着新教地位的逐渐衰落和天主教主动与美国新教社会进行的融合，直到二战之后美国新教对天主教的歧视才逐渐消失，天主教与美国新教社会也逐渐实现了融合，新教—天主教—犹太教逐渐成为美国宗教中的主流。

在殖民地时代，尽管罗马天主教比新教登陆北美大陆要早，但整个美国殖民地只有马里兰一地天主教信仰得到官方承认，只有在宾西法尼亚罗马天主教徒得到宽容。北美殖民地是新教占统治地位，主要是在新英格兰地区的清教徒，他们对其他宗教一律实行高压政策。1634 年，罗马天主教会在北美大陆正式建立。1649 年，加尔特文（马里兰殖民地的建立者）签署"自由信仰"法案，规定马里兰人民宗教信仰自由。1688 年，马里兰成为英国殖民地。1692 年，当英国殖民当局将英国国教确立为马里兰的官方宗教之后，北美殖民地仍是新教占统治地位，天主教遭到禁止，罗马天主教徒没有了公民权，并且受到了严酷的迫害。北美大部分地区对天主教都实行了打压迫害的政策，天主教徒在当时处境十分艰难。英国殖民当局不承认反对国教的一切教派，清教徒也不宽容他们。在英国国教圣公会和清教徒教会的联合打压下，到美国独立战争时期，英属北美殖民地的罗马天主教徒人数仅有 2 万 5 千人，只占当时人口的 1%。1789 年，美国宪法第一修正案规定保障公民的宗教自由权利，信奉天主教的美国人才逐渐获得了参与公共生活的权利，实际上在许多州，歧视罗马天主教徒的地方法律一直延续到 19 世纪。[13]

19 世纪随着欧洲天主教移民大批涌入美国，新教徒普遍对天主教持有敌对情绪，新教徒与天主教徒的冲突也时有发生。19 世纪 30～50 年代，大约有

---

13 刘澎：《当代美国宗教》，北京：社会科学文献出版社，2001 年，第 143～144 页。

100 多万爱尔兰移民进入美国，美国天主教会迅速发展，这激起新教教徒普遍的敌对情绪，美国的反天主教情绪更加高涨，一些站在美国新教立场的排外主义者宣称"美国是新教徒的"，他们竭力排斥罗马天主教徒，新教与天主教的关系长期处于紧张之中，于是新教徒与天主教徒之间的冲突时有发生。1844年，费城的两座教堂被烧毁，造成多人死亡。同时，新教会反天主教的报刊、组织都有所增加。天主教会也不甘示弱，办起《美国天主教杂志》进行反击。[14]从 19 世纪 30 年代至 20 世纪 20 年代，美国曾先后爆发近几次大规模的反天主教运动。[15]

有学者分析指出，在整个 19 世纪，"主流新教徒多数派倾向于将不断壮大的罗马天主教少数派看作是一个社会的或者是外来的政治威胁。"[16] 因此，"为了保护自己的特有文化，美国新教徒多次掀起反对外来势力的本土主义运动（Nativism）。19 世纪本土主义主要是反天主教，……这些反对外来宗教的活动得到了一些新教组织的支持，1887 年建立的美国新教协会是其中最主要的一个。他们提出，不许天主教徒有大都市、州或国民政府中担任公职，不许他们在公立学校任教，限制天主教徒向美国移民。1915 年一些白人复活"三 K 党"也以反对天主教和犹太教为目的。"[17]

到了 20 世纪，天主教义和美国主要的新教文化间的关系仍很紧张。尽管如此，国家的宗教自由体系并未崩溃。事实上，它对美国的天主教融入美国文化起到重大作用。即使在 19 世纪时，美国天主教的主教们都在赞扬说，与他们在欧洲的命运相比，在美国还是享受到自由的。到了 20 世纪中叶，美国耶稣会会士约翰·默里神父（John Courtney Murray）（其文献收藏于乔治敦）促成向全世界天主教解释美国天主教徒宗教自由的特殊经历。他的观点极大地影响了罗马天主教会信仰自由宣言（1965），该宣言呼吁免除对公民社会每个国家所有个人及宗教团体宗教事务的压制。"[18]

直到第二次世界大战后，从加拿大、中欧和东欧国家、波多黎各及其他拉美国家进入美国的天主教徒移民，更加丰富了天主教会在美国的民族特色。

---

14 王美秀等：《基督教史》，南京：江苏人民出版社，2006 年，第 304～305 页。

15 刘澎：《当代美国宗教》，北京：社会科学文献出版社，2001 年，第 150～151 页。

16 乔治敦大学—国家宗教事务局 2008 年学术研讨会，第 53 页。

17 董小川：《现代欧美国家宗教多元化的历史与现实》，上海：上海三联书店，2008年，第 198～199 页。

18 乔治敦大学—国家宗教事务局 2008 年学术研讨会，第 25 页。

与此同时，天主教会中的东仪天主教徒的人数也在激增。数百万拉美西班牙裔天主教徒移民来到美国后，为美国天主教会的发展带来了生机与活力。1960年，约翰·肯尼迪成为美国有史以来担任总统的第一位天主教徒，美国社会中对天主教徒的歧视在很大程度上也逐渐消失。[19]

综上所述，从19世纪中期到20世纪中期，天主教在美国的地位发生了一些变化，天主教对美国社会的影响也比过去有所增强，美国新教对天主教的态度也发生了一个转变。这种转变自有其原因，仔细分析起来，大致有以下原因：

首先，新教在美国地位的衰落。如果说在20世纪头30年，还可以说新教仍占美国宗教的主导地位，但到了40～60年代，新教的主导地位已在动摇，甚至到90年代，新教的统治地位完全丧失。[20]正是这种极强烈的变化，使得新教重新定位自己，重新发展与天主教的关系，从而对天主教的态度有所转变。

其次，天主教对美国社会的影响不断上升。美国独立战争时期，英属北美殖民地的罗马天主教徒人数仅有2万5千人，只占当时人口的1%。到了1840年，罗马天主教会在美国已有16个主教区、500个神甫和66万3千名信徒，约占当时人口的4%。[21]在世俗教育领域，罗马天主教会也有极大的发展。19世纪40年代，罗马天主教会有美国开办的小学已有200多所。1884年，美国天主教第三次全美主教会议后，各基层天主教堂先后开始建立起自己的堂区小学，美国私立初级学校中的主力军已转为美国天主教创办的小学。[22]

最后，天主教徒主动与美国社会融合。对于多数天主教徒来说，他们主动采取措施去适应美国的生活，追求让美国主流新教社会接受天主教。具体而言，他们主要做了以下几点：一是支持美国政府，爱美国，拥护美国政府的对外战争的政策。二是主动适应美国的民主政治，通过合法的途径来维护自己的权益。三是在一些政治或社会活动中，尽量与非天主教力量合作，往往取得较好的效果。[23]

19　刘澎：《当代美国宗教》，北京：社会科学文献出版社，2001年，第152页。

20　董小川：《现代欧美国家宗教多元化的历史与现实》，上海：上海三联书店，2008年，第198页。

21　刘澎：《当代美国宗教》，北京：社会科学文献出版社，2001年，第145页。

22　刘澎：《当代美国宗教》，北京：社会科学文献出版社，2001年，第147页。

23　王晓亮：《试析二十世纪上半期美国天主教和新教社会的融合》，浙江师范大学硕士学位论文，2007年。

附录二：外国人名中西文对照表

阿美士德	William P. Amherst	宾惠廉	William C.Burns
阿罗本	Alopen Abraham	柏朗嘉宾	Jean de Plan Carpin
奥斯汀	Alvyn.Austin	薄复礼	Rudolf Alfred Bosshardt
阿礼国	Rutherfrd Alock	布朗	Samuel R. Brown
艾迪	Sherwood Eddy	卜舫济	Francis L. H. Pott
艾儒略	Julio Aleni	蔡文才	Josiah A.Jackson
艾约瑟	Joseph Edkins	查克生	Jackson
埃里克森	E.H.Erikson	戴亨利	Henry Taylor
巴范济	P. Pasio	戴存义	Frederick Howard Taylor
白晋	Joach Bouvet	戴德生	James Hudson Taylor
白汉理	Herry Blodget	丹尼尔·培根	Daniel.W.Bacon
包约翰	John Shaw Burdon	德贞	John Dudgeon
伯驾	Peter Parker	丁韪良	William A.Parsons Martin
柏尔根	P.D.Bergen	狄考文	Calvin W. Mateer
保灵	Stephen Livingston Baldwin	多罗	Carlo T. M. De Tournon
毕学源	Pires Pereira Cajetan	樊国梁	Pierre-Marie-Alphonse Favier
裨治文	Elijah C. Bridgnian	范礼安	Alexander Valignano
毕范宇	Frank Wilson Price	费赖之	Aloysius Pfistor
毕方济	Francesco Sambiaso	傅兰雅	John Fryer

冯秉正	J. M. A. de Mailla	金楷理	Garl T. Kreyer
刚恒毅	Celso Costantini	克林德	Klemens August Katteler
顾盛	Caleb Cushing	克拉克	George Clarke
光若瀚	Jean Baptiste Marie de Guebriant	拉萼尼	Thodoseé de Lagrené
郭居静	Lajzare Cattaneo	来会理	D. Willard Lyon
郭士立	Karl Friedrich August Gutz	赖德烈	Kenneth S.Latourette
海恩波	Marshall Broomhall	郎怀仁	Godefroid X. De Laimbeekhoven
海恒博	A.J.Broomhall	乐灵生	Frank Joseph Rawlinson
韩山文	Theodore Hanspach	雷鸣远	Vincent Lebbe
何斯德	D. E. Hoste	理雅各	James Legge
合信	Benjamin Hobson	李佳白	Gilbert Reid
赫德	Robert Hart	李提摩太	Timothy Richard
胡缚理	Louis Faurie	李约瑟	Joseph Needham
花之安	Ernst Faber	利玛窦	Matteo Ricci
华理柱	James Edward Walsh	利类思	Ledovico Buglio
季理斐	Donald MaGillivary	林乐知	Young John Allen
嘉乐	Garolus Mezzabarba	娄理华	Walter Macon Lowrie
嘉约翰	John Glasgow Kerr	路惠理	William David Rudland
金缄三	Joseph Seckinger	路义士	Henry Winters Luce
金尼阁	Nicholas Trigault	罗明坚	Michael Ruggieri

附录三：教会在华机构中西文对照表

Augustinian	奥斯定会（奥古斯丁会）
Irish Presbyterian Church Mission	爱尔兰长老会
The Basel Missionary Society	巴色传道会
Société des Missions Etrangeres de Paris	巴黎外方传教会
The Salesians	慈幼会
Franciscans（Minor Friars）	方济各会（小兄弟会）
Finnish Free Church Mission	芬兰自由会
The Anglo-Chinese College	格致书院
Christian Literature Society for China	广学会
Hangchow Christian College	杭州之江大学
Harvard Yenching Institute	哈佛燕京学社
The Netherland Missionary Society	荷兰传道会
Imprimerie de Houpe Orient	湖北武昌天主堂印书馆
University of Shanghai	沪江大学
Revue Pour Tous	汇报
The Chinese and American Holy Classic Book Establishment	花华圣经书房
West China Union University	华西协和大学
Central China University	华中大学
Foreign Christian Missionary Society	基督会
Christ Endeavor Society	基督教勉励会

Seventh-day Adventists	基督复临安息日会
The Young Men's Christian Association	基督教青年会
Shantung Christian University	济南齐鲁大学
The Young Women's Christian Association	基督教女青年会
Canadian Presbyterian Mission	加拿大长老会
The Missionary Sisters of the Immacutate Conception of Canada	加拿大始孕无胎会
Religious Tract Society	伦敦圣书会
The American Board of Commissioners for Foreign Mission	美国公理会
American Baptist Missionary Union	美国浸礼会真神堂
American Presbyterian Mission,South	美国南长老会
Methodist Episcopal Church	美以美会
Congregation of the Immaculate Heart of Mary of the Scheut Mission	圣母无玷圣心会（圣母圣心会）
Society of the Divine Word	圣言会
English Presbyterian Mission	英国长老会
English Baptist Mission	英国浸礼会
National Christian Council	中华全国基督教协进会
Church of Christ in China	中华基督教会
The China Continuation Committee	中华续行委办会
Chinese Home Missionary Society	中华国内布道会

附录四：近代在华新教与天主教大事年表[1]

日期	新　教	天主教
1807	马礼逊来华传教	原巴黎外方传教会所建的由暹罗迁往越南和印度本地治时里的修院在马来亚槟榔屿重新开放
1808	马礼逊开始编纂《华英字典》和翻译《圣经》	罗马教廷正式升四川罗神父为主教
1809	马礼逊接受澳门东印度公司聘任，任中文译员	云南约有天主教徒 2500 人，贵州约有天主教徒 1578 人
1810	马礼逊刻版印刷其修订的《使徒行传》中译本 1000 册	四川总督常明查禁天主教
1811	马礼逊完成了《路加福音》的翻译并付印出版	陕西中国籍司铎张铎德被官府逮捕
1812	马礼逊出版四种翻译或创作的传教图书:《耶稣救世使徒行传真本》、《圣路加氏传福音书》、《神道论赎救世总说真本》、《问答浅注耶稣救法》	白莲教起义，湖广发生官府搜捕天主教事件，天主教徒被告里通白莲教
1813	米怜夫妇抵达中国	湖北官府查拿天主教

---

1 本年表资料主要来源于陶飞亚主持编写的《中国基督教史编年》（未刊稿）、顾卫民的《中国天主教编年史》（上海辞书出版社，2003 年）和黄光域编：《基督教传行中国纪年（1807～1949）》（桂林：广西师范大学出版社，2017 年）

日期	新　教	天主教
1814	马礼逊秘密吸收第一个中国信徒蔡高	四川总督常明下令在全省查拿天主教
1815	米怜赴马六甲开辟传教基地和设立印刷所	四川官府在全省捕拿天主教徒，无数教徒被捕。
1816	米怜吸收第二个中国信徒梁发	四川中国籍袁在德神父被捕
1817	伦敦会传教士麦都思抵达马六甲协助米怜从事出版工作	全国共有澳门、北京、南京三个主教区，山西、四川、福建三个代牧区。
1818	马礼逊在马六甲兴办英华书院	湖北官府在盘磨山捕拿天主教徒
1819	米怜的传教士中文小说《张远两友相论》出版；梁发的布道著作《救世录撮要略解》出版；麦都思编译出版了《地理便童略传》	意大利道明会传教士蓝月旺在湖南长沙被绞死；遣使会传教士刘克来在河南南阳附近靳冈被俘
1820	英华书院竣工；梁发的妻子归信受洗。	北京北堂的传教士南弥德被逐，葡萄牙遣使会传教士高守谦代管北堂
1821	马礼逊的第一任妻子玛丽去世；马礼逊在给伦敦会的信中表示，打算将他的儿子马儒翰培养成一名汉学家，并期待马儒翰也能成为一名传教士。	清《大清律例》中增补有关查禁基督教条文
1822	米怜在澳门病逝；在印度的英国浸信会传教士马士曼和拉沙的《新旧约圣经》中译本出版。	道明会传教士在澳门出版第一份葡文报纸《中国之锋》
1823	梁发成为第一个中国籍传教士	李拱宸授钦天监监正，毕学源授钦天监副监
1824	马礼逊当选为法国亚洲学会会员	葡萄牙遣使会传教士福文高司铎卒于北京，同治帝赐银二百两，为莹葬之费。
1825	马礼逊创办了伦敦世界语言学院	青岛成为监牧区
1826	马礼逊抵达澳门，并带来一部石印机	北京只剩毕学源主教一个外籍传教士，中国籍薛玛窦神父除管理北堂之外，还兼管苦修院
1827	马礼逊开始编写《圣经注释》	毕学源受命管理北京教区
1828	马礼逊开始编纂《广东省方言词汇》	北京教区大部分神职人员开始迁往西湾子
1829	裨治文和雅裨理来华	遣使会派遣中国籍张多默等司铎赴法国深造
1830	美国公理会传教士裨治文和美国归正会传教士雅裨理到达到达广州	中国神父黄伯禄出生于江苏海门

日期	新　教	天主教
1831	普鲁士传教士郭士立抵达天津	高丽代牧区脱离北京教区管辖
1832	《中国丛报》出版	北京教友呼吁耶稣会派遣有学术专长的传教士来华
1833	郭士立创办的《东西洋考每月统记传》在广州出版	北京教友再次呼吁耶稣会派遣有学术专长的传教士来华
1834	马礼逊逝世	耶稣会总会长罗当给中国教友回信，表达重返中国传教区的愿望
1835	英国伦敦会传教士麦都思抵达广州	法国遣使会传教士董文学抵达中国澳门
1836	广州外侨组成马礼逊教育会	董文学神父由湖北到河南传教
1837	美国浸礼会传教士罗孝全抵达澳门	毕学源因病辞去钦天监监正职
1838	中华医药传教会在广州成立	毕学源主教在北京去世
1839	布朗夫妇在澳门马礼逊学堂	董文学在湖北被捕
1840	马儒翰、麦都思、裨治文和郭士立合作修订的圣经中译本问世	罗马教皇委任罗伯济为山东代牧，兼管江南教务
1841	裨治文编撰的《广州方言撮要》出版	耶稣会派遣传教士南格禄、艾方济、格秀芳来华
1842	英国圣公会在香港设立圣保罗书院	意大利籍方济各会费神父被委任宗座监牧
1843	来华的英美传教会的传教士在香港举行了第一次联席会议	香港天主教会开办第一所男童学校
1844	郭实腊在香港组织成立福汉会	清政府弛禁天主教
1845	美国北长老会传教士麦嘉谛在宁波创办崇信义塾	西藏成为单独的宗座代牧区
1846	文惠廉主教为黄光彩施洗，这是中国加入圣公会之第一人	道光帝降旨弛禁天主教，发还康雍乾禁教时期所没收之天主堂
1847	马礼逊学校校长布朗携三位该校学生容闳、黄宽、黄胜去美国学习	耶稣会在徐家汇购买一块土地开始建造总会院
1848	"青浦教案"发生	意大利传教士赵方济接任罗类思为南京教区主教
1849	娄理华的父亲在纽约编辑出版了《娄理华教士在华传教实录》一书	洪秀全在两广起兵反清
1850	伦敦成立了中国协会（Chinese Association）	上海耶稣会创立徐汇公学

日期	新 教	天主教
1851	合信在广州出版了《全体新论》一书。	天主教全国主教会议在上海董家渡天主堂举行
1852	委办译本《新约》出版	贵阳成立一个天主教修院
1853	《遐迩贯珍》创刊	上海董家渡圣方济沙勿略主教座堂建成
1854	《中外新报》在宁波创刊	法国传教士孟振生在直隶被捕
1855	合信在广州出版《博物新编》	上海徐家汇创立中国籍献堂修女会
1856	上海外侨组织一个上海文理学会的学术性团体，裨治文任第一任会长	法国天主教传教士马赖在广西被杀
1857	《六合丛谈》创刊	上海耶稣会传教士郎怀仁祝圣为主教，管理直隶教区教务
1858	裨治文发起组建了上海文理学会	教廷委任法籍遣使会传教士董若瀚为直隶东南部主教
1859	嘉约翰在广州南郊增沙街开办博济医院	南京耶稣会传教士年文思在董家渡祝圣为主教
1860	美国长老会传教士应思理在宁波出版《圣教鉴略》一书	罗马教皇任命徐类思为中国天主教教务巡阅使视察中国天主教教务
1861	总理衙门颁布《通行传教谕单并咨行教民犯案办法》	总理衙门颁布《通行传教谕单并咨行教民犯案办法》
1862	奕䜣给法国照会提出"保护教民章程"，未有实际作用	清总理衙门准许天主教徒不用再摊派迎神赛会费用
1863	美国长老会传教士狄考文夫妇和郭显德夫妇抵达上海	天主教道明会传教士郭德刚在台湾屏东建万金天主堂
1864	范约翰将梅理士1862年所编印的罗马字拼音的上海土白圣诗集《赞美诗》全部转译成中文字出版	教廷指定热河、察哈尔、绥远、宁夏、陕北三边地区为圣母圣心会传教区
1865	戴德生创立了"中国内地会"	法国公使柏尔德密与总理衙门达成《柏尔德密协定》
1866	博济医院附设的南华医科学校开学	北京西堂重新恢复并开始礼拜
1867	美以美会传教士裴来尔在福州创办《教务杂志》	孟振生主教主持北京北堂恢复重建后第一次弥撒
1868	栖霞教案发生	法国传教士韩伯禄在徐家汇创立了隶属于耶稣会的自然博物馆

日期	新 教	天主教
1869	美国公理会传教士谢卫楼夫妇抵达大沽口	遵义教案发生
1870	美华圣经会出版了主要由美华圣经会翻译的新约全书汉字全译本	天津教案发生
1871	美国长老会传教士范约翰在上海创办《圣书新报》	北京总理衙门拟订管理教士章程八条，但遭到在华天主教和新教一致抵制
1872	英国圣公会在杭州建立教会医院	耶稣会在上海成立"江南科学委员会"
1873	傅兰雅为江南制造局翻译官主编《西国近事汇编》	四川黔江县绅民殴毙法国传教士余克林与中国籍传道人戴明卿
1874	《教会新报》更名为《万国公报》	上海圣芳济学校创立
1875	传教士大会筹备委员会在上海召开会议	四川营山发生教案
1876	第一个青年会在上海成立	安徽与江苏交界处的宁国府发生教案，教堂被毁，黄方济神父被杀
1877	在华传教士第一次大会在上海召开	香港创办第一份天主教报纸 The Hong Kong Catholic Register
1878	圣教书会（The Chinese Tract Society）在上海正式成立	郎怀仁主教在上海去世
1879	由在华外国传教士、商人、外交官组成的"中国赈灾基金委员会"成立	上海耶稣会中国籍神父李问渔创办了中国历史上第一份天主教报纸《益闻录》
1880	天津养病院举行开院典礼	四川巴塘梅玉林传教士前往盐井，在三岩被杀
1881	清总理衙门准许耶稣教民也不承担迎神赛会费用	四川梅玉林司铎被杀
1882	明恩溥在山东庞庄建起一座西式教堂	中国籍神父黄伯禄所撰《函牍举隅》出版
1883	苏格兰长老会传教医士司督阁夫妇到达东北	黄伯禄所撰《正教奉褒》出版
1884	李提摩太进京，为成立一个福音联盟（Evangelical Alliance）努力	内蒙代牧区共有 37 位圣母圣心会传教士，9 位中国籍神父
1885	学校青年会在福州英华书院和通州潞河书院成立	罗马教皇良十三世致信光绪皇帝，感谢他保护天主教传教士
1886	重庆发生闹教事件	罗马教廷与葡萄牙正式签订政教协定，葡萄牙对中国的保教权正式结束

日期	新　教	天主教
1887	韦廉臣联络赫德、林乐知、慕维廉等人在上海创立同文书会	上海天主教耶稣会创办《圣心报》，为近代天主教历史最长刊物，至 1950 年停刊
1888	美以美会在北京创立汇文书院	意大利政府为自己在华的传教士签发护照，行使其保教权
1889	北美协会干事华石（Luther D. Wishard）来华做短期访问	道明会修女初次来到福州
1890	第一个基督教女青年会在杭州泓道女校建立	山东圣言会安治泰主教领到了德国护照，脱离了法国保教权
1891	安徽芜湖发生民教冲突	湖北宜昌发生民教冲突
1892	上海方言圣经会（Christian Vernacular Society）召开了第三次年会	浙江宁波创立拯亡修女会
1893	"中华教育会"举行第一届年会，潘慎文任大会主席	法国表示反对建"圣统制"，因为担心这会危及"保教权"
1894	新教有 1300 多名传教士，主要是英、美人，在约 350 个城镇设立约 500 个据点	罗马教皇良十三世宣布撤销在中国建立"圣统制"及与清政府建交的计划
1895	以立德夫人和李提摩太夫人为首的传教士及商人太太等在上海成立了"天足会"总会	四川成都再次发生教案
1896	穆德第一次来华；第一次青年会全国大会在上海召开，成立中华基督教学熟青年会；山东巡抚李秉衡对习教者和教士的批评	御史陈其章拟《奏定教案章程》，要求由罗马教廷派使来华
1897	英国圣公会传教士卜克斯来到中国	巨野教案发生
1898	清政府同意总理衙门关于严惩教民以绝争端的条陈，严禁教堂接收涉讼之华民	《益闻录》与《格致新报》合并为《格致益闻汇报》
1899	德国同善会传教士卫礼贤来到青岛	清政府公布《传教章程》
1900	义和团运动爆发；上海基督教青年会正式组成	义和团运动爆发
1901	穆德再次来华活动	法国遣使会传教士雷鸣远来华传教
1902	瑞华盟会（Swedish Alliance Mission）来华开教	中国著名天主教徒英敛之在天津创立《大公报》

日期	新　教	天　主　教
1903	中美签订《通商行船续订条约》，其中第十四款对传教事务作出了详细的规定	中国著名天主教徒马相伯开办震旦学院
1904	慈禧太后生日，李提摩太和天主教主教受邀参加庆典。	湖北省施南县爆发民教冲突
1905	前两江总督周馥倡议，士绅李刚已辑录《教务纪略》刊行	圣神忠仆会修女初次来山东兖州
1906	上海圣公会救主堂宣告自养	南昌教案发生
1907	纪念马礼逊来华一百周年的传教士大会在上海青年会殉道堂举行	江西南昌成立圣母善导女修会
1908	《圣教会报》创刊	上海《时事科学汇报》改名《汇报》
1909	沪江大学开办大学部	中国天主教第五区第三届教务会议在香港举行
1910	穆德与艾迪再次来华	上海徐家汇天主堂落成
1911	傅兰雅独力出资设立"上海盲童学校"	《汇报》停刊
1912	袁世凯于陆军部礼堂接见参加青年会第六次全国代表大会的中国各省代表及欧美书记30人	《圣教杂志》发行
1913	新教与天主教在反对立孔教为国教一事上实现合作	新教与天主教在反对立孔教为国教一事上实现合作
1914	广州基督教协和高等神道学校创立	公教进行会第一次全国大会在天津举行
1915	成都协和女子师范学校正式成立	埃及方济各修女会来湖北传教
1916	北京、山东、天津的中华基督教会组成华北基督教会联合会	马相伯等在北京联合天主教民，聚会反对定孔教为国教
1917	《青年》和《进步》合并为《青年进步》月刊，作为青年会全国协会机关刊物	山东兖州圣言会创办《公教白话报》
1918	真耶稣教会全国总会在北京成立	美国玛利诺会第一批传教士来到广东江门
1919	司徒雷登正式出任燕京大学校长	法籍巴黎外方传教士、广州代牧光若瀚召开华北主教会议，以宗座巡阅使身份发表《致司铎书》，严厉指责教会内部的爱国运动和改革思潮
1920	徐宝谦、吴雷川、赵紫宸、刘廷芳、胡金生等人建立北京证道团	道明会外方传教会修女初次来到香港

日期	新　教	天主教
1921	教育部颁行"教会所设中等学校立案办法"	苦难会传教士来到湖南辰州
1922	海社会主义青年团发起组织"非基督教学生同盟"	刚恒毅受派为驻中国的宗座代表
1923	吴雷川、宝广林、张钦士、吴耀宗、陈国梁等人创办《真理周刊》	刚恒毅在汉口召开一次为次年全国主教会议作准备的预备会议
1924	"中华基督教文字事业促进社"正式在上海成立	刚恒毅在上海主持召开了全国主教会议
1925	五卅"惨案发生，激起中国反帝运动高潮，教会和教会学校受到了很大冲击	辅仁大学筹建工作展开
1926	"中华基督教文字事业促进社"在上海举行第一次全国大会，将促进社更名为"中华基督教文社"	罗马教皇庇护十一世为六名中国等籍主教祝圣
1927	燕京大学在教育部立案	辅仁大学在教育部备案
1928	美以美会在上海召开全国领袖大会	北平成立公教教育联合会
1929	上层基督教传教士举行讨论会讨论传教士的态度：和平主义立场，为和平努力	美国俄亥俄州若瑟山仁爱会修女初抵湖北武昌
1930	《紫晶》创刊，主编刘廷芳	美国本笃会修女初来北平
1931	"伯特利环游布道团"成立，计志文任团长	刚恒毅在罗马传信部作《中国的危机》及《中国传教区的悲剧》为题的演讲
1932	中华基督教会全国总会第三届干部会议在宁波崇德女校附近福音堂举行	传信部批准中华公教进行会组织大纲
1933	华北循道会、圣道公会、循道协会三会合并，改名为循道公会	圣方会美国省接管北平辅仁大学
1934	中华基督教会四川协会成立大会在成都举行	蔡宁抵达香港
1935	南京贵格会在慈悲社礼拜堂举行儿童布道大会	中华公教进行会全国代表大会在上海举行
1936	基督教青年会在上海成立"全国青年会军人服务委员会"，分设支会五十余处，利用一部分难民青年教徒，派到国民党军队中进行"慰劳"和传教	刚恒毅聘任罗马教廷传信部部长

日期	新　教	天主教
1937	在抗战期间，基督教青年会在上海成立"全国学生救济委员会"，办理"学生贷金"、"旅费津贴"、"医药补助"以及雇用失学青年做情报调查等。	《益世报》被迫停刊
1938	周恩来会见吴耀宗，向其阐述中共的宗教政策和统一战线政策	《益世报》在昆明复刊
1939	基督教教育高等教育组在香港邀请全国教会大学校长开会	罗马教皇驻华宗座代表蔡宁向全国主教发现一封信，要求教牧人员和教徒保持中立
1940	神召会女教士倪歌胜在宁波草马路所立"伯特利"发起召开浙东独立性教会会议，成立中国基督教会东圣工团	全国当时有主教区一个，代牧区九十个，监牧区四十六个，共一百三十七个教区。全国外籍传教士三千零六十四位，中国籍传教士二千零九十一位，全国教友三百零一万八千三百零三人
1941	美以美会、监理会、美普会所选派代表在上海慕尔堂举行合一后之第一届中国中央议会	天主教《公教报》停刊